En el corazón del mar

Seix Barral Biblioteca Formentor

Nathaniel Philbrick
En el corazón del mar

Traducción del inglés por
Jordi Beltrán

Obra editada en colaboración con Editorial Planeta – España

Diseño original de la colección: Josep Bagà Associats

Título original: *In the Heart of the Sea*

Primera edición impresa en España: febrero de 2015
ISBN: 978-84-322-2440-9

Primera edición impresa en México: marzo de 2015
ISBN: 978-607-07-2648-4

Impreso en los talleres de EDAMSA Impresiones, S.A. de C.V.
Av. Hidalgo núm. 111, Col. Fracc. San Nicolás Tolentino, México, D.F.
Impreso en México – *Printed in Mexico*

A Melissa

Y con la grandeza de tu poder has trastornado a los que se levantaron contra ti: enviaste tu furor; los tragó como hojarasca. Con el soplo de tus narices se amontonaron las aguas; paráronse las corrientes como en un montón; los abismos se cuajaron en medio de la mar.

Éxodo 15,7-8

Éste es el fin del camino de los cachalotes y del cachalote que vomitó huesos de Nantucket en el oleaje agitado... Éste es el fin de la travesía sobre las olas; nos derraman como agua.

¿Quién hará que suba bailando el señor de los leviatanes amarrado al mástil de este cementerio de cuáqueros en sus sepulturas sin lápida?

ROBERT LOWELL,
El cementerio cuáquero de Nantucket

PRÓLOGO

23 DE FEBRERO DE 1821

Como una gigantesca ave de rapiña, el barco ballenero remontaba perezosamente la costa occidental de América del Sur, zigzagueando en un mar de aceite lleno de vida. Porque eso era el océano Pacífico en 1821: un vasto campo de depósitos de aceite, depósitos con venas por las que corría sangre caliente, los cachalotes.

Capturar cachalotes —los cetáceos dentados más grandes del planeta— no era tarea fácil. Seis hombres salían del barco en un bote ligero, se acercaban remando a su presa, la arponaban, luego trataban de darle muerte a lanzazos. El animal, que pesaba unas sesenta toneladas, podía destruir la embarcación de un coletazo, arrojando a los hombres a las frías aguas del océano, con frecuencia lejos del barco.

Luego venía la prodigiosa tarea de transformar el animal muerto en aceite: arrancarle la grasa, cortarla en pedazos y hervirla para convertirla en el aceite de calidad superior que iluminaba las calles y lubrificaba las máquinas de la era industrial. El hecho de que todo eso se hiciera en el infinito océano Pacífico significaba que los balleneros de comienzos del siglo xix no eran meros pescadores y trabajadores marítimos, sino también exploradores que se adentraban más y más en una inmensidad apenas explorada y mayor que la suma de todas las masas continentales de la Tierra.

Durante más de un siglo, el centro de este negocio mundial del aceite se había establecido en una pequeña isla llamada Nantucket, a veinticuatro millas de la costa del sur de Nueva Inglaterra. Una de las paradojas que caracterizaba a los balleneros de Nantucket era que la mayoría de ellos eran cuáqueros, es decir, miembros de una secta religiosa dedicada estoicamente al pacifismo, al menos en lo que se refería a la especie humana. Estas personas, en las que un rígido dominio de sí mismas se sumaba a un sentido cuasi sagrado de su misión, eran lo que Herman Melville llamaría «cuáqueros con ganas».

Un barco ballenero de Nantucket, el *Dauphin*, pocos meses después de zarpar para un viaje que debía durar tres años, remontaba la costa de Chile. Aquella mañana de febrero de 1821, el vigía vio algo extraño: una embarcación, pequeñísima para navegar por alta mar, que subía y bajaba al impulso del oleaje. Lleno de curiosidad, el capitán del barco, Zimri Coffin, de treinta y siete años, enfocó al pequeño bote con su catalejo.

Enseguida vio que se trataba de una ballenera —de dos proas y unos siete u ocho metros de eslora—, pero era una ballenera distinta de todas las que había visto en su vida. Se había elevado la altura de los costados en unos quince centímetros, y llevaba dos palos improvisados que transformaban el bote de remos en una rudimentaria goleta. Era evidente que las velas, que aparecían rígidas a causa de la sal y blanqueadas por el sol, habían tirado de la embarcación a lo largo de muchas, muchas millas. Coffin no vio a nadie junto a la espadilla. Se volvió hacia el timonel del *Dauphin* y ordenó: «Todo a estribor».

Bajo la mirada atenta de Coffin, el timonel acercó el barco todo lo que pudo al bote abandonado. Aunque lo sobrepasaron debido al ímpetu que llevaba el *Dauphin*, en los breves segundos que permanecieron junto al bote pudieron ver un espectáculo que no olvidarían durante el resto de sus vidas.

Primero vieron huesos —huesos humanos— esparcidos por los bancos remeros y el empanado, como si la ballenera fuese la guarida de una feroz bestia que comiese carne humana. Luego vieron a los dos hombres. Se hallaban acurrucados en extremos opuestos del bote, la piel cubierta de llagas, los ojos desorbitados, las barbas cubiertas de sal y sangraza. Estaban chupando el tuétano de los huesos de sus compañeros muertos.

En vez de saludar a sus salvadores con una sonrisa de alivio, los supervivientes, que deliraban debido a la sed y el hambre y no podían hablar, parecían molestos, incluso asustados. Agarraban celosamente los huesos astillados y roídos con una intensidad desesperada, casi animal, negándose a soltarlos; parecían perros hambrientos que se encontrasen atrapados en un pozo.

Después de comer y beber un poco (y una vez que, por fin, soltaron los huesos), uno de los supervivientes se sintió con fuerzas para contar su historia, que hablaba de las peores pesadillas de un pescador de cetáceos: hallarse en un bote lejos de tierra sin nada que comer ni beber y —quizá lo peor de todo— encontrar una ballena con el espíritu de venganza y la astucia de un hombre.

Aunque hoy está prácticamente olvidado, el hundimiento del barco ballenero *Essex* al ser atacado por un cachalote enfurecido fue uno de los desastres marítimos más conocidos del siglo XIX. Los niños norteamericanos leían el relato en la escuela. Fue el suceso que inspiró la escena culminante de *Moby Dick*, de Herman Melville.

Pero el final de la novela de Melville —el hundimiento del barco— no fue más que el comienzo de la historia del desastre del *Essex* en la vida real. Fue como si con el hundimiento empezara una especie de terrible experimento de laboratorio cuyo objeto era ver hasta dónde podía llegar el animal humano en su lucha contra el mar bravío. De los veinte hombres que escaparon del barco aplastado por el cetáceo sólo sobrevivieron ocho. Los dos hombres rescatados por el *Dauphin* habían navegado cerca de cuatro mil quinientas millas por el Pacífico, lo cual representa, como mínimo, unas quinientas millas más que el épico viaje que realizara el capitán Bligh en una embarcación abierta tras ser abandonada por los amotinados del *Bounty* y cinco veces más que el igualmente famoso viaje de sir Ernest Shackleton a la isla Georgia del Sur.

Durante cerca de ciento ochenta años, la fuente de la mayor parte de la información disponible sobre esta calamidad fueron las 128 páginas de la *Narrative of the Wreck of the Whaleship «Essex»*, de Owen Chase, primer oficial del barco naufragado. Otros supervivientes escribieron crónicas fragmentarias que carecían de la autoridad y la amplitud del relato de Chase, escrito con la ayuda de un amanuense y publicado sólo nueve meses después del salvamento del autor. Más tarde, alrededor de 1960, fue hallado un viejo cuaderno en el desván de una casa de Penn Yan, en Nueva York. Durante los veinte años transcurridos hasta 1980, fecha en que el cuaderno llegó a manos de Edouard Stackpole, experto en la pesca del cachalote de Nantucket, nadie se dio cuenta de que su propietario original, Thomas Nickerson, había sido el grumete del *Essex*. Unos años después del desastre, Nickerson, a la sazón propietario de una casa de huéspedes en Nantucket, redactó una crónica del mismo a instancias de un escritor profesional llamado Leon Lewis, que quizá era uno de sus huéspedes. Nickerson envió a Lewis el cuaderno que contenía el único borrador de la narración en 1876. Por el motivo que fuese, Lewis nunca preparó el manuscrito para su publicación y acabó entregando el cuaderno a un vecino, que aún lo tenía en su poder cuando murió. Finalmente, en 1984, la Nantucket Historical Association realizó una edición limitada y monográfica de la crónica de Nickerson.

En lo que se refiere a la calidad literaria, la narración de Nickerson no puede compararse con la pulida crónica de Chase. Descuidado y repleto de divagaciones, el manuscrito es obra de un aficionado, pero un aficionado que estaba allí, al timón del *Essex*, cuando se produjo el ataque del cachalote. A sus catorce años, Nickerson era el más joven de los tripulantes y su crónica es la de un niño que conserva la inocencia aunque está en el límite de la edad adulta, la de un huérfano (perdió a sus padres antes de cumplir los dos años) en busca de un hogar. Tenía setenta y un años cuando por fin se decidió a tomar la pluma. Thomas Nickerson podía mirar atrás y evocar aquellos lejanos tiempos como si fuera ayer; sus recuerdos se vieron reforzados por la información que había obtenido en sus conversaciones con otros supervivientes. En el presente libro se reconocen los méritos de Chase, pero por primera vez su versión de los acontecimientos se ve puesta en tela de juicio por la de su grumete, cuyo testimonio puede escucharse ahora, ciento ochenta años después del hundimiento del *Essex*.

Cuando yo era niño, mi padre, Thomas Philbrick, profesor de lengua y literatura inglesa en la Universidad de Pittsburgh y autor de varios libros sobre narrativa norteamericana de temática marítima, solía contarnos a mi hermano y a mí, después de acostarnos, la historia de una ballena que atacaba un barco. Mi tío, el difunto Charles Philbrick, ganador del premio de poesía Wallace Stevens en 1958, escribió un poema de quinientos versos sobre el *Essex*, «A Travail Past», que se publicó tras su muerte en 1976. El poema evocaba con fuerza lo que mi tío llamó «un pasado que olvidamos y que necesitamos conocer». Dio la casualidad de que diez años más tarde, en 1986, me mudé con mi esposa y mis dos hijos al puerto de matrícula del *Essex*, la isla de Nantucket.

Pronto descubrí que Owen Chase, Herman Melville, Thomas Nickerson y el tío Charlie no eran los únicos que habían escrito sobre el *Essex*. El distinguido historiador de Nantucket Edouard Stackpole, que murió en 1993, justo cuando yo empezaba mi investigación, también había escrito sobre el asunto. Al igual que Thomas Heffernan, autor de *Stove by a Whale: Owen Chase and the «Essex»* (1981), indispensable obra de erudición que quedó terminada poco antes de que se descubriera el manuscrito de Nickerson. Finalmente está la absorbente novela de Henry Carlisle *The Jonah Man* (1984), que cuenta la historia del *Essex* desde el punto de vista del capitán del barco, George Pollard.

Incluso después de haber leído estas crónicas del desastre quería saber más. Me preguntaba por qué el cachalote se había comportado de aquella manera, de qué modo la inanición y la deshidratación habían afectado al juicio de los hombres, qué había pasado allí. Me sumergí en las experiencias documentadas de otros balleneros de la época; leí sobre canibalismo, supervivencia en el mar, psicología y fisiología de la inanición, navegación, oceanografía, comportamiento de los cachalotes, construcción de barcos, todo lo que pudiera ayudarme a comprender mejor lo que experimentaron aquellos hombres en el vasto e implacable océano Pacífico.

Me di cuenta de que el desastre del *Essex* había proporcionado a Melville mucho más que el final de una de las novelas norteamericanas más grandes que jamás se hayan escrito. Figuraban en él los mismos temas que trataría en *Moby Dick*: la clase social, la raza, la dominación y la relación del hombre con la naturaleza. También había dado a Melville un lugar arquetípico pero real desde el cual podía empezar el viaje imaginario del *Pequod*: una isla diminuta que en otro tiempo había llamado la atención del mundo. Implacablemente codiciosa, adelantada en el campo tecnológico, con un sentido religioso de su propio destino, Nantucket era, en 1821, lo que Norteamérica sería más adelante. Nadie soñaba que al cabo de poco más de una generación la isla se hundiría, moriría, al igual que el *Essex*, a causa de su relación demasiado estrecha con los cachalotes.

LA TRIPULACIÓN DEL *ESSEX*

Capitán:	George Pollard, Jr.
Primer oficial:	Owen Chase
Segundo oficial:	Matthew Joy
Arponeros:	Benjamin Lawrence
	Obed Hendricks
	Thomas Chappel
Camarero:	William Bond
Marineros:	Owen Coffin
	Isaac Cole
	Henry Dewitt
	Richard Peterson
	Charles Ramsdell
	Barzillai Ray
	Samuel Reed
	Isaiah Sheppard
	Charles Shorter
	Lawson Thomas
	Seth Weeks
	Joseph West
	William Wright
Grumete:	Thomas Nickerson

Plano del velamen del ballenero *Essex*

A. Vela mesana
B. Perico
C. Sobremesana
D. Juanete mayor
E. Gavia
F. Vela mayor
G. Juanete de proa

H. Velacho
I. Vela trinquete
J. Mastelero trinquete
K. Foque
L. Petifoque
LWL. Línea de flotación

Plano de la cubierta del *Essex*

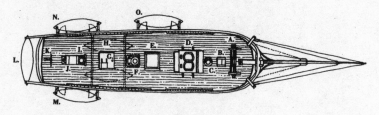

A. Molinete
B. Tambucho del castillo de proa
C. Palo trinquete
D. Instalación para fundir grasa
E. Escotilla principal
F. Palo mayor y bombas
G. Cocina
H. Ballenera de respeto instalada en un pescante elevado
I. Palo mesana
J. Tambucho de popa
K. Rueda del timón
L. Ballenera
M. Bote de estribor
N. Bote de babor de popa
O. Bote del combés

1

NANTUCKET

Más adelante recordaría el momento en que subió por primera vez al barco ballenero *Essex* como «el momento más agradable de mi vida»... Tenía catorce años, nariz ancha y rostro franco, ilusionado, y, como a todos los otros chicos de Nantucket, le habían enseñado a «idolatrar la forma de un barco». Quizá el *Essex*, desprovisto de su aparejo y encadenado al muelle, no parecía gran cosa, pero Thomas Nickerson veía en él una oportunidad. Por fin, después de una espera que le había parecido interminable, iba a embarcarse en él.

El cálido sol de julio caía sobre las viejas cuadernas empapadas de aceite y la temperatura bajo cubierta era infernal, pero Nickerson exploró todos los rincones, desde el horno de ladrillo de la instalación para fundir grasa que estaban montando en cubierta hasta las profundidades sin luz de la bodega vacía. En medio había un mundo chirriante, compartimentado, un ser de roble y pino que apestaba a aceite, sangre, jugo de tabaco, comida, sal, moho, brea y humo. «Aunque era negro y feo

—escribió Nickerson—, no lo hubiera cambiado por un palacio.»

En julio de 1819, el *Essex* formaba parte de una flota de más de setenta barcos balleneros de Nantucket que surcaban los océanos Pacífico y Atlántico. Con los precios del aceite de ballena subiendo sin parar y la economía del resto del mundo sumida en la depresión, Nantucket iba camino de convertirse en una de las poblaciones más ricas de Norteamérica.

La comunidad formada por unas siete mil personas estaba situada en una colina de suave pendiente abarrotada de casas y coronada por molinos de viento y torres de iglesia. Al decir de algunos, se parecía al elegante y prestigioso puerto de Salem, lo cual era un notable cumplido para una isla situada más de veinte millas en el interior del Atlántico, al sur del cabo Cod. Pero si el grupo de casas, en lo alto de la colina, irradiaba una sensación casi etérea de calma, a sus pies el puerto era un hervidero de actividad. De entre las edificaciones largas y bajas de los almacenes y las soguerías surgían cuatro muelles que se adentraban más de noventa metros en el puerto. Amarrados a los muelles o anclados en el puerto solía haber entre quince y veinte balleneros, junto con docenas de otros barcos más pequeños, principalmente balandras y goletas, que traían y llevaban artículos de comercio. Todos los muelles, laberintos de anclas, calderas para fundir grasa, perchas y toneles de aceite, estaban abarrotados de marineros, estibadores y artesanos. Los carros de dos ruedas tirados por caballos, llamados *calash*, iban y venían continuamente.

Thomas Nickerson ya estaba familiarizado con aquella escena. Desde hacía mucho tiempo el puerto era el patio de recreo de los niños de Nantucket. Subían y bajaban por él, remando a bordo de balleneras destartaladas, y se encaramaban al cordaje de los barcos. A ojos de los forasteros era claro que aquellos niños formaban una «clase distintiva de jóvenes, acostumbrados a considerarse marineros predestinados. Subían por los flechastes como monos —hombrecitos de diez o doce años— y se tumbaban en los penoles con la mayor despreocupación». El *Essex* podía ser su primer barco, pero Nickerson se había preparado para el viaje durante casi toda su vida.

No iría solo. Sus amigos Barzillai Ray, Owen Coffin y Charles Ramsdell, todos ellos de entre quince y dieciocho años, navegarían también en el *Essex*. Owen Coffin era primo del nuevo capitán del barco y es probable que llevara a sus tres amigos a la embarcación de su pariente. Nickerson era el más joven del grupo.

El *Essex* era viejo y, con 27 metros de eslora y 238 toneladas de desplazamiento, bastante pequeño, pero en Nantucket tenía fama de ser un barco con buena suerte. Durante los últimos quince años había dado buenos beneficios a sus armadores cuáqueros, puesto que volvía con regularidad cada dos años con aceite suficiente para enriquecerlos. Daniel Russell, su anterior capitán, había hecho un buen trabajo en el curso de cuatro viajes, por lo que le habían encomendado el mando de un barco nuevo y mayor, el *Aurora*. Gracias al ascenso de Russell, el antiguo primer oficial, George Pollard Jr., había asumido el mando del *Essex*, y uno de los arponeros, Owen Chase, había ascendido a primer oficial. Otros tres miembros de la tripulación habían ascendido a la categoría de arponeros. El *Essex* no era sólo afortunado, sino también, al parecer, feliz y, según Nickerson, era «un barco envidiado».

Dado que Nantucket, al igual que cualquier población marinera de la época, era una comunidad obsesionada con los augurios y las señales, la reputación del *Essex* contaba mucho. Con todo, a principios de julio, mientras reparaban y aparejaban el *Essex*, la aparición de un cometa en el cielo nocturno dio que hablar entre los hombres de los muelles.

Nantucket era una población cuyos habitantes vivían en los tejados. Casi todas las casas, con las tejas pintadas de rojo o cubiertas de una pátina gris por la acción de los elementos, tenían instalada en el tejado una plataforma llamada *walk*. Si bien la misión de dicha plataforma era facilitar la tarea de apagar los incendios de las chimeneas echando en ellas cubos de arena, era también un lugar excelente para otear el mar con un catalejo, tratando de avistar las velas de los barcos que regresaban. De noche, los catalejos de Nantucket se dirigían a menudo hacia el cielo, y en julio de 1819, los isleños miraban en dirección al cielo del noroeste. El comerciante cuáquero Obed Macy, que tomaba meticulosamente nota de lo que él mismo consideraba los «acontecimientos más extraordinarios» de la vida de la isla, contemplaba el cielo nocturno desde su casa de Pleasant Street. «Se cree que el cometa (que aparece todas las noches claras) es muy grande a juzgar por su cola insólitamente larga —escribió—, que se extiende hacia arriba en oposición al sol en una dirección casi perpendicular y se desvía hacia el este y casi señala la estrella polar.»

Desde la antigüedad, la aparición de un cometa se interpretaba como señal de que iba a pasar algo fuera de lo común. El *New Bedford Mercury*, el periódico que leían los habitantes de Nantucket a falta de uno propio, manifestó: «Es cierto que la aparición de estos excéntricos visitantes ha precedido siempre a algún acontecimiento notable». Pero Macy rechazaba semejante especulación: «El razonamiento filosófico se lo dejamos a la parte científica de la comunidad, pero no cabe duda de que los más ilustrados poseen muy pocos conocimientos fidedignos del asunto de los cometas».

En los muelles y en las oficinas de las compañías navieras se especulaba mucho, y no sólo sobre el cometa. Durante toda la primavera y el verano se había avistado en la costa de Nueva Inglaterra lo que, según el *Mercury*, era un «extraordinario animal marino»: una serpiente de ojos negros, caballunos, y un cuerpo de quince metros que parecía una sarta de barriles flotando en el agua. Cualquier marinero, en especial si era joven e impresionable como Thomas Nickerson, debía de preguntarse, aunque fuera fugazmente, si aquél era, de hecho, el mejor momento para embarcarse y doblar el cabo de Hornos.

La gente de Nantucket tenía buenos motivos para ser supersticiosa. Gobernaba su vida una fuerza de aterradora imprevisibilidad: el mar. Debido a una red de bajíos que cambiaba de manera constante, incluida la barra de Nantucket, a poca distancia de la boca del puerto, el simple hecho de ir y venir de la isla era una lección de navegación a menudo terrible y a veces catastrófica. Especialmente en invierno, cuando las tempestades eran más violentas, los naufragios se sucedían casi todas las semanas. Enterrados por toda la isla se encontraban cadáveres de marineros anónimos que las corrientes habían arrastrado hasta las orillas azotadas por las olas. Nantucket, que significa «tierra lejana» en la lengua de los habitantes nativos de la isla, los wampanoag, era un montículo de arena que un océano inexorable iba erosionando, y todos sus residentes, aunque nunca hubieran salido de la isla, conocían de sobra la crueldad del mar.

Los colonizadores ingleses de Nantucket, que empezaron a llegar en 1659, habían tenido presentes los peligros del mar. Albergaban la esperanza de ganarse la vida no como pescadores, sino dedicándose a la agricultura y al pastoreo en aquella media luna cubierta de hierba y moteada de estanques donde no había lobos. Pero los rebaños fueron haciéndose cada vez más grandes al tiempo que crecía el número de granjas y todo ello amenazaba con agotar los recursos naturales del suelo, transformando la isla en una tierra yerma azotada por el viento, así que la gente de Nantucket miró inevitablemente hacia el mar.

Cada otoño, centenares de «ballenas francas» aparecían al sur de la isla y se quedaban hasta comienzos de primavera. Llamadas así por ser ballenas apropiadas para la pesca, las ballenas francas pacían en las aguas de Nantucket como si fueran ganado marítimo, colando el agua de la nutritiva superficie del océano entre las tupidas barbas de sus bocas, en las que había una sonrisa perpetua. Si bien los colonizadores ingleses del cabo Cod y del este de Long Island ya llevaban decenios pescando ballenas, en Nantucket nadie había tenido el valor suficiente para subir a un bote y perseguir a aquellos animales. Todo lo contrario, dejaban que los wampanoag se encargaran de recoger las ballenas que el agua depositaba en la orilla (las llamadas «ballenas flotantes»).

Alrededor de 1690, un grupo de habitantes de Nantucket se encontraba en una colina desde la que se divisaba el océano, donde algunas ballenas expulsaban chorros de agua y jugaban entre sí. Uno de los espectadores hizo un gesto con la cabeza señalando a las ballenas del océano que se extendía más allá. «Allí —afirmó— hay unos pastos verdes donde los nietos de nuestros hijos irán a buscarse el pan.» La profecía se cumplió cuando, poco después, un hombre del cabo Cod llamado Ichabod Paddock se sintió tentado de cruzar el estrecho de Nantucket para instruir a los isleños en el arte de matar ballenas.

Sus primeras embarcaciones tenían sólo unos seis metros de eslora y eran botadas desde las playas de la orilla meridional de la isla. La tripulación de una ballenera solía estar formada por cinco remeros wampanoag, con un solo hombre blanco de Nantucket manejando la espadilla. Una vez muerta la ballena, la remolcaban hasta la playa, donde extraían la grasa y la hervían para convertirla en aceite. A comienzos del siglo XVIII, los habitantes ingleses de Nantucket ya habían instituido un sistema de remisión de deudas por medio del trabajo que ponía a su disposición una reserva constante de mano de obra wampanoag. Sin los habitantes nativos de la isla, que superaban en número a la población blanca hasta bien entrado el decenio de 1720, Nantucket nunca hubiera llegado a ser un próspero puerto ballenero.

En el año 1712, un tal capitán Hussey navegaba en su pequeño bote en busca de ballenas francas a lo largo de la orilla meridional de Nantucket cuando un fortísimo viento del norte lo empujó a alta mar. A muchas millas de la costa, avistó varios cetáceos de un tipo que nunca había visto. A diferencia del chorro vertical de la ballena franca, el chorro de las que veía ahora formaba un arco hacia adelante. A pesar de los fuertes vientos y del mar embravecido, Hussey logró arponear y matar uno de dichos cetáceos, cuya sangre y aceite calmaron las aguas de una manera casi bíblica. Hussey se dio cuenta enseguida de que el animal era un cachalote, ya que hacía sólo unos años que el mar había arrojado uno a la orilla del suroeste de la isla. El aceite que se extraía de la grasa del cachalote era muy superior al de la ballena franca, y proporcionaba una luz más brillante y limpia, pero, además, su cabeza, que era casi cuadrada, contenía un inmenso depósito de aceite aún mejor, llamado «espermaceti», que podía sacarse sencillamente con cucharones y meterse en un tonel. (El parecido del espermaceti con el líquido seminal fue el origen del nombre del cachalote.)* El cachalote podía ser más rápido y más agresivo que la ballena franca, pero también aportaba muchos más recursos. Sin otra fuente de ingresos, los habitantes de Nantucket se dedicaron a la persecución implacable del cachalote y pronto aventajaron a los balleneros del continente y de Long Island, que rivalizaban con ellos.

En 1760, los lugareños de Nantucket prácticamente habían extinguido las ballenas de los alrededores. Pero daba lo mismo: para entonces ya habían agrandado sus balleneros y los habían dotado de hornos de ladrillo y calderas para elaborar aceite en medio del océano. Como ahora no era necesario regresar al puerto tan a menudo para descargar la voluminosa grasa, su flota tenía una autonomía mucho mayor. Al estallar la guerra de la Independencia, los balleneros de Nantucket ya habían llegado al borde del círculo polar ártico, a la costa occidental de África, a la costa oriental de América del Sur y a un lugar tan meridional como eran las islas Malvinas.

En un discurso que pronunció ante el Parlamento en 1775, el estadista británico Edmund Burke dijo que los

* En inglés, el cachalote se denomina *sperm whale*, literalmente, «ballena de esperma» (o «espermaceti»). *(N. del t.)*

26

habitantes de la isla eran los líderes de una nueva raza norteamericana, un «pueblo reciente» cuyo éxito en la pesca del cachalote había superado la fuerza colectiva de toda Europa. Viviendo en una isla separada del continente casi por la misma distancia que separa Inglaterra de Francia, la gente de Nantucket había adquirido un concepto británico de sí misma como pueblo distinto y superior, ciudadanos privilegiados de lo que Ralph Waldo Emerson llamó la «Nación de Nantucket».

La revolución y la guerra de 1812, durante las cuales la Marina británica saqueaba los barcos que navegaban cerca de la orilla, fueron desastrosas para la pesca de la ballena. Por suerte, los habitantes de Nantucket poseían suficiente capital y experiencia en dicha pesca para superar tales adversidades. En 1819, Nantucket ya iba camino de recuperar su gloria de antaño y, al adentrarse los balleneros en el Pacífico, incluso de superarla. Pero el auge de la pesca de la ballena franca en el Pacífico tuvo un desafortunado efecto secundario. Mientras que antes los viajes duraban por término medio unos nueve meses, ahora era normal que durasen dos y tres años. Nunca había sido tan larga la separación entre los balleneros de Nantucket y sus familiares. Lejos quedaban los tiempos en que los habitantes de Nantucket podían observar desde la orilla cómo los hombres y los chicos de la isla perseguían a las ballenas. Nantucket era ahora la capital ballenera del mundo, pero no eran pocos los isleños que no habían visto ni un cetáceo.

En el verano de 1819, la gente aún hablaba de la vez en que, nueve años antes, se había avistado una manada de ballenas francas al norte de la isla. Rápidamente salieron las balleneras. Una multitud se congregó en la orilla para contemplar con ojos fascinados cómo mataban dos ejemplares y los remolcaban hasta el interior del puerto. Para la gente de Nantucket fue una revelación. Por fin tenían ante sus ojos dos de los animales de los que tanto habían oído hablar, animales de los cuales dependía su sustento. Uno de ellos fue izado y depositado en el muelle, y antes de que terminara el día, miles de personas —entre ellas, quizá, Thomas Nickerson, que a la sazón contaba cinco años— habían acudido a verlo. Sólo cabe imaginar lo intensa que sería la curiosidad de los habitantes de Nantucket al contemplar el gigantesco animal, y al golpearlo y pincharlo, mientras se decían a sí mismos:

—De modo que es esto.

Nantucket había creado un sistema económico que ya no dependía de los recursos naturales de la isla. Hacía mucho tiempo que el suelo de la isla estaba agotado a causa de una agricultura demasiado intensiva. Las epidemias habían reducido la nutrida población wampanoag de Nantucket a un puñado de personas, lo cual había obligado a los armadores a buscar tripulantes en el continente. Las ballenas habían desaparecido casi por completo de las aguas cercanas. Y, pese a todo, los habitantes de Nantucket seguían prosperando. Un visitante comentó que la isla se había convertido en un «yermo banco de arena, fertilizado solamente con aceite de ballena».

Durante todo el siglo XVII, los habitantes ingleses de Nantucket opusieron resistencia a todos los intentos de fundar una iglesia en la isla, en parte porque una mujer llamada Mary Coffin Starbuck lo prohibía. La gente decía que en Nantucket no se hacía nada importante sin la aprobación de dicha mujer. Mary Coffin y Nathaniel

Starbuck habían sido la primera pareja inglesa en casarse en la isla, en 1662, y habían fundado un lucrativo negocio para comerciar con los wampanoag. Cada vez que un ministro llegaba a Nantucket con la intención de fundar una iglesia, Mary Starbuck lo rechazaba con firmeza. Luego, en 1702, Mary sucumbió a un carismático ministro cuáquero llamado John Richardson. El ministro habló ante un grupo de personas reunidas en la sala de estar de los Starbuck y consiguió hacer llorar a Mary. La conversión de Mary Starbuck al cuaquerismo fue el origen de la singular fusión de espiritualidad y codicia que haría posible el auge de Nantucket como puerto ballenero.

Los cuáqueros o, por decirlo con más propiedad, los miembros de la Sociedad de Amigos, dependían de su propia experiencia en lo referente a la presencia de Dios, la «luz interior», como guía en lugar de depender de la interpretación de las Escrituras efectuada por un ministro puritano. Pero no puede decirse que los cuáqueros de Nantucket, cuyo número crecía sin parar, fueran librepensadores. Tenían la obligación de seguir reglas de conducta que se determinaban durante las reuniones anuales y fomentaban un sentido de la comunidad que estaba controlado tan cuidadosamente como el de cualquier sociedad de Nueva Inglaterra. Si había una diferencia, era que los cuáqueros creían en el pacifismo y rechazaban de forma consciente la ostentación mundana: dos principios que no debían entorpecer, de ninguna manera, la capacidad de una persona para ganar dinero. En vez de construir casas lujosas o comprar ropa elegante, los cuáqueros de Nantucket reinvertían sus beneficios en la pesca de la ballena. Gracias a ello, podían hacer frente a los momentos desfavorables que arruinaban a tantos balleneros del continente, y los hijos de Mary Starbuck, junto con sus primos Macy y Coffin, pronto fundaron una dinastía ballenera cuáquera.

Los naturales de Nantucket no veían ninguna contradicción entre su medio de vida y sus creencias religiosas. Dios en persona les había concedido el dominio sobre los peces del mar. Peleg Folger, ballenero de Nantucket convertido en presbítero cuáquero, lo expresó en verso:

Tú, oh, Señor, creaste la poderosa ballena,
ese monstruo maravilloso de tremendo tamaño;
vastos son su cabeza y su cuerpo, vasta su cola,
inconcebible su ilimitada fuerza.

Pero, Dios eterno, tú ordenas
que nosotros, pobres y débiles mortales, nos enfrentemos
(en busca de nuestro sustento y el de nuestras esposas e hijos)
a este monstruo terrible con furia marcial.

Aunque los cuáqueros dominaban la economía y la cultura de Nantucket, en la isla había sitio para otras doctrinas, y a principios del siglo xix ya existían dos iglesias congregacionalistas, una en el norte y otra en el sur de la población. Sin embargo, todos compartían una misión común imbuida de espiritualidad: llevar una vida pacífica en tierra mientras se hacían estragos sangrientos en el mar. Matarifes pacifistas, millonarios vestidos con sencillez, los balleneros de Nantucket simplemente cumplían la voluntad del Señor.

La población que Thomas Nickerson conocía presentaba un aspecto desastrado. Bastaba dar un paseo por sus calles estrechas y arenosas para descubrir que, a pesar de las majestuosas torres de las iglesias y alguna mansión que otra, Nantucket era muy distinta de Salem. «Los buenos ciudadanos [de Nantucket] no parecen enorgullecerse de la regularidad de sus calles [ni] de la pulcritud de sus aceras», comentó un visitante cuáquero. Las casas eran de tejas planas, carecían de pretensiones y, las más de las veces, incluían cosas que procedían de barcos viejos. «Las escotillas van muy bien para servir de puente sobre los arroyos de las calles...; un tablón procedente de la popa de un barco —con el nombre del mismo— cumple el doble propósito de construir una valla e informar al forastero que pueda haberse extraviado de en qué población se encuentra.»

En vez de utilizar los nombres oficiales que se habían dado a las calles con fines tributarios en 1798, los habitantes de Nantucket hablaban de «la calle de Elisha Bunker» o «la del capitán Mitchell». «Los habitantes viven juntos como una gran familia —escribió Walter Folger, que había nacido en la población y casualmente era uno de los armadores del *Essex*—, no en una única casa, sino en la amistad. No sólo conocen a sus vecinos más cercanos, sino que cada uno de ellos conoce a todos los demás. Si deseáis ver a un hombre, lo único que tenéis que hacer es preguntar al primer habitante con el que os crucéis, y os podrá llevar a su domicilio, deciros a qué se dedica y daros cualquier otro detalle que os pueda interesar.»

Pero incluso en el seno de esta comunidad familiar tan unida había distinciones, y Thomas Nickerson tenía un pie dentro y otro fuera. La triste realidad era que si bien la madre de Nickerson, Rebecca Gibson, era natural de Nantucket, su padre, Thomas Nickerson, había nacido en el cabo Cod, y su hijo Thomas había venido al mundo en Harwich, en 1805. Seis meses más tarde, sus padres se trasladaron con él y sus hermanas a la otra orilla del estrecho, a Nantucket. Era demasiado tarde, aunque sólo hubieran transcurrido seis meses. La gente de Nantucket veía con malos ojos a las personas que no eran naturales de la isla. Las llamaban «forasteros» o, peor aún, *coofs*,* término despreciativo que en un principio se reservaba a los naturales del cabo Cod pero que luego se amplió para dar cabida en él a todos los que habían tenido la mala suerte de nacer en el continente.

Quizá Thomas Nickerson hubiera gozado de cierto respeto si su madre hubiese pertenecido al menos a alguna vieja familia de Nantucket, con un apellido como Coffin, Starbuck, Macy, Folger o Gardner. Pero no era así. En una isla donde muchas familias podían afirmar que descendían directamente de alguno de los «primeros colonizadores», unos veinte, más o menos, los Gibson y los Nickerson carecían de la red de primos que sostenía a la mayor parte de los naturales de Nantucket. «Quizá no haya otro lugar en el mundo, de igual magnitud —decía Obed Macy—, donde los habitantes [estén] tan relacionados por la consanguinidad como en éste, lo cual contribuye en gran medida a la armonía de la gente y a su apego al lugar.» Owen Coffin, Charles Ramsdell y Barzillai Ray, los amigos y camaradas de a bordo de Nickerson, podían considerarse miembros de este grupo. Thomas podía jugar con ellos, hacerse a la mar con ellos, pero muy en el fondo comprendía que por más que lo intentase era, en el mejor de los casos, sólo un *coof*.

El lugar donde vivía una persona en Nantucket dependía de su posición en la industria ballenera. Si era armador o comerciante, lo más probable era que viviese en

---

* Literalmente, «persona tonta o estúpida». (*N. del t.*)

Pleasant Street, apartada en la colina, el punto más alejado del ruido y el hedor de los muelles. (En los decenios posteriores, a medida que sus ambiciones requirieron más espacio y visibilidad, estos personajes importantes se desplazaron hacia Main Street.) Los capitanes, en cambio, tendían a escoger la calle desde la que mejor se veía el puerto: Orange Street. Desde una casa del lado oriental de esa calle, un capitán podía observar cómo aparejaban su barco en el muelle y seguir la actividad del puerto. Los oficiales, por regla general, vivían a los pies de esta colina («bajo el talud», según se decía), en Union Street, a la sombra de los domicilios que aspiraban a poseer algún día.

En la esquina de las calles Main y Pleasant estaba la inmensa South Meeting House* de la Sociedad de Amigos, construida en 1792 con restos del derribo de la todavía mayor Great Meeting House que en otro tiempo se alzaba junto al campo sin lápidas del cementerio cuáquero, al final de Main Street. Que Nickerson hubiese sido educado como congregacionalista no significaba que nunca hubiera entrado en esta *meeting house* cuáquera o en la de Broad Street. Un visitante afirmó que casi la mitad de las personas que asistían a una típica reunión de cuáqueros no eran miembros de la Sociedad de Amigos. A principios de aquel verano, el 29 de junio, Obed Macy dejó constancia de que dos mil personas (más de una cuarta parte de la población de la isla) habían asistido a una reunión pública de cuáqueros en la South Meeting House.

Aunque muchas personas iban a la *meeting house* por el bien de sus almas, los adolescentes y los jóvenes que

---

* Los cuáqueros no tienen templos, sino que celebran el culto en «casas de reunión», es decir, *meeting houses*. (*N. del t.*)

rondaban los veinte años tendían a asistir por otros motivos. Ningún otro lugar de Nantucket ofrecía mejor oportunidad para que los jóvenes conocieran a miembros del sexo opuesto. Charles Murphey, natural de Nantucket, describió en un poema cómo los muchachos como él utilizaban los largos intervalos de silencio típicos de una reunión de cuáqueros:

Para sentarse con ojos ansiosos dirigidos
a toda la belleza allí agrupada
y mirar, maravillados, durante las reuniones,
la diversidad de formas y figuras.

Otro lugar donde se reunían los jóvenes enamorados era la cadena de colinas que había detrás de la población, allí donde se alzaban los cuatro molinos de viento. Desde aquel punto las parejas podían disfrutar de una vista espectacular de la población y el puerto de Nantucket, con el flamante faro en el extremo de Great Point visible a lo lejos.

Si hay algo que sorprende es lo raro que resultaba que la gente de Nantucket, incluso las personas jóvenes y aventureras como Nickerson y compañía, fuesen más allá de las puertas de la pequeña población. «Tan pequeña como es [la isla] —reconoció en una carta un comerciante de aceite de ballena—, nunca estuve en el extremo occidental ni en el oriental, y diría que durante algunos años no me he alejado dos kilómetros de la población.» En un mundo de ballenas, serpientes marinas y señales de presagios en el cielo nocturno, todos los habitantes de Nantucket, tanto balleneros como hombres de tierra, veían la población como un refugio, un lugar vallado donde las costumbres eran conocidas y las alianzas, ancestrales, eternas: un sitio que podían considerar su hogar.

Las pasiones se agitaban debajo de la fachada cuáquera de Nantucket. La vida podía parecer sobria y ordenada mientras centenares, a veces miles, de personas se dirigían a la reunión todos los jueves y domingos, los hombres con sus largas chaquetas oscuras y sus sombreros de ala ancha, las mujeres con sus vestidos largos y sus sombreritos confeccionados primorosamente. Pero aparte del cuaquerismo y del acervo común, otros factores impulsaban la psique de Nantucket, en particular la obsesión por la ballena. Por más que sus habitantes intentaran ocultarlo, había salvajismo en la isla, un ansia de sangre y un orgullo que ataba a todas las madres, a todos los padres y a todos los hijos en un compromiso exclusivista con la pesca.

Al joven de Nantucket se le empezaba a marcar desde muy pequeño. Entre las primeras palabras que aprendía un bebé estaban las que eran propias de la pesca: *townor*, por ejemplo, palabra wampanoag que significaba que se había avistado la ballena por segunda vez. Las historias que se contaban a la hora de acostarse hablaban de matar ballenas y eludir a los caníbales del Pacífico. Una madre contaba en tono de aprobación cómo su hijo de nueve años ató un tenedor en el extremo de un ovillo de hilo de zurcir y luego procedió a arponear al gato de la familia. La madre entró por casualidad en la habitación justo en el momento en que el aterrorizado animalito trataba de escapar y, sin saber a ciencia cierta lo que estaba pasando, recogió el ovillo. Al igual que un arponero veterano, el chico gritó:

—¡Mira, mamá! ¡Fila! ¡Por allí resopla, en la ventana!

Se rumoreaba que en la isla había una sociedad secreta integrada por mujeres jóvenes que prometían casarse sólo con hombres que ya hubieran matado una ballena. Para ayudar a estas jóvenes a identificarles como pescadores, los arponeros lucían calzos (pequeños calzos de roble que se utilizaban para que el cable del arpón no saliera de la ranura de la amura de la ballenera) en la solapa. Los arponeros, soberbios atletas con aspiraciones de llegar a capitán y hacer fortuna, eran considerados los mejores partidos entre los solteros de Nantucket.

En vez de brindar a la salud de una persona, los brindis de los hombres de Nantucket eran de carácter más sombrío:

> *Muerte a los que viven,*
> *larga vida a los que matan.*
> *Éxito a las esposas de los marineros*
> *y grasienta suerte a los balleneros.*

A pesar del tono de bravuconada de este poemita, la muerte era una realidad de la vida con la cual estaban plenamente familiarizados todos los habitantes de Nantucket. En 1810 había en la población cuarenta y siete niños sin padre, a la vez que casi una cuarta parte de las mujeres de más de veintitrés años (la media de edad en que se contraía matrimonio) habían enviudado por culpa del mar.

En la vejez, Nickerson todavía visitaba las sepulturas de sus padres en el viejo cementerio del norte. No cabe duda de que en 1819, durante las últimas semanas antes de zarpar a bordo del *Essex*, visitó su parcela de hierba vallada y requemada por el sol y anduvo entre sus lápidas inclinadas. El padre de Nickerson había sido el primero de sus progenitores en morir, el 9 de noviembre de 1806, a la edad de treinta y seis años. Su lápida rezaba:

Aplastados como la polilla bajo tu mano
en polvo nos convertimos,
nuestras débiles facultades nunca pueden perdurar
y toda nuestra belleza se pierda.

La madre de Nickerson, que había dado a luz cinco hijos, murió antes de que transcurriera un mes, a la edad de veintiocho años. La mayor de sus hijas vivas tenía ocho; su único hijo aún no había cumplido dos. En la lápida de su madre se leía:

Esta vida mortal declina a paso acelerado,
qué pronto revienta la burbuja.
Adán y toda su numerosa especie
son vanidad y humo.

Nickerson, al que criaron sus abuelos, no era el único huérfano a bordo del *Essex*. Su amigo Barzillai Ray también había perdido a ambos progenitores y Owen Coffin y Charles Ramsdell habían perdido a sus respectivos padres. Puede que esto fuera el lazo que más estrechamente los unía: cada uno de ellos, como tantos hijos de Nantucket, era un niño sin padre para el cual un oficial de barco sería mucho más que un capataz exigente; sería, muy posiblemente, la primera figura masculina con autoridad que los chicos habían conocido en su vida.

Quizá ninguna otra comunidad de antes o después se ha visto nunca tan dividida por su compromiso con el trabajo. Para un pescador de ballenas y su familia, era un régimen duro: de dos a tres años de ausencia y de tres a cuatro meses en casa. Con sus hombres ausentes durante tanto tiempo, las mujeres de Nantucket estaban obligadas no sólo a criar a los hijos, sino también a llevar muchos de los negocios de la isla. Eran principalmente las mujeres quienes mantenían la compleja red de relaciones personales y comerciales que hacía que la comunidad funcionase sin interrupción. J. Hector St. John de Crèvecoeur, cuya obra clásica *Letters from an American Farmer* describe su prolongada estancia en la isla unos cuantos años antes de que estallara la revolución, sugirió que la «prudencia y buena administración [de las mujeres de Nantucket] [...] con justicia les da derecho a una categoría superior a la de otras esposas».

El cuaquerismo reforzaba la fortaleza de las mujeres. Hacía hincapié en la igualdad espiritual e intelectual de los sexos y con ello fomentaba una actitud que estaba en armonía con lo que cada día se demostraba claramente a todos los habitantes de Nantucket: que las mujeres, que allí tendían a ser más instruidas que los hombres, eran tan inteligentes y estaban tan capacitadas como sus compañeros masculinos.

Por necesidad y por decisión propia, las mujeres de la isla llevaban una vida social activa, visitándose unas a otras con una frecuencia que Crèvecoeur calificó de incesante. Estas visitas servían para algo más que para intercambiar chismorreos. Eran el marco en el que se llevaban a cabo muchas transacciones comerciales de la población. La feminista decimonónica Lucrecia Coffin Mott, que nació y se crio en Nantucket, recordó que un marido que acababa de volver de viaje solía ir detrás de la esposa, acompañándola a las reuniones con otras esposas. Mott, que más adelante se mudaría a Filadelfia, comentó que esta costumbre resultaba muy extraña a las personas que vivían en el continente, donde los sexos se movían en esferas sociales totalmente distintas.

Algunas de las esposas de Nantucket se adaptaban muy bien al ritmo de la pesca del cachalote, es decir, tres años de ausencia y tres meses en casa. La nativa de la isla Eliza Brock escribió en su diario lo que llamó la «Canción de la muchacha de Nantucket»:

Entonces me apresuraré a casarme con un marinero y mandarlo
[al mar,
porque una vida independiente es la vida que me agrada.
Pero de vez en cuando me gustará ver su cara,
porque siempre me parece que sonríe con gracia varonil,
con su frente tan noble y despejada, y sus ojos negros y
[bondadosos,
oh, mi corazón late cariñosamente por él siempre que está cerca.
Pero cuando dice: «Adiós, amor mío, me voy a cruzar el mar»,
primero lloro porque se va, luego río porque soy libre.

La mujer de Nantucket asumía su poder y su responsabilidad el día de su boda. «Apenas han pasado por esta ceremonia —dijo Crèvecoeur— cuando dejan de parecer tan animosas y alegres; la nueva categoría que tienen en la sociedad les inculca ideas más serias que las que tenían antes [...] La nueva esposa [...] aconseja y dirige gradualmente [el hogar]; el nuevo esposo pronto se hace a la mar; la deja aprendiendo y ejerciendo el nuevo poder que ha adquirido.»

Para eterna indignación de los posteriores defensores de Nantucket, Crèvecoeur afirmó que muchas de las mujeres de la isla se habían vuelto adictas al opio: «Durante todos estos años han adoptado la costumbre asiática de tomar una dosis de opio todas las mañanas, y tan profundamente arraigada está que no sabrían vivir sin darse este gusto». Por qué tomaban la droga es quizá imposible de determinar después de tanto tiempo. Con todo, el retrato que se nos presenta —el de una comunidad de gente decidida y trabajadora que intentaba sobrellevar una soledad que podía abrumarla— tal vez haga más fácil comprender en las mujeres la dependencia del opio. Puede que la facilidad con que se obtenía la droga en la isla (el opio formaba parte del contenido del botiquín de todos los barcos balleneros), unida a la riqueza de los habitantes, también contribuya a explicar por qué su consumo era tan grande en Nantucket.

Pocas dudas caben de que la intimidad —física además de emocional— entre una esposa y un esposo debía de ser difícil en el brevísimo espacio de tiempo, unos pocos meses, entre un viaje y el siguiente. Una leyenda de la isla afirma que las mujeres de Nantucket superaban las largas ausencias del marido utilizando unos artefactos sexuales llamados «él está en casa». Aunque esta afirmación, al igual que la del consumo de droga, parece contradictoria con la sobria reputación cuáquera de la isla, en 1979 se descubrió un pene de yeso de unos quince centímetros de longitud (junto con un fajo de cartas del siglo XIX y una botella de láudano) escondido en la chimenea de una casa del distrito histórico de Nantucket. El hecho de que fueran «esposas superiores» no quería decir que las mujeres de la isla no sintieran deseos físicos corrientes. Al igual que sus esposos, las mujeres de Nantucket eran seres humanos normales que trataban de adaptarse a una forma de vida sumamente anormal.

Puede que Thomas Nickerson disfrutara de sus primeros momentos a bordo del *Essex*, explorando su interior oscuro y caluroso, pero la ilusión se desvaneció pronto. Durante las tres semanas siguientes de aquel verano, el más cálido que se recordaba, Nickerson y la tripulación del *Essex*, que iba formándose poco a poco, trabajaron para preparar el barco. Incluso en invierno, los muelles de Nantucket, que estaban cubiertos por una capa de arena empapada de aceite, apestaban tanto que la gente decía que al pasar el faro de Brant Point no se veía Nantucket, sino que se olía. En julio y agosto de aquel año el hedor que se alzaba del muelle debía de ser lo bastante acre como para producir náuseas incluso a un pescador de ballenas veterano.

En aquel tiempo era costumbre en Nantucket que los tripulantes recién contratados ayudasen a preparar el barco para el próximo viaje. En ninguna otra parte de Nueva Inglaterra se esperaba de un marinero que ayudase a aparejar y aprovisionar su barco. Para eso estaban los aparejadores, los estibadores y los abastecedores. Pero en Nantucket, cuyos comerciantes cuáqueros eran famosos por su capacidad de reducir los costes e incrementar los beneficios, imperaba una costumbre diferente.

Los pescadores de ballenas no trabajaban a cambio de un salario; les pagaban una parte o quiñón —una porción de los ingresos totales que se determinaba de antemano— al final del viaje. Esto quería decir que el trabajo que un armador pudiera obtener de un marinero antes del viaje era, en esencia, gratis o, al modo de ver de Nickerson, «un donativo en trabajo» por parte del marinero. A veces el armador adelantaba un poco de dinero para que el marinero pudiese comprar la ropa y los utensilios necesarios para la travesía, pero el importe del anticipo se descontaba (con intereses) del quiñón al concluir el viaje.

Como grumete, Thomas Nickerson percibiría lo que se conocía como un «quiñón muy largo» (es decir, exiguo). Aunque los documentos del viaje de 1819 del *Essex* han desaparecido, sabemos que el predecesor de Nickerson, el grumete Joseph Underwood, de Salem, percibió un quiñón de la 198.ª parte de los ingresos totales por el viaje anterior. Dado que el cargamento de 1.200 barriles de aceite de esperma del *Essex* se vendió por unos 26.500 dólares, Underwood cobró, después de descontar los gastos del viaje del total bruto y los gastos personales de su propia parte, un total de alrededor de 150 dólares por dos años de trabajo. Era un salario mísero, pero el grumete había recibido alojamiento y comida durante dos años y ahora tenía la experiencia necesaria para empezar su carrera de pescador de ballenas.

A finales de julio, la superestructura del *Essex* —casi todo lo que había a nivel de la cubierta y más arriba— ya estaba reconstruida por completo e incluía una nueva tablazón de pino para la cubierta y una cocina. En algún momento —probablemente antes de que Nickerson entrara a formar parte de la tripulación— escoraron el *Essex* para colocar el revestimiento de cobre. Para tal fin, en los palos del barco se instalaron inmensos sistemas de motones y cuadernales que se ataron con cabos al muelle. El fondo quedó al descubierto y se recubrió de cobre para proteger el barco de las incrustaciones, que podían transformar la entabladura de roble del casco, que tenía diez centímetros de espesor, en una capa blanda y porosa.

Con veinte años de antigüedad, el *Essex* iba acercándose al momento en que muchos barcos empezaban a mostrar un grave deterioro estructural. Al parecer, el aceite de ballena actuaba como conservante y daba a la mayoría de los balleneros una vida mucho más larga que la de un típico barco mercante. A pesar de todo, había ciertos límites. La carcoma, el teredo y una afección llamada enfermedad del hierro, en la cual la oxidación de la clavazón de hierro debilitaba la madera de roble, eran problemas potenciales.

Los viajes cada vez más largos alrededor del cabo de Hornos eran otro motivo de preocupación. «Pasar tanto tiempo en el mar sin frecuentes reparaciones —escribió Obed Macy en su diario— debe de acortar en muchos años la duración de los barcos.» En efecto, el *Essex* había estado sometido a varios días de reparaciones en América del Sur durante el viaje anterior. Era un barco viejo atrapado en una nueva era de la pesca de la ballena y nadie sabía cuánto tiempo iba a durar.

Los armadores eran siempre reacios a invertir más dinero del que fuese estrictamente necesario en la reparación de un barco. Si bien no tuvieron más remedio que reconstruir la superestructura del *Essex*, era muy posible que debajo de la línea de flotación hubiera partes sospechosas que optaron por dejar para más adelante, cuando no hicieron caso omiso de ellas. Aquel verano, los principales armadores del *Essex*, Gideon Folger & Sons, esperaban la entrega de un barco ballenero nuevo y mucho mayor, el *Aurora*. No era el año más apropiado para gastar una cantidad exorbitante de dinero en un barco viejo y deteriorado como el *Essex*.

Los armadores de Nantucket podían ser tan fieros, aunque de forma incruenta, como cualquier pescador de ballenas. Podían «ejercer de cuáqueros», pero eso no les impedía ir detrás de los beneficios con todo entusiasmo.

En *Moby Dick*, uno de los armadores del *Pequod* es Bildad, cuáquero piadoso cuyos escrúpulos religiosos no le impiden arrancar quiñones cruelmente largos a la tripulación (¡ofrece a Ismael un quiñón de la 777.ª parte!). Con la Biblia en una mano y el libro de contabilidad en la otra, Bildad parece un John D. Rockefeller delgado y cuáquero, entregado en cuerpo y alma a efectuar fríamente los cálculos necesarios para que la expedición ballenera fuera provechosa.

Algunos testigos afirmaban que, en lugar de conducir a los isleños a la prosperidad y la gracia, el cuaquerismo era la raíz del mal que florecía en los poco escrupulosos métodos comerciales de los armadores de Nantucket. Según William Comstock, que escribió una crónica del viaje de un barco ballenero que zarpó de Nantucket en el decenio de 1820: «Por desgracia, la ira que les está prohibido [a los cuáqueros] expresar por medio de actos externos, al no encontrar una válvula de escape, se estanca en el corazón y, aunque hacen profesión de amor y buena voluntad, el rencor y la intensa malevolencia de sus sentimientos envenenan todos los generosos manantiales de la bondad humana».

Gideon Folger y Paul Macy, importantes armadores del *Essex*, eran miembros destacados de la clase alta cuáquera de la isla. Sin embargo, según Nickerson, Macy, encargado de armar el *Essex* aquel verano de 1819, intentó reducir los costes aprovisionando el barco muy por debajo de sus necesidades. No era el suyo un caso único. «Con demasiada frecuencia los armadores de balleneros no avituallan sus barcos de forma suficiente —escribió Comstock— y confían en que el capitán escatime las provisiones de acuerdo con sus posibilidades, gracias a lo cual los ricos armadores ahorran unos cuantos dólares mientras el pobre y esforzado marinero pasa hambre.» Si bien sería injusto señalar a Paul Macy como responsable, siquiera en parte, de los males que aguardaban a los hombres del *Essex*, el primer paso hacia aquel desgraciado futuro lo dio Macy cuando decidió ahorrar un poco de dinero en carne de buey y galleta.

En Nantucket, a principios del siglo xix, la gente no invertía en bonos ni en la Bolsa, sino en barcos balleneros. Comprando participaciones en varios barcos en vez de poner su dinero en uno solo, los isleños ampliaban tanto el riesgo como el beneficio en toda la comunidad. Agentes como Macy y Folger podían esperar de sus inversiones en la pesca de cetáceos un rendimiento total de entre el 28 y el 44 por ciento anual.

Este nivel de rentabilidad resultaba aún más notable en vista del estado de la economía mundial en 1819. Mientras Nantucket seguía añadiendo barco tras barco a su flota, en el continente quebraban centenares de negocios. En la primavera de aquel año, un periódico de Baltimore afirmó que los «días de nuestra prosperidad ficticia han pasado» y habló de «créditos impagados, viviendas abandonadas, calles inactivas, comercio en decadencia y cofres vacíos». Nantucket seguía siendo una excepción asombrosa. Del mismo modo que su situación aislada, muchas millas mar adentro, le permitía gozar de la cálida influencia de la corriente del Golfo (que hacía que la estación de cultivo fuese la más larga de la región), Nantucket vivía inmersa en su propio y benigno clima de prosperidad, al menos de momento.

Entre el 4 y el 23 de julio, diez barcos balleneros salieron de la isla, la mayoría de dos en dos. En los muelles, el bullicio que armaban los trabajadores duraba hasta altas horas de la noche, atrapados todos ellos en la tarea frenética y a la vez disciplinada de preparar los barcos balleneros para el viaje. Pero Gideon Folger, Paul Macy y el capitán del *Essex*, George Pollard, sabían que todos los preparativos serían inútiles si no lograban hacerse con una tripulación de veintiún hombres.

Dado que en Nantucket no se encontraban suficientes hombres, los armadores recurrían a forasteros que carecían de experiencia previa en la navegación, los llamados «manos verdes», para tripular sus barcos. Muchos procedían del cercano cabo Cod. Los consignatarios de buques de las ciudades de toda la costa oriental también proporcionaban manos verdes a los armadores, y con frecuencia mandaban grupos de ellos a Nantucket a bordo de paquebotes.

Raras veces era positiva la primera impresión que la isla causaba a un manos verdes. Inevitablemente, los jóvenes que holgazaneaban en la zona portuaria hostigaban a los recién llegados gritando:

—¡Mirad a los verdes, vienen para ir a buscar aceite!

(La palabra *oil* [aceite] se pronunciaba *ail* en Nantucket.) Luego los recién llegados tenían que ir andando desde el lugar conocido como «muelle Recto» hasta la base de Main Street, donde un almacén de ropa y comestibles hacía las veces de «gran centro y lugar de encuentro de marineros». Allí los hombres que buscaban plaza en algún barco o que sencillamente querían matar el rato («viéndolo pasar», como decían en Nantucket) pasaban el día envueltos en una nube de humo de tabaco, echados en una gran variedad de bancos y cajas de madera. En esta isla en movimiento perpetuo, se esperaba de los hombres que buscaban trabajo que sacasen punta a trozos de madera. Por su forma de manejar el cuchillo, la gente sabía qué clase de trabajo buscaba un hombre. Un pescador de ballenas con un viaje como mínimo en su haber sabía lo suficiente para dirigir siempre el cuchillo lejos de sí. Esto quería decir que quería un empleo de arponero. Los arponeros, en cambio, movían el cuchillo en la dirección contraria, hacia sí, lo cual indicaba que se creían preparados para ser oficiales. Como no conocía los códigos secretos que habían creado los hombres de Nantucket, un manos verdes se limitaba a sacar punta tan bien como podía.

Muchos manos verdes tenían la sensación de encontrarse en un país extranjero donde la gente hablaba una lengua distinta. Todos los habitantes de la isla, incluso las mujeres y los niños pequeños, empleaban términos náuticos como si fueran marineros de primera. Según un visitante, «todos los niños de Nantucket saben en qué dirección sopla el viento; cualquiera de las ancianas que ves por la calle habla de navegar por el océano, de saludar a un viejo compañero de rancho o de cómo hacer que una embarcación se ponga en facha, con tanta familiaridad como un capitán de barco ballenero recién llegado de la costa del noroeste diría a un marinero de agua dulce que tal o cual cosa mide lo mismo que su botalón de foque o su estay mayor». El manos verdes, cuya primera experiencia marina quizá había sido el viaje en paquebote hasta Nantucket, encontraba todo esto confuso y desconcertante, en particular porque, además, muchos de los isleños utilizaban el tuteo característico de los cuáqueros.

El acento de las gentes de Nantucket contribuía a agravar la confusión. No era sólo que dijesen *ail* en vez de *oil*, sino que había multitud de pronunciaciones peculiares, muchas de las cuales se diferenciaban notablemente de las que podían oírse incluso en lugares tan cercanos como el cabo Cod o la isla de Martha's Vineyard. Un ballenero de Nantucket guardaba su ropa en un *chist* [*chest*: cofre]. Sus arpones estaban siempre *shurp* [*sharp*: afilados], especialmente al *atteke* [*attacking*: atacar] una ballena *lirge* [*large*: grande]. Un *keppin* [*captain*: capitán] tenía su propio *kebbin* [*cabin*: camarote] y la mayoría de las veces estaba *merrid* [*married*: casado], a la vez que un *met* [*mate*: oficial] llevaba el cuaderno de bitácora durante todo el *viege* [*voyage*: viaje].

Luego estaban todas aquellas expresiones extrañas que usaba un hombre de Nantucket. Si metía la pata, era un *foopaw*, aparente corrupción del francés *faux pas* que databa de los tiempos posteriores a la revolución en que los balleneros de Nantucket establecieron una base en la ciudad francesa de Dunkerque. Un hombre de Nantucket no salía sencillamente a dar un paseo la tarde del domingo, sino que emprendía una *rantum scoot*, que quería decir una excursión a ningún lugar en concreto. Las vituallas de primera calidad se llamaban *manavelins*. Si alguien era bizco, era porque había «nacido a mediados de semana y miraba en ambas direcciones en busca del domingo».

Los manos verdes solían verse sometidos a lo que, según recordó un hombre, era «una especie de examen» por parte del armador y del capitán. Otro recordó: «Resumiendo, nos catequizaron en relación con nuestro origen y nuestra ocupación previa, y tomaron nota de la complexión y las características físicas de cada uno de nosotros, sin olvidar los ojos, porque un hombre de vista aguda era una joya en opinión de un auténtico capitán de barco ballenero». Algunos manos verdes eran tan ingenuos e incultos que insistían en el quiñón más largo posible, creyendo erróneamente que el número más alto significaba mayor paga. Los armadores se mostraban más que dispuestos a satisfacer sus deseos.

Los capitanes de los barcos balleneros se disputaban a los hombres. Pero, como pasaba con todo en Nantucket, había reglas específicas que todo el mundo debía observar. Dado que se esperaba que los capitanes novatos mostraran deferencia ante todos los demás, los únicos hombres de los que dispondría el capitán Pollard del *Essex* serían los que no interesaban a nadie más. A finales de julio, a Pollard y a los armadores todavía les faltaban más de media docena de hombres.

El 4 de agosto, Obed Macy pasó por la Marine Insurance Company en la esquina de Main Street con Federal Street para echar un vistazo al termómetro instalado en las ripias del exterior. En su diario escribió: «34 grados y muy poco viento, lo que ha hecho que sea insoportable aguantar los rayos del sol».

Al día siguiente, 5 de agosto, el *Essex*, completamente aparejado y a punto para zarpar, se adentró en aguas profundas después de salvar la barra de Nantucket. Las operaciones de carga podían empezar ahora en serio, y varias embarcaciones pequeñas llamadas «barcazas» empezaron a transportar cosas del muelle al barco. En primer lugar se estibaron los toneles, que eran grandes recipientes con flejes de hierro, cada uno de los cuales tenía capacidad para más de mil litros de aceite de ballena. Los llenaron de agua de mar para mantenerlos hinchados y tensos. Encima de ellos se estibaron toneles de varios tamaños llenos de agua dulce. La leña ocupaba mucho espacio, al igual que los miles de duelas embaladas que el tonelero del barco usaría para hacer más toneles que se llenarían de aceite. Encima se estibaron más toneles que contenían alimentos suficientes para dos años y medio. Si a los hombres se les daba de comer la misma cantidad que a los marineros mercantes (lo que tal vez sea suponer demasiado tratándose de un ballenero de Nantucket), el *Essex* contendría como mínimo catorce toneladas de carne (buey y cerdo curados con sal), más de ocho toneladas de pan y miles de litros de agua dulce. Luego se estibaron numerosísimas herramientas para pescar cetáceos (arpones, lanzas, etc.), así como prendas de vestir, cartas de navegación, velas (incluido al menos un juego de respeto), instrumentos náuticos, medicinas, ron, ginebra, madera y otras muchas cosas más. Además de las tres balleneras recién pintadas y suspendidas de los pescantes del barco, había por lo menos dos lanchas de respeto: una colocada al revés en un pescante sobre el alcázar, y otra montada en masteleros de respeto que sobresalían de la popa.

Cuando los hombres terminaron de cargar el *Essex* seis días después —un fuerte aguacero, del que Obed Macy tomó debida nota, había interrumpido brevemente las operaciones de carga el 9 de agosto—, el barco estaba casi tan cargado como lo estaría de aceite de ballena al volver. Un hombre de Nantucket explicó: «El consumo gradual de provisiones y pertrechos va al mismo ritmo que la acumulación gradual de aceite, y un barco ballenero está siempre lleno, o casi lleno, durante todo el viaje».

Sin embargo, aún faltaba algo: era necesario llenar las siete literas que seguían vacías en el castillo de proa del *Essex*. Gideon Folger pidió a un agente de Boston que le mandara tantos marineros negros como pudiese encontrar.

Aunque no era negro, Addison Pratt llegó a Nantucket en circunstancias parecidas a las que hicieron que siete afroamericanos llegaran a la isla para servir en el *Essex*. En 1820, Pratt estaba en Boston buscando un barco:

> Pronto empecé a buscar un trabajo en una embarcación, pero corrían malos tiempos, ya que el salario de los marineros era de sólo diez dólares al mes y había más marineros que barcos en el puerto, y me encontré con que era mal momento para los manos verdes. Pero después de buscar por ahí durante unos cuantos días, oí decir que se necesitaban tripulantes para ir a pescar cachalotes en el océano Pacífico. Sin perder un minuto, me presenté en la oficina y me enrolé, y me pagaron doce dólares por adelantado, que me gasté en ropa de marinero... Contrataron a seis tripulantes más para el mismo barco y nos hicieron embarcar a todos en un paquebote con destino a Nantucket.

Como se desprende de lo que dice Pratt, un marinero opinaba que un puesto de trabajo en un barco ballenero era lo más miserable que podía encontrar. Los chicos de Nantucket como Thomas Nickerson y sus amigos veían su primer viaje como un paso necesario en el comienzo de una carrera larga y provechosa. Pero para los hombres que solían contratar los consignatarios en ciudades como Boston era otro cantar. En lugar del principio de algo, embarcarse en un ballenero era con frecuencia un último y desesperado recurso.

Los siete marineros negros que accedieron a enrolarse en el *Essex* —Samuel Reed, Richard Peterson, Lawson Thomas, Charles Shorter, Isaiah Sheppard, William Bond y Henry Dewitt— tenían todavía menos opciones que Addison Pratt en 1820. Ninguno de sus nombres aparece en los registros de Boston o Nueva York correspondientes a este período, lo cual indica que no poseían tierra a su nombre. Tanto si eran de Boston como si no, probablemente la mayoría de ellos había pasado bastantes noches en las pensiones de la zona portuaria del North End de la ciudad, lugar conocido por ser el punto de reunión de muchos marineros ambulantes, tanto negros como blancos, que andaban en busca de trabajo.

Al subir al paquebote que los llevaría a Nantucket, los siete afroamericanos sabían como mínimo una cosa: quizá no les pagaran bien por el tiempo que iban a pasar a bordo de un ballenero de Nantucket, pero tenían la seguridad de que no les pagarían menos que a un blanco con la misma capacidad. Desde la época en que los indios constituían la mayor parte de la mano de obra de Nantucket, los armadores de la isla siempre habían pagado a los hombres de acuerdo con su categoría y no según su color. Esto se debía en parte a las inclinaciones antiesclavistas de los cuáqueros, pero también tenía mucho que ver con la dura realidad de la vida a bordo. En caso de apuro, a un capitán no le importaba si un marinero era blanco o negro; sólo quería saber si podía contar con que el hombre llevaría a cabo la tarea que le asignara.

A pesar de todo, la gente de Nantucket nunca consideró como a iguales a los manos verdes de raza negra que llegaban a la isla. En 1807, una persona que la visitó dejó constancia de que:

Habiendo desaparecido los indios, ahora se emplea a negros en su lugar. Los marineros de color son más sumisos que los blancos; pero como son más aficionados a retozar, es difícil hacerles subir a bordo cuando el barco se dispone a zarpar, y retenerles a bordo cuando llega a su destino. Los negros, aunque se les debe tener en gran estima por sus hábitos de obediencia, no son tan inteligentes como los indios; y ninguno de ellos alcanza la categoría de [arponero u oficial].

El motivo de la acogida de marineros negros en la isla no eran elevados ideales de naturaleza social, sino más bien la necesidad de mano de obra, una necesidad insaciable y a menudo explotadora, de la pesca de cetáceos. «A un africano, los oficiales de su barco lo tratan como si fuera un animal —informó William Comstock, que tenía muchas cosas que decir sobre los males de los armadores cuáqueros de Nantucket—. Si estas páginas cayeran en manos de algunos de mis hermanos de color, me permito aconsejarles que huyan de Nantucket como huirían del Maelström de Noruega.» Hasta Nickerson admitió que los capitanes de los barcos balleneros de Nantucket tenían fama de «negreros». Es significativo que las gentes de Nantucket hablaran del «barco negrero» al referirse al paquebote que traía manos verdes de Nueva York.

Al caer la tarde del miércoles 11 de agosto, todos menos el capitán Pollard se encontraban sanos y salvos a bordo del *Essex*. Anclado a su lado, a poca distancia de la barra de Nantucket, se hallaba otro barco ballenero, el *Chili*. Bajo el mando de Absalom Coffin, el *Chili* también tenía que zarpar al día siguiente. Era una oportunidad para lo que los balleneros llamaban un *gam*, es decir, el intercambio de visitas por parte de las tripulaciones de dos barcos. Sin que el capitán impidiera el jolgorio (y con la barra entre ellos y la población), puede que aprovecharan la oportunidad para disfrutar de una última y tumultuosa juerga antes de que la agobiante disciplina de la vida a bordo dominase sus vidas.

En algún momento de aquella noche, Thomas Nickerson bajó a su litera cubierta por su colchón relleno de perfollas añubladas de maíz. Al dormirse poco a poco en el barco que se balanceaba suavemente, sin duda se sentiría, como dijo un joven ballenero, lleno de un orgullo muy grande, casi abrumador, por encontrarse «en mi hogar flotante».

Probablemente aquella noche no estaba al tanto del último chismorreo que corría por la población sobre las cosas extrañas que pasaban en los terrenos comunales. Nubes de saltamontes habían empezado a aparecer en los campos de nabos. «Toda la faz de la Tierra está llena de ellos... —escribiría Obed Macy—. Ninguna persona viva había visto jamás un número tan grande de ellos.» ¿Un cometa en julio y ahora una plaga de langostas?

Al final, las cosas acabarían mal para los dos barcos que se hallaban anclados cerca de la barra de Nantucket la noche del 11 de agosto de 1819. El *Chili* no volvería hasta después de tres años y medio, y sólo traería quinientos barriles de aceite de esperma, alrededor de una cuarta parte de lo que se necesitaba para llenar un barco de sus dimensiones. Para el capitán Coffin y sus hombres sería un viaje desastroso.

Pero nada podía compararse con lo que el destino tenía reservado para los veintiún hombres del *Essex*.

2

ZOZOBRA

La mañana del 12 de agosto de 1819, una embarcación del puerto llevó al capitán George Pollard Jr. al *Essex*. A sus veintiocho años, era un capitán novato aunque ya no tan joven. Había pasado los últimos cuatro años menos siete meses a bordo del *Essex* en calidad de segundo oficial y luego de primer oficial. Exceptuando a su antiguo capitán, Daniel Russell, nadie conocía este barco mejor que George Pollard.

Pollard llevaba una carta de los principales armadores del *Essex* que comunicaba al nuevo capitán, con prosa sobria y directa, qué era exactamente lo que se esperaba de él. Su predecesor, Daniel Russell, había recibido una carta parecida antes de un viaje anterior. Decía:

Respetado amigo:
Como eres capitán del barco *Essex* que en estos momentos se encuentra anclado fuera de la barra, nuestras órdenes son que zarpes aprovechando el primer viento favorable y te dirijas al océano Pacífico y te esfuerces en ob-

tener un cargamento de aceite de esperma, y cuando lo hayas obtenido vuelvas a este lugar tan rápidamente como sea posible. Se te prohíbe realizar cualquier comercio ilícito. Se te prohíbe llevar a cabo o permitir que cualquier persona perteneciente al barco *Essex* efectúe cualquier comercio salvo el que fuere necesario para la conservación del barco *Essex* o su tripulación. Deseándote un corto y próspero viaje con toda la felicidad que te mereces, te saludan atentamente tus amigos.

En nombre de los propietarios del barco Essex,

GIDEON FOLGER Y PAUL MACY

Pollard sentía todo el peso de las expectativas de los armadores. Pero no pensaba sólo en el viaje que iba a emprender, sino también en lo que dejaba atrás. Hacía sólo dos meses que él y Mary Riddell, de diecinueve años, se habían casado en la Segunda Iglesia Congregacionalista, uno de cuyos diáconos, un rico cordobanero o soguero, era el padre de Mary.

Mientras subía por el costado del *Essex* y luego se encaminaba al alcázar, el capitán Pollard sabía que la población entera los estaba contemplando, a él y a sus hombres. Durante todo el verano habían zarpado barcos de la isla, a veces hasta cuatro o cinco en una semana, pero con la partida del *Essex* y el *Chili* habría un período de calma de alrededor de un mes antes de que otro ballenero se hiciera a la mar. Para los habitantes de Nantucket, que pasaban hambre de diversiones, éste sería el mayor acontecimiento ocurrido durante algún tiempo.

Salir de la isla a bordo de un barco ballenero siempre era difícil, puesto que la mayoría de los tripulantes no tenía la menor idea de lo que hacía. Un capitán podía pasarlo muy mal viendo que los manos verdes caminaban a trompicones de un lado a otro de la cubierta o se aferraban a las perchas con tanta fuerza que se les ponían blancos los nudillos. Toda la operación se llevaba a término sabiendo que los viejos lobos de mar de la población y, por supuesto, los armadores, los observaban y criticaban desde la sombra de los molinos de viento de Mill Hill.

Dirigiendo, quizá, alguna mirada nerviosa a la población, el capitán Pollard dio la orden de preparar el barco para levar anclas.

Un barco ballenero, incluso un barco ballenero pequeño y viejo, era una máquina compleja y difícil de gobernar. El *Essex* tenía tres palos y un bauprés. A los palos estaba sujeta una multitud de perchas horizontales, conocidas como «vergas», en las cuales se fijaban las velas rectangulares. Había tantos cabos, que servían para sostener las perchas o para controlar las velas (cuyo número era superior a veinte), que a un manos verdes que mirase hacia arriba desde cubierta debía de parecerle que el *Essex* era la tela de una araña gigante que tejiera con soga.

El hecho de que cada una de aquellas sogas tuviera nombre era claramente risible para un manos verdes. ¿Cómo podía alguien, incluso después de un viaje de tres años, pretender que tuvieran alguna idea de lo que pasaba y de dónde pasaba? Para los jóvenes de Nantucket como Nickerson y sus amigos resultaba especialmente desolador, ya que habían empezado la aventura convencidos de que sabían mucho más de lo que, al parecer, sabían en realidad. «Todo era ajetreo, confusión y torpeza por parte de la tripulación —recordó Nickerson—. Los oficiales eran hombres listos y activos y sin duda les... irritaba que semejante demostración de torpeza tuviera lugar a la vista de los habitantes de su población natal.»

Como la costumbre le exigía que no se moviera del alcázar, Pollard no podía hacer prácticamente nada ante aquel torpe espectáculo. El primer oficial, Owen Chase, se encontraba en la parte de proa de la cubierta y hacía todo lo posible por poner un poco de orden en aquel caos. Su misión era hacer que se cumpliesen las órdenes de Pollard y gritaba y persuadía a los hombres como si cada una de sus vacilaciones o errores fuera un insulto personal.

Pollard y Chase habían estado juntos a bordo del *Essex* desde que, en 1815, Chase, a sus dieciocho años, se enrolara como marinero raso. Chase había ascendido con rapidez. En el siguiente viaje ya era arponero, y ahora, con sólo veintidós años, era el primer oficial. (Matthew Joy, el segundo oficial del *Essex*, era cuatro años mayor que Chase.) Si todo iba bien durante este viaje, Chase tendría una buena oportunidad de ser capitán antes de cumplir los veinticinco.

Con cerca de un metro ochenta de estatura, Chase era alto para haber nacido a principios del siglo XIX; descollaba sobre el capitán Pollard, que era bajito y corpulento. Mientras que el padre de Pollard también era capitán, el padre de Chase era agricultor. Quizá por dedicarse su padre al campo en una isla donde toda la gloria era para los navegantes, a Chase le animaba una ambición superior a la normal y, al empezar su tercer viaje, no ocultaba su impaciencia por llegar a capitán. «Por lo general, se considera que dos viajes son suficientes para que un joven activo e inteligente quede capacitado para mandar —escribiría—, pues durante este tiempo aprende por experiencia, y por los ejemplos que le dan, todo lo que es necesario saber.» Era seis años más joven que el capitán Pollard, pero Chase opinaba que ya dominaba todo lo que necesitaba saber para hacer el trabajo de Pollard. Debido a la actitud petulante del primer oficial, Pollard, un capitán novato que acababa de surgir de la larga sombra de un predecesor respetado, tenía dificultades para imponer su propia forma de ejercer el mando.

Mientras la tripulación reunía estachas y sogas de respeto para levar el ancla, Chase comprobó que todo lo que había en cubierta estuviera bien sujeto. Luego ordenó a los hombres que se ocuparan del molinete, que era un cilindro de madera largo, montado horizontalmente, con una doble fila de agujeros en cada extremo. Situado delante de la escotilla del castillo de proa, a poca distancia, el molinete proporcionaba la fuerza mecánica que se requería para elevar cosas pesadas a bordo del barco. Ocho hombres se colocaban en los dos extremos, cuatro detrás y cuatro delante, cada uno de ellos con una estaca de madera en la mano.

Accionar el molinete de forma coordinada era tan difícil como agotador. «Para hacer esto los marineros deben [...] dar un tirón súbito en el mismo instante —según una descripción— y este movimiento está acompasado por una especie de canción o aullido que entona uno de ellos.»

Después de que los hombres tensaran o viraran el cable del ancla, llegó el momento en que los tripulantes que estaban en lo alto de la arboladura debían largar las velas. Pollard ordenó a Chase (a quien, de acuerdo con la costumbre, llamaba siempre «señor Chase») que levara el ancla y que le informase cuando estuviese desprendida del fondo. Ahora empezaba el trabajo de verdad, que, dada la inexperiencia de la tripulación del *Essex*, probablemente llevaría muchísimo tiempo: levar lentamente el ancla, que era enorme y salpicaba fango, hasta la amura. Finalmente, el ancla quedaba sujeta a la amura, con el arganeo del extremo de la caña atado a un pescante que salía de la borda y se llamaba serviola.

El sufrimiento público de Pollard y Chase empezaba ahora en serio. Había velas complementarias que largar bajo el viento del suroeste, cuya fuerza iba aumentando gradualmente. Una tripulación con experiencia hubiera largado todo el velamen en un instante. En el caso del *Essex*, hasta después de haber doblado por completo el Great Point —a más de ocho millas de donde habían levado el ancla— no quedaron las velas altas o juanetes «largadas y orientadas a la brisa», según Nickerson. Durante todas estas operaciones, Pollard y sus oficiales sabían que los catalejos de la población les estaban siguiendo, sin perder detalle de todos y cada uno de los momentos comprometidos.

Como grumete que era, Nickerson tenía que barrer la cubierta y adujar los cabos que encontrase. Al detenerse unos segundos para contemplar cómo su querida isla se perdía de vista a sus espaldas, se le acercó el primer oficial, que, además de darle un par de sopapos, gruñó: «Tú, chico, Tom, vuelve a coger la escoba y barre esto hasta que quede limpio. ¡La próxima vez que tenga que llamarte la atención te calentaré el pellejo, muchacho!».

Puede que Nickerson y sus amigos de Nantucket pensaran que conocían a Chase antes de hacerse a la mar, pero ahora se dieron cuenta de que, como había descubierto otro joven de Nantucket, «en el mar, las cosas cambian». Al salir de su isla natal, el primer oficial de un ballenero de Nantucket solía sufrir una transformación como la de Jekyll y Hyde, quitándose su máscara de plácido cuáquero para convertirse en un tirano vociferante. «A menudo oyes que una mujer de Nantucket se jacta de que su hijo "que es *met* de un barco es un verdadero *spit-fire*"* —escribió William Comstock—, con lo que quiere dar a entender que es un tirano cruel, cosa que en aquella isla se considera el súmmum de la perfección humana.»

Y así fue como Nickerson vio cómo Owen Chase dejaba de ser un joven perfectamente razonable que acababa de casarse con una muchacha llamada Peggy para transformarse en un matón que no tenía reparo alguno en usar la fuerza para hacerse respetar y que juraba de una manera que escandalizaba a aquellos chicos a los que habían criado, en su mayor parte, sus madres y sus abuelas. «Aunque hacía apenas unas horas había ansiado tanto emprender aquel viaje —recordó Nickerson—, [ahora] parecía que una súbita oscuridad se cernía sobre mí. Una perspectiva no muy agradable [se presentaba] realmente ante mí, la de un largo viaje y un severo capataz. Y todo esto para un chico de mi edad que no estaba acostumbrado a oír semejantes palabras y amenazas.»

Fue algo más que darse cuenta de que la vida de pescador de ballenas podía ser más dura de lo que le habían hecho creer. Ahora, después de que la isla desapareciese en el horizonte, Nickerson empezó a comprender, como sólo un adolescente a punto de convertirse en un adulto puede comprender, que los despreocupados días de la infancia se habían ido para siempre: «Fue entonces cuando, por primera vez, me di cuenta de que estaba solo en un mundo vasto e insensible... sin un solo pariente o amigo

* «Persona mala, perversa, ingobernable.» *(N. del t.)*

que me dedicara una palabra amable». Hasta entonces Nickerson no empezó a apreciar «todo el sacrificio que había hecho».

Aquella noche los hombres se dividieron en dos turnos o guardias. Con la excepción de los «haraganes» —los tripulantes como el cocinero, el camarero y el tonelero (o fabricante de toneles), que trabajaban de día y dormían de noche—, todos los hombres tenían que hacer turnos alternos de cuatro horas en cubierta. Al igual que los niños que forman equipos en el patio de recreo, el primer oficial y el segundo oficial se turnaron para escoger a los hombres que formarían parte de su guardia. «El primer paso que dan los oficiales —dijo William Comstock— es descubrir quiénes son naturales de la isla y quiénes son forasteros. El honor de ser un ciudadano de Roma no era, en otros tiempos, una distinción tan envidiable como resulta, a bordo de estos barcos, ser nativo de aquel banco de arena llamado Nantucket.» Una vez hubieron escogido a todos los hijos de Nantucket (Nickerson fue escogido por Chase), los oficiales pasaron a elegir entre los marineros del cabo Cod y los negros.

Llegó entonces el momento de seleccionar a los remeros para las balleneras, y en la competición participaron ambos oficiales y también el capitán Pollard, que dirigía su propio bote. Dado que eran los hombres junto a los cuales tendría que librar batalla con los cachalotes, un oficial o un capitán se tomaba muy en serio la tarea de escoger la tripulación de la ballenera. «Había mucha competencia entre los oficiales —recordó un ballenero— y, evidentemente, cierta inquietud, con algunos celos mal disimulados.»

Una vez más, cada oficial procuró que en su bote hubiese tantos nativos de Nantucket como fuera posible. Nickerson se encontró de arponero en la ballenera de Chase con Benjamin Lawrence, nacido en Nantucket. El amigo de Nickerson (y primo del capitán) Owen Coffin fue destinado al bote de Pollard junto con otros hombres de Nantucket. Matthew Joy, que como segundo oficial tenía menos categoría, no consiguió ni un solo isleño para su bote. Los tres hombres que no fueron escogidos para hacer de remeros se convirtieron en los guardianes del *Essex*. Su obligación era gobernar el barco mientras los demás pescaban.

El primer día de viaje se celebraba otro ritual: el discurso que el capitán dirigía a la tripulación. Se decía que esta tradición databa de cuando Noé cerró por primera vez las puertas del arca, y servía para que el capitán se presentara oficialmente a la tripulación. Era un acto al que todos los que estaban a bordo —tanto los oficiales como los manos verdes— asistían con gran interés.

En cuanto Pollard empezó a hablar, Nickerson quedó impresionado por la diferencia entre el capitán y el primer oficial. En vez de gritar y maldecir a los hombres, Pollard habló «en un tono que no era autoritario y no empleó palabras impropias de un caballero». Afirmó sencillamente que el éxito del viaje dependería de la tripulación y que había que obedecer estrictamente a los oficiales. Pollard dijo que cualquier marinero que desobedeciese intencionadamente una orden tendría que responder no sólo ante los oficiales, sino ante él. Luego indicó a los hombres que podían retirarse y añadió:

—Monte la guardia, señor Chase.

Los hombres del *Essex* comían y dormían en tres zonas diferentes: en la popa, donde estaban los camarotes del capitán y los oficiales; en el rancho, donde se habían instalado los arponeros y los jóvenes de Nantucket, justo delante de los oficiales; y en el castillo de proa, donde se encontraban los alojamientos estrechos y mal iluminados, separados del rancho por el almacén de grasa. La división entre el castillo de proa y el resto de los alojamientos no era sólo física, sino también racial. Según Addison Pratt, un manos verdes que se enroló en un barco de Nantucket en 1820, el castillo de proa estaba «lleno de negros» mientras que los marineros blancos que no eran oficiales vivían en el rancho. Thomas Nickerson reflejaba los prejuicios típicos de un ballenero de Nantucket al considerar que era «realmente afortunado por librarse de estar encerrado de forma tan estrecha con tantos negros» en el castillo de proa del *Essex*.

Pero el castillo de proa tenía sus ventajas. Gracias a su aislamiento (la única forma de entrar en él era por una escotilla que había en cubierta), sus ocupantes podían crear su propio mundo. Al navegar en un mercante en el decenio de 1830, Richard Henry Dana, el autor de *Two Years Before the Mast*, prefirió la camaradería del castillo de proa al rancho, donde «te encuentras directamente a la vista de los oficiales, no puedes bailar, cantar, jugar, fumar, hacer ruido o gruñir [es decir, quejarte], ni gozar de ningún otro de los placeres del marinero». En el castillo de proa, los afroamericanos cultivaban la antigua tradición marinera de «contar historias», esto es, intercambiar relatos de viajes con los compañeros de a bordo, y también narraciones de naufragios, junto con otros cuentos del mar. Bailaban y cantaban canciones, a menudo acompañados por un violín; rezaban a su dios; y, de acuerdo con otra tradición marinera, trataban de adivinar lo que dirían y harían el capitán y sus oficiales.

Sección transversal del ballenero *Essex*

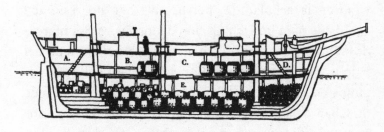

A. Camarotes del capitán y de los oficiales
B. Rancho
C. Almacén de grasa
D. Castillo de proa
E. Bodega

Al día siguiente, muchos manos verdes se encontraban mareados y «daban tumbos y tropezaban por la cubierta casi a punto [...] de morir o de verse arrojados al mar», recordó Nickerson. Los marineros de Nantucket tenían una cura que ellos consideraban infalible para el mareo, un remedio que mortales más delicados quizá hubieran considerado peor que la enfermedad. El que padecía el mareo era obligado a tragarse un pedazo de carne de cerdo atado a un cordel, del cual tiraban para sacarlo de nuevo. Si volvían los síntomas, se repetía el proceso.

Chase no estaba dispuesto a mimar a su tripulación mareada. Aquella mañana a las ocho en punto ordenó a todos los marineros que despejasen la cubierta y que prepararan el barco para pescar ballenas. Aunque con los años había disminuido mucho el número de ballenas en las aguas del sureste de la isla, junto a los márgenes de la corriente del Golfo, todavía era muy posible encontrar lo que la gente de Nantucket llamaba un «banco de ballenas». ¡Ay de la tripulación que no estuviera preparada cuando se avistaba un cetáceo!

Pero para avistar una ballena había que apostar un vigía en la arboladura, perspectiva que no resultaba agradable para una tripulación de manos verdes mareados. Todos los hombres tenían que subir al extremo del palo mayor y pasarse dos horas buscando ballenas. Algunos estaban tan débiles a causa de los vómitos que dudaban de sus fuerzas cuando tenían que pasarse dos horas agarrados a una percha cabeceante. Uno de ellos, según dijo Nickerson, incluso llegó al extremo de protestar afirmando que era «totalmente absurdo» esperar de ellos que buscasen ballenas, y que por lo menos él «no subiría y esperaba que el capitán no pretendiera hacerle subir».

El hecho de que este marinero cuyo nombre desconocemos mencionase específicamente al capitán, en vez de al primer oficial, induce a pensar que se trataba del primo de Pollard, Owen Coffin, de diecisiete años. Puede que al sentirse angustiado y temiendo sinceramente por su vida, Coffin hiciera un llamamiento desesperado e inadecuado a su pariente para que le librase de la disciplina del primer oficial. Pero fue inútil. Según Nickerson, cuya narración no está desprovista de ironía, siguieron unas cuantas «palabras amables» de los oficiales, junto con «un poquito de incitación dirigida a su ánimo», y antes de que se dieran cuenta todos los manos verdes se habían turnado en el tope.

Como un esquiador que rodea la pared de una montaña, un barco ballenero de Nantucket seguía una ruta indirecta para llegar al cabo de Hornos, un rumbo que determinaban los vientos dominantes del océano Atlántico. Primero, empujado por los vientos del oeste, el barco navegaba hacia el sur y el este, en dirección a Europa y África. Allí unos vientos llamados «alisios del noreste» lo hacían atravesar el océano de nuevo, en dirección a América del Sur. Después de cruzar el ecuador por una región a menudo sin viento, la de las llamadas «calmas ecuatoriales», avanzaba hacia el sur y el oeste atravesando los alisios del sureste hasta penetrar en una región de vientos variables. Entonces se encontraba con los vientos del oeste que hacían que doblar el cabo de Hornos fuese a veces tan difícil.

Durante la primera etapa de este descenso hacia el sur por el Atlántico se hacían escalas para cargar provisiones en las Azores y en las islas de Cabo Verde, donde podían comprar verduras y ganado por mucho menos de lo que costaban en Nantucket. Además, estas escalas ofrecían la oportunidad de enviar a Nantucket el aceite de ballena que hubieran obtenido durante la travesía del Atlántico.

El 15 de agosto, a los tres días de zarpar de Nantucket, el *Essex* navegaba a toda vela hacia las Azores, con viento del suroeste que pasaba directamente por encima de estribor o de través. Habían zarpado cuando la estación ya estaba muy avanzada y los oficiales albergaban la esperanza de recuperar el tiempo perdido. Como de costumbre, tres juanetes tiraban del barco desde las vergas altas, pero ese día el *Essex* también llevaba como mínimo un ala, que era un rectángulo de lona montado en una percha especial que se colocaba temporalmente en el extremo del trinquete.

Los barcos balleneros raramente largaban sus alas, en especial cuando se encontraban en una región donde podían avistarse ballenas. Mientras que el éxito y el fracaso de los barcos empleados en el comercio con China dependían de la rapidez con que entregaban su cargamento, los balleneros, en su mayor parte, no tenían ninguna prisa especial. El uso de las alas significaba que el capitán quería obtener de su barco hasta el último cuarto de nudo de velocidad posible. Estas velas eran difíciles de largar y aún más difíciles de arriar, especialmente si la tripulación era inexperta. Dado que los botalones de las alas eran más largos que las vergas, existía el peligro de que se sumergieran en el agua si el barco empezaba a dar bandazos. Que un ballenero lleno de manos verdes se dirigiera a las aguas de la corriente del Golfo —que solían estar agitadas—, con las alas al viento, indicaba una actitud agresiva, cuando no temeraria, por parte de su comandante.

Con el velamen complementario recibiendo el viento, el *Essex* navegaba bien, probablemente a una velocidad de entre seis y ocho nudos. El vigía divisó un barco delante de ellos. Pollard ordenó a su timonel que pusiera proa hacia él y el *Essex* no tardó en dar alcance a lo que resultó ser el ballenero *Midas*, que había zarpado de New Bedford cinco días antes. El capitán Pollard y el capitán del *Midas* intercambiaron cumplidos a gritos, junto con cálculos de su longitud, y el *Essex* pronto tomó la delantera. No cabe duda de que la tripulación se alegró al ver que su barco había demostrado ser lo que Nickerson llamó «el más veloz de los dos marineros».

Horas más tarde, el tiempo comenzó a empeorar. Aparecieron nubes en el cielo, que se oscureció sospechosamente por el suroeste. «Había mucha marejada —recordó Nickerson—, y el barco cabeceaba mucho y daba grandes bandazos.» La tempestad parecía inminente, pero el *Essex* «siguió atagallando durante toda la noche y [los oficiales] no tuvieron ningún motivo para molestar a los marineros salvo para decirles que había llegado su turno para hacer guardia».

Por la mañana ya se encontraban en la corriente del Golfo y llovía sin parar. Los marineros de Nantucket conocían esta corriente oceánica, que es extrañamente cálida, quizá mejor que cualquier otro grupo de navegantes. En el siglo XVIII habían pescado cachalotes siguiendo sus márgenes desde Carolina hasta las Bermudas. En 1786, Benjamin Franklin, cuya madre, Abiah Folger, era hija de Nantucket, se había basado en los conocimientos que le facilitara su «primo» de Nantucket, el capitán ballenero Timothy Folger, para crear la primera carta de navegación de la corriente del Golfo.

En la decisión de tomar rizos intervenían muchas consideraciones, tanto náuticas como psicológicas. Ningún capitán quería mostrarse temeroso sin necesidad, pero correr riesgos innecesarios, en especial al empezar un viaje que podía durar hasta tres años, era poco prudente. En algún momento el estado del tiempo podía ser tan malo que Pollard optase por aferrar las velas trinquete y perico pero dejar desplegadas el juanete mayor y también las alas, que solían ser las primeras velas que se arrizaban cuando empeoraba el tiempo. Tal vez Pollard quiso comprobar cómo respondía el *Essex* cuando se le obligaba a hacer un esfuerzo máximo. Siguieron navegando, negándose a volver atrás.

Según Chase, la vieron venir: una nube grande y negra que se acercaba rápidamente a ellos desde el suroeste. Sin duda era el momento de tomar rizos. Pero pensaron que la nube era una ráfaga sin importancia y una vez más esperaron. La capearían. Como Chase admitiría más adelante, «calcularon muy mal su fuerza y su violencia».

Al retrasar, siquiera por un segundo, el momento de tomar rizos ante un turbión que se acercaba, Pollard hizo alarde de la indiferencia que le inspiraba la tradicional sabiduría de los navegantes. Los oficiales de la Marina británica tenían una máxima: «Nunca debes permitir que te alcance desprevenido [un turbión], del mismo modo que nunca debe sorprenderte un enemigo». Se decía que cuanto más claro y más definido era el nubarrón de tormenta, peor era el viento; los truenos y los relámpagos eran también malas señales. Cuando los relámpagos empezaron a resplandecer en el cielo negro y aterrador al tiempo que retumbaban los truenos, Pollard decidió finalmente dar órdenes. Pero era demasiado tarde.

Ante un turbión que se acercaba había dos opciones: o bien aproar el barco en dirección al viento que se aproximaba, orzando la nave para mitigar la presión que iban a soportar las velas, o virar casi 180 grados en la dirección contraria, alejándose del viento y dejándose llevar por la tempestad. Esto aliviaba la presión de las velas de proa porque quedaban parcialmente protegidas del viento por las de popa. Algunos capitanes de la Marina mercante, cuyos barcos solían llevar menos tripulantes de los necesarios, preferían aproar en dirección al viento —lo que ellos llamaban «orzar un turbión»—, en parte porque aproar es la tendencia natural de un barco que navega bajo una ventolera. La mayoría de los capitanes, sin embargo, preferían alejarse del viento, estrategia que requería anticiparse a la llegada del turbión mientras los tripulantes arrizaban las velas altas y de popa. Se consideraba que tratar de virar a sotavento segundos antes de ser alcanzado por un turbión indicaba «una deficiente apreciación del turbión o falta de vigilancia».

Esto fue justamente lo que le ocurrió al *Essex*. Al acercarse el turbión, el timonel recibió la orden de virar a sotavento y «navegar viento en popa». Por desgracia, un barco del calado del *Essex* tardaba en responder al timón. Cuando la ventolera lo alcanzó, justo entonces el barco empezaba a virar y presentaba su costado al viento, lo que constituía la peor de las posiciones posibles.

El ruido por sí solo bastó para aterrar a los manos verdes: los aullidos del viento entre el aparejo y luego el frenético batir de las velas y el crujir de los estayes y los palos. El *Essex* empezó a dar bandazos a sotavento, lentamente al principio, porque el enorme peso de la quilla y el lastre, por no hablar de las toneladas de pertrechos estibados en la bodega, no cedía, pero luego, al arreciar el viento, el barco sucumbió inevitablemente a su presión despiadada.

Cuando un barco escora cuarenta y cinco grados o más, su casco podría compararse con un hombre gordo situado en el extremo corto de un balancín mal equilibrado. Por mucho que pese, si el extremo del balancín que queda al otro lado del pivote es lo bastante largo, se convierte en una palanca que acabará levantando al hombre mientras el otro extremo se apoya suavemente en el suelo. En el caso del *Essex*, los palos y sus velas, al recibir la presión del viento, se convirtieron en palancas que levantaron el casco hasta un punto en que era imposible volver atrás, forzándolo a inclinarse hasta que las puntas de las vergas se hundieron en el agua. El *Essex* se había inclinado casi noventa grados sobre el costado, lo que en la jerga marinera se denominaba «irse a la banda».

Los hombres que estaban en cubierta se aferraron a lo que tenían más a mano porque temían caer en los imbornales de sotavento, donde el agua llegaba hasta las rodillas. Los que se encontraban bajo cubierta hicieron todo lo posible para protegerse de los objetos que caían a su alrededor. Si no la había abandonado aún, el cocinero hacía cuanto podía por salir de la cocina, donde el pesado fogón y los utensilios amenazaban con atravesar los frágiles mamparos de madera. Las dos balleneras de babor habían desaparecido bajo las olas a causa del tremendo peso del barco al zozobrar. Según Chase, «durante breves momentos, toda la tripulación del barco fue presa de una consternación y una confusión absolutas».

Sin embargo, en medio de todo el caos hubo, al menos en cubierta, una súbita sensación de calma. Cuando un barco zozobra, su casco hace de barrera contra el viento y la lluvia. Aunque el *Essex* se había visto lanzado contra el agua, de momento los hombres se encontraron protegidos de las aullantes fuerzas del viento. Pollard aprovechó la oportunidad para reunir a la tripulación de nuevo. «El semblante tranquilo e impávido del capitán —recordó Nickerson— hizo que pronto recuperasen todos la serenidad.» Se dio la orden de soltar todas las drizas y dejar que las escotas se deslizaran, pero «el barco estaba tan escorado que nada funcionaba como era de esperar».

Si el turbión seguía manteniéndolo escorado, el barco empezaría a hundirse al penetrar el agua en el casco por las escotillas abiertas. Cuanto más tiempo siguiera escorado, mayores serían las probabilidades de que el lastre y los pertrechos que había en la bodega se desplazaran a sotavento, contingencia desastrosa de la cual quizá nunca se recuperaría. Las olas ya casi se habían llevado la cocina. Tal vez habría que cortar los palos como último recurso.

Seguía lloviendo a raudales y relampagueando y el tiempo transcurría con creciente lentitud mientras los hombres permanecían agarrados al pasamanos de barlovento. Pero antes de que las hachas entraran en juego, el barco se balanceó y volvió a la vida. Los hombres lo notaron en las manos y los pies y en la boca del estómago: un alivio de la espantosa tensión. Esperaban que otra ventolera volviese a escorar el barco. Pero no fue así; el lastre continuó ejerciendo su fuerza de gravitación e hizo que los tres palos se elevaran hasta que las vergas salieron del agua. Al alzarse los palos hacia el cielo, el agua del mar barrió la cubierta y salió por los imbornales. El *Essex* se estremeció al recuperar la vertical y volvió a ser un barco.

Cuando el casco dejó de actuar como un escudo, los oficiales se dieron cuenta enseguida de que el turbión había pasado. Pero aunque hubiese amainado, el viento seguía soplando con mucha fuerza. La proa del barco estaba dirigida ahora hacia el viento, que apretaba las velas contra los palos. El aparejo crujía de una forma sobrecogedora, desconocida, mientras el casco se bamboleaba en las olas azotadas por la lluvia. La cubierta se movió y los manos verdes perdieron el equilibrio durante un momento. Esta vez el barco no iba a escorar, navegaba hacia atrás, con el agua subiendo hasta el alcázar mientras el ancho espejo de popa hendía las olas, y la ballenera de respeto colocada en la popa sufría un golpe tras otro.

Navegar hacia atrás en un barco de aparejo redondo era peligroso. Las velas estaban pegadas a los palos y era casi imposible largarlas. Los estayes y las perchas soportaban una tensión inmensa a causa de la presión. Como el aparejo no se había concebido para cargas procedentes de esta dirección, existía el riesgo de que los tres palos cayeran sobre cubierta, como fichas de dominó. Las ventanas de popa ya amenazaban con abrirse y dejar que se inundara el camarote del capitán. También había el peligro de que se rompiese el timón, que era alto y estrecho y no podía utilizarse a causa de la presión del agua.

Al final, la proa del *Essex* se desvió a sotavento, sus velas se inflaron y una vez más el barco avanzó. Ahora la tripulación pudo hacer lo que debería haber hecho antes de la tormenta: tomar rizos.

Mientras los hombres de arriba luchaban con el velamen, el viento roló hacia el noroeste y el cielo empezó a clarear. Pero a bordo del *Essex* imperaba el pesimismo. El barco había sufrido graves desperfectos. Varias velas, entre ellas el juanete mayor y el ala, habían quedado reducidas a jirones inservibles. La cocina había quedado destruida. El agua había arrancado de sus pescantes las dos balleneras colgadas a babor y se las había llevado, junto con todo su aparejo. Las olas habían aplastado el bote de recambio de popa. Sólo quedaban dos botes utilizables, y un barco ballenero necesitaba como mínimo tres, más dos de recambio. Aunque el bote de popa del *Essex* podía repararse, no tendrían ni un solo bote de recambio. El capitán Pollard miró el montón de astillas y declaró que volverían a Nantucket para efectuar las reparaciones.

El primer oficial, sin embargo, dijo que no estaba de acuerdo. Chase recomendó proseguir el viaje, a pesar de los desperfectos. Insistió en que había muchas probabilidades de obtener balleneras de recambio en las Azores, donde no tardarían en hacer escala para cargar provisiones frescas. Joy, el segundo oficial, se puso de parte de Chase. Normalmente, la voluntad del capitán era la ley del barco. Pero, en lugar de no hacer caso a sus dos jóvenes oficiales, Pollard hizo una pausa para reflexionar sobre sus argumentos. A los cuatro días de ejercer el mando por primera vez, el capitán Pollard dio marcha atrás. «Después de reflexionar un poco y consultar con sus oficiales —recordó Nickerson—, se consideró prudente seguir adelante y confiar en la fortuna y en que una bondadosa providencia compensaría nuestra pérdida.»

La excusa que se dio a la tripulación fue que con el viento soplando ahora del noroeste, hubieran tardado demasiado en volver a Nantucket. Nickerson sospechaba que Chase y Joy tenían otros motivos. Ambos sabían que los hombres estaban descontentos con el trato que les habían dispensado los oficiales. Muchos de los marineros veían lo que acababa de suceder como un mal augurio y se mostraban hoscos y malhumorados. Si regresaban a Nantucket, algunos de ellos desertarían. Pese a la gravedad de la pérdida de las balleneras, no era el momento apropiado para volver a puerto.

En vista de que era el causante de gran parte del descontento de la tripulación, no es extraño que Chase, al escribir sobre el accidente, no mencionara que al principio Pollard había sugerido volver a Nantucket. Tal como la presentaba Chase, la zozobra no había sido más que un contratiempo sin importancia: «Reparamos los desperfectos sin mucha dificultad y continuamos nuestro viaje». Pero Nickerson sabía que no era así. Lo ocurrido había impresionado hondamente a muchos de los tripulantes, que querían abandonar el *Essex*. Cada vez que se cruzaban con un barco que navegaba con rumbo a Nantucket, los manos verdes se lamentaban. Uno de ellos dijo: «Oh, cómo me gustaría estar a bordo con ellos y volver a casa, porque estoy hasta la coronilla de estas expediciones balleneras», aunque ni siquiera habían visto una ballena todavía.

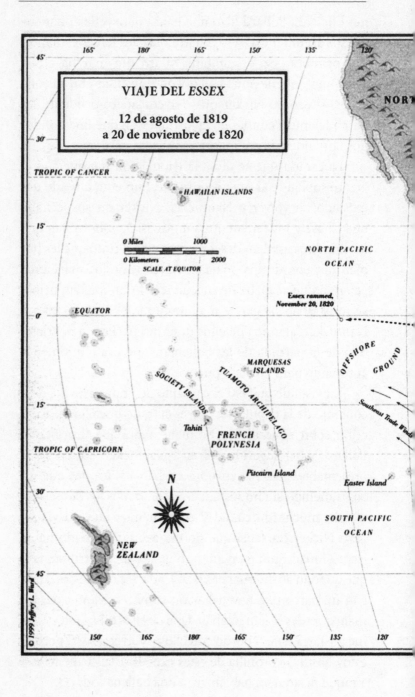

VIAJE DEL *ESSEX*

12 de agosto de 1819
a 20 de noviembre de 1820

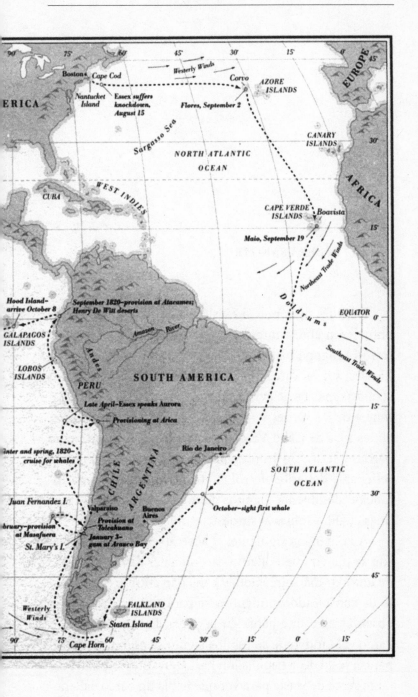

3

LA PRIMERA SANGRE

Después de cargar provisiones en las Azores, donde obtuvieron abundantes verduras frescas pero no encontraron ninguna ballenera de respeto, el *Essex* puso proa hacia el sur en dirección a las islas de Cabo Verde. Dos semanas más tarde avistaron la isla de Boa Vista. A diferencia de las verdes y abundantes colinas de las Azores, en las islas de Cabo Verde las laderas de las colinas eran pardas y secas, sin árboles que ofrecieran un lugar donde refugiarse del ardiente sol subtropical. Pollard tenía intención de obtener algunos cerdos en la isla de Maio, a unas cuantas millas al suroeste.

A la mañana siguiente, al acercarse a la isla, Nickerson se fijó en que Pollard y sus oficiales daban muestras de una extraña animación, y hablaban entre sí con aspecto de conspiradores mientras se pasaban el catalejo para observar algo que había en la playa. Lo que Nickerson llamó «el motivo de su júbilo» siguió siendo un misterio para el resto de la tripulación hasta que estuvieron lo bastante cerca de la isla para ver que había un barco ballenero embarrancado en la playa. Quizá encontrarían en él algunas balleneras complementarias, que eran algo que los hombres del *Essex* necesitaban más desesperadamente que la carne de cerdo.

Antes de que Pollard pudiera mandar uno de sus propios botes al barco embarrancado, botaron en la playa una ballenera que se dirigió directamente hacia el *Essex*. A bordo del bote iba el cónsul norteamericano en funciones, Ferdinand Gardner. Éste explicó que el ballenero embarrancado era el *Archimedes* de Nueva York. Al acercarse al puerto, había chocado con una roca sumergida y el capitán había tenido que embarrancarlo en la playa antes de que se echase a perder por completo. Gardner había comprado los restos del naufragio, pero sólo le quedaba una ballenera para vender.

Si bien un solo bote era mejor que ninguno, el *Essex* seguiría careciendo de los botes suficientes, lo cual era peligroso. Con este último complemento (que, por cierto, era viejo y tenía vías de agua), el *Essex* tendría ahora un total de cuatro balleneras, es decir, sólo una de respeto. En una actividad tan peligrosa como la pesca de cetáceos, los botes sufrían desperfectos tan a menudo que muchos barcos balleneros llevaban hasta tres botes de respeto. Con sólo cuatro botes en total, el margen de error de la tripulación del *Essex* sería escaso, lo cual era preocupante. Hasta los manos verdes sabían que algún día su vida podía depender del estado de aquellas frágiles barquichuelas.

Pollard compró la ballenera, luego llevó el *Essex* al interior de la cala que hacía las veces de puerto de Maio, donde unos montículos de sal de color hueso —extraída de las salinas del interior de la isla— añadían un aire de desolación a la escena. El *Essex* ancló junto a otro ballenero de Nantucket, el *Atlantic*, que estaba descargando más de trescientos barriles de aceite para enviarlos a la isla. Mientras que el capitán Barzillai Coffin y su tripulación podían jactarse de haber matado unos siete cachalotes desde que zarparan de Nantucket el 4 de julio, los hombres del *Essex* seguían reparando los desperfectos causados por la zozobra en la corriente del Golfo y aún no habían avistado ni un solo cachalote.

Las alubias blancas se utilizaban como moneda de cambio en Maio, y Pollard cargó un tonel de ellas en una ballenera y se fue en busca de unos cuantos cerdos. Nickerson se encargó del remo de popa. En el puerto no había muelles ni malecones y, debido al oleaje, llevar el bote hasta la orilla resultó complicadísimo. Aunque se acercaron a la playa por la parte más accesible del puerto, Pollard y sus hombres tuvieron problemas, «Nuestra embarcación zozobró y volcó enseguida —recordó Nickerson— y el oleaje la arrojó a la playa con la quilla hacia arriba. A los chicos no les importó mucho porque ninguno de ellos se hizo daño, pero el chapuzón que se dio el capitán les divirtió mucho».

Pollard cambió un barril y medio de alubias por treinta cerdos, que con sus chillidos, sus gruñidos y su porquería convirtieron la cubierta del *Essex* en un corral. El estado en que se encontraban los animales impresionó a Nickerson, que era un chico impresionable. Dijo que eran «casi esqueletos» y observó que sus huesos amenazaban con atravesar la piel mientras iban de un lado a otro del barco.

El vigía no avistó el primer cachalote del viaje hasta después de que el *Essex* cruzara el ecuador y alcanzase los treinta grados de latitud sur, aproximadamente la mitad de la distancia entre Río de Janeiro y Buenos Aires. Había que tener una vista muy aguda para localizar el chorro de un cachalote: una débil nubecilla blanca en el horizonte lejano que duraba sólo unos segundos. Pero era suficiente para que el vigía gritase: «¡Por allí resopla!», o sencillamente: «¡Resopla!».

Después de más de tres meses en el mar sin haber visto ningún cachalote, el oficial que estaba en cubierta respondió con un grito excitado: «¿Dónde?». El siguiente comentario del vigía no sólo hizo que el timonel dirigiera el barco hacia el lugar donde estaban los cachalotes, sino que también puso frenética a la tripulación. Si veía un cachalote emergiendo del agua, el vigía gritaba: «¡Por allí sale!». Si divisaba la cola horizontal del cachalote, gritaba: «¡Aletas a la vista!». Cualquier indicio de salpicaduras o espuma le arrancaba el grito de: «¡Agua blanca a la vista!». Si veía otro chorro, volvía a repetir: «¡Resopla!».

Obedeciendo las órdenes del capitán y los oficiales, los hombres empezaron a preparar las balleneras. Cargaron en ellas canastas con estacha de arpón; desenfundaron las puntas de los arpones o hierros y los afilaron apresuradamente por última vez. «Todo era agitación y bullicio», recordó un antiguo pescador de ballenas. El bote de Pollard era el único que el barco llevaba a estribor. El de Chase iba a babor, en la popa. El de Joy estaba justo delante del de Chase y era conocido como el bote del combés.

Al llegar a aproximadamente una milla del banco de cachalotes, fachearon la vela mayor para que el barco quedara casi inmóvil. El primer oficial subió a la popa de su ballenera y el arponero ocupó su puesto en la proa mientras los cuatro remeros permanecían en cubierta y arriaban la embarcación utilizando un par de sistemas de motones y cuadernales. Cuando el bote quedó flotando en el agua al lado del barco, los remeros bajaron deslizándose por los cabos o por el costado del barco y se reunieron con el oficial y el arponero. Una tripulación con experiencia podía arriar una ballenera aparejada en menos de un minuto. Cuando los botes se hubieron alejado, los tres guardianes se hicieron cargo del *Essex*.

En esta primera etapa del ataque, el oficial o el capitán se colocaba junto al timón de espadilla, en la popa del bote, mientras el arponero se encargaba del remo de proa o remo del arponero. Detrás del arponero iba el proel, es decir, el encargado del último remo de proa, que solía ser el más experimentado de los marineros de primera que iban en el bote. Una vez arponado el cachalote, este marinero se encargaría de dirigir a los demás en la tarea de halar la estacha del arpón. Detrás de él iba el remero del centro, que manejaba el más largo y más pesado de los remos laterales: medía alrededor de cinco metros y pesaba unos veinte kilos. Después venía el remero que se encargaba de las dos canastas de estacha del arpón. También se encargaba de mojar la estacha, para lo cual usaba una especie de cubo, una vez arponado el cetáceo. La estacha se mojaba para evitar que ardiese a causa de la fricción en la corredera, un poste vertical instalado en la popa de la ballenera. Detrás del remero de las canastas estaba el remero de popa. Generalmente era el más ligero de los tripulantes y su misión consistía en asegurarse de que la estacha no se enredara al izarla a bordo del bote.

Tres de los remos se montaban en el lado de estribor del bote y dos en el lado de babor. Si el oficial gritaba: «¡Que remen tres!», sólo remaban los hombres situados a estribor. «¡Que remen dos!» era una orden dirigida al encargado de las canastas y al del último remo de proa, que estaban en el lado de babor. «¡Forte!» significaba que tenían que dejar de remar, mientras que «¡Atrás!» quería decir que empezaran a remar hacia atrás. «¡Adelante!» era la orden que daba comienzo a la persecución e indicaba a los hombres que empezaran a remar juntos, con el remero de popa marcando el ritmo que debían seguir los otros cuatro. Con los cinco hombres manejando los remos y el oficial o el capitán apremiándolos, la ballenera volaba como un proyectil por encima de las olas.

Entre las tripulaciones de los botes de un barco ballenero había siempre una rivalidad muy fuerte. Ser tripulante del bote más rápido daba derecho a jactarse ante el resto de los marineros del barco. La jerarquía del *Essex* estaba a punto de decidirse ahora.

Como había casi una milla entre el barco y los cetáceos, las tripulaciones de los tres botes tenían espacio abundante para poner a prueba su velocidad. «Más que cualquier otra durante el viaje, esta prueba —recordó Nickerson— causó muchas discusiones y mucha excitación entre las tripulaciones; porque nadie estaba dispuesto a ceder la palma a otro.»

Mientras los confiados cachalotes nadaban a una velocidad de entre tres y cuatro nudos, los tres botes se acercaban a ellos a cinco o seis nudos. Aunque todos compartían el éxito de una sola ballenera, nadie quería verse superado por los demás; a veces las tripulaciones de las balleneras se cerraban el paso deliberadamente mientras corrían una junto a otra detrás de la gigantesca cola de un cachalote.

Los cachalotes suelen permanecer debajo del agua entre diez y veinte minutos, aunque se tiene constancia de zambullidas que han durado hasta noventa minutos. El pescador sabía por experiencia que antes de zambullirse un cachalote resoplaba una vez por cada minuto que pasaría bajo el agua. También sabía que debajo del agua el animal continuaba nadando a la misma velocidad y en la misma dirección que antes de zambullirse. Así pues, un pescador con experiencia podía calcular con notable precisión dónde era probable que reapareciese un cachalote sumergido.

Nickerson iba de remero de popa en la embarcación de Chase, lo cual quería decir que estaba directamente delante del primer oficial, que se encargaba de la espadilla. Chase era el único de los hombres del bote que podía ver el cachalote que tenían delante. Si bien cada oficial o capitán tenía su propio estilo, todos halagaban y espoleaban a sus tripulaciones con palabras que evocaban el salvajismo, la excitación y el deseo casi erótico de violencia asociados con la persecución de uno de los mamíferos más grandes del planeta. Contribuía a aumentar la tensión la necesidad de permanecer tan callados como fuera posible para no alarmar al cachalote. William Comstock dejó constancia de las palabras que susurró un oficial de Nantucket:

Por el amor de Dios, remad. El bote no se mueve. Estáis todos dormidos; ¡mirad, mirad! Allí está. ¡Rápido, rápido! Os quiero, mis queridos compañeros, sí, sí, os quiero; haré cualquier cosa por vosotros, os daré la sangre de mi corazón para que os la bebáis; sólo os pido que me llevéis hasta esa ballena sólo esta vez; por una sola vez, remad. Oh, san Pedro, san Jerónimo, san Esteban, san Jaime, san Juan, el diablo con muletas; llevadme hasta ella; oh, dejadme que le haga cosquillas, que le palpe las costillas. Ea, ea, adelante. Oh, oh, oh, adelante, adelante. Arriba, Starbuck [el arponero]. No empuñes el hierro así; pon una mano sobre el extremo del asta. Ahora, ahora, cuidado. Arrójalo, arrójalo.

La tripulación de Chase resultó ser la más rápida aquel día y pronto estuvieron suficientemente cerca del cachalote para arrojarle el arpón. La atención se centró ahora en el arponero, que acababa de remar con la mayor fuerza posible a lo largo de más de una milla. Le dolían las manos y los músculos de los brazos le temblaban de puro agotamiento. Durante todo el rato se había visto obligado a estar de espaldas a un ser que ahora se encontraba a sólo unos palmos, o posiblemente unos centímetros, de él, moviendo la cola —de casi cuatro metros de ancho— a poca distancia de su cabeza. Podía oír el rugido áspero y húmedo de los pulmones del animal aspirando y expulsando aire de su cuerpo de sesenta toneladas.

Mas para el arponero novato de Chase, Benjamin Lawrence, de veinte años, el propio oficial era tan aterrador como cualquier cetáceo. Por haber sido arponero en el viaje anterior del *Essex*, Chase tenía nociones precisas sobre cómo había que arponear a un cachalote y no paraba de dar consejos, mezclados con palabrotas, en un susurro apenas audible. Lawrence metió el extremo de la empuñadura de su remo debajo de la regala de la embarcación, luego apoyó la pierna en el banco y cogió el arpón. Ahí estaba el cuerpo negro del cachalote, reluciendo bajo el sol. El orificio nasal se encontraba en el lado izquierdo de la parte frontal de la cabeza y el chorro envolvió a Lawrence en un vaho pestilente que hizo que le escociese la piel.

Al lanzar el arpón, transformaría aquel ser gigantesco

e indiferente en un monstruo furioso y aterrorizado que fácilmente podía mandarle a la otra vida con un solo golpe de su inmensa cola. O, peor aún, el cachalote podía volverse y acometerles con sus mandíbulas totalmente abiertas, mostrando sus grandes dientes. Se conocían casos de arponeros novatos que se habían desmayado al encontrarse por primera vez ante la perspectiva aterradora de quedar unidos por el arpón y la estacha a un cachalote enfurecido.

De pie en la proa, con las olas rompiendo a su alrededor, Lawrence sabía que el primer oficial analizaba cada uno de sus movimientos. Si decepcionaba a Chase ahora, se iba a armar la gorda.

—¡Duro con él! —gritó Chase—. ¡Duro con él!

Lawrence no se había movido cuando de pronto se oyó un crujido de tablas de cedro que se astillaban y él y los otros cinco hombres saltaron por los aires. Un segundo cachalote acababa de salir por debajo de ellos y había asestado un tremendo coletazo al bote. El golpe había destrozado todo el costado de la ballenera y los hombres, algunos de los cuales no sabían nadar, se aferraron a los restos. «Me imagino que el monstruo estaba tan asustado como nosotros —comentó Nickerson—, porque desapareció enseguida, después de hacer un leve remolino con su enorme cola.» Vieron con asombro que nadie había resultado herido.

Pollard y Joy abandonaron la pesca y volvieron para recoger a la tripulación de Chase. Era una forma desalentadora de terminar el día, especialmente teniendo en cuenta que de nuevo volvían a tener una ballenera de menos, pérdida que, como dijo Nickerson, «parecía amenazar con poner fin a nuestro viaje».

Varios días después de reparar la lancha de Chase, el vigía avistó cachalotes una vez más. Sacaron los botes, lanzaron un arpón —con buenos resultados— y la estacha silbó hasta que finalmente se detuvo en el poste e hizo que el bote y sus tripulantes dieran el primer «paseo en trineo de Nantucket» del viaje, pues así lo acabarían llamando.

Los marineros mercantes hablaban desdeñosamente de la lentitud del típico barco ballenero de proa llena, pero la verdad era que ningún otro grupo de marineros de principios del siglo XIX alcanzaba las velocidades de los balleneros de Nantucket. Y en vez de alcanzarlas sin correr ningún peligro, a bordo de un barco grande, de tres palos, el marinero de Nantucket viajaba en una embarcación de alrededor de siete metros abarrotada por media docena de hombres, sogas, arpones recién afilados y lanzas. La embarcación daba bandazos y cabeceaba al arrastrarla el cachalote a velocidades que hubieran hecho que la más rápida de las fragatas de guerra se bamboleara en su estela. Tratándose de pura velocidad sobre el agua, un marinero de Nantucket —con su embarcación unida al flanco de un cachalote que la arrastraba y alejaba millas y más millas de un barco ballenero que ya se encontraba a centenares de millas de tierra— era el navegante más rápido del mundo y alcanzaba una velocidad de quince nudos (algunos afirmaban que incluso veinte), que hacía que se estremecieran sus huesos.

El arpón no mataba al cachalote. No era más que el medio que usaba la tripulación de una ballenera para quedar unida a su presa. Los pescadores dejaban que el animal se agotara —sumergiéndose a grandes profundidades o simplemente nadando a gran velocidad por la superficie— y entonces empezaban a halar poco a poco, centímetro a centímetro, hasta alcanzar una distancia que les permitiera acuchillar al cachalote. Al llegar este momento, el arponero y el oficial ya habían intercambiado sus puestos, lo cual ya era de por sí una hazaña milagrosa en un bote tan pequeño y frágil. Los dos hombres no sólo debían aguantar los violentos bandazos que daba el bote al hendir las olas —que a veces hacían saltar los clavos de los tablones de proa y de popa—, sino que, además, tenían que evitar que se les enredasen los pies con la estacha, que vibraba como las cuerdas metálicas de un piano en la crujía de la embarcación. Finalmente, el arponero volvía a popa para encargarse de la espadilla, y el oficial, a quien siempre se concedía el honor de dar muerte al cachalote, ocupaba su puesto en la proa.

Si el cetáceo resultaba demasiado brioso, el oficial lo incapacitaba golpeando con una pala los tendones de la cola. Luego cogía la lanza de matar, que medía entre tres y cuatro metros de longitud, con una hoja en forma de pétalo concebida para perforar los órganos vitales de un cachalote. Pero no era fácil encontrar «la vida» de un gigantesco mamífero nadador porque la envolvía una gruesa capa de grasa. A veces el oficial tenía que asestarle hasta quince lanzazos, buscando un grupo de arterias en espiral que había cerca de los pulmones con un violento movimiento rotatorio que pronto hacía que un impetuoso río de sangre roja rodease la ballenera.

Cuando la lanza finalmente daba en el blanco, el animal empezaba a ahogarse en su propia sangre y su chorro se transformaba en un géiser de sangre que alcanzaba una altura de cinco a seis metros. Al verlo, el oficial gritaba: «¡La chimenea está encendida!». Una lluvia de sangre caía sobre los marineros, que remaban furiosamente para retroceder y luego se detenían para contemplar los primeros estertores del animal. El cachalote daba coletazos al agua, lanzaba dentelladas al aire —al tiempo que regurgitaba grandes trozos de pescado y calamar— y comenzaba a nadar en círculos cada vez más cerrados. Luego, el ataque cesaba tan bruscamente como había empezado con el primer arponazo. El cachalote dejaba de moverse y enmudecía, quedando su gigantesco cadáver negro flotando con la aleta hacia arriba en la mancha que formaban su sangre y su vómito.

Fue quizá la primera vez que Thomas Nickerson ayudaba a matar un animal de sangre caliente. En Nantucket, donde el mayor de los cuadrúpedos que vivía en estado salvaje era la rata noruega, no había ciervos ni siquiera conejos que cazar. Y como sabe cualquier cazador, matar es algo a lo que hay que acostumbrarse. Aunque el espectáculo brutal y sangriento que acababa de presenciar era el supuesto sueño de todos los jóvenes de Nantucket, los sentimientos de un manos verdes de dieciocho años, Enoch Cloud, que llevó un diario durante un viaje en un barco ballenero, son reveladores. «Ya es doloroso presenciar la muerte del más pequeño de los seres que creó Dios, ¡pero lo es mucho más contemplar la de uno que defiende tan vigorosamente su vida como la ballena! Y al ver cómo el mayor y más terrible de todos los animales de la creación se desangraba, temblaba y moría víctima de la astucia del hombre, ¡sentí algo verdaderamente extraño!»

El cetáceo muerto solía remolcarse de cabeza hasta el barco. Ni siquiera con los cinco hombres remando —el oficial, que se encargaba de la espadilla, a veces echaba una mano al remero de popa—, un bote, al remolcar un cachalote, podía superar la milla por hora. Ya era de noche cuando Chase y sus hombres llegaron al barco.

Era el momento de descuartizar el cuerpo. La tripulación ató el cachalote al costado de estribor del *Essex*, con la cabeza apuntando a la popa. Luego bajaron la plataforma de cortar, una tabla estrecha en la que los oficiales procuraban no perder el equilibrio mientras cortaban el cuerpo. Aunque se ha comparado con mondar una naranja, extraer la grasa de un cetáceo era una operación un poco menos limpia.

En primer lugar, los oficiales hacían un agujero en el costado del animal, justo por encima de la aleta, e introducían en él un garfio gigantesco que colgaba del palo. Luego se aprovechaba la enorme potencia del molinete del barco, que escoraba la embarcación mientras el sistema de motones y cuadernales unido al garfio crujía a causa de la tensión. Acto seguido, los oficiales empezaban a cortar una tira de un metro y medio de ancho de la grasa que quedaba junto al garfio. El gancho unido al molinete levantaba la tira de grasa y la arrancaba poco a poco del cuerpo del animal, dando la vuelta lentamente, hasta que del aparejo colgaba una tira de seis metros de longitud que chorreaba sangre y aceite. Este descomunal pedazo se separaba del cachalote y se bajaba al almacén de grasa que había bajo cubierta para que lo cortasen en pedazos más fáciles de manipular. Mientras tanto, arriba seguían cortando tiras del cuerpo.

Una vez extraída toda la grasa, se decapitaba el cachalote. La cabeza representa cerca de un tercio de su longitud. En la parte superior de la cabeza hay una cavidad que contiene hasta mil ochocientos o mil novecientos litros de espermaceti, un aceite claro de gran calidad que se solidifica parcialmente al exponerlo al aire. Después de que el sistema de motones y cuadernales depositara la cabeza en la cubierta, los hombres abrían un agujero en la parte superior de la cavidad y usaban cubos para extraer el aceite. A veces se ordenaba a uno o dos hombres que se metieran en la cavidad para comprobar que se hubiera extraído todo el espermaceti. Los derrames no podían evitarse y las cubiertas no tardaban en estar resbaladizas a causa del aceite y la sangre. Antes de cortar las amarras del cuerpo mutilado del cachalote, los oficiales pinchaban su tracto intestinal con una lanza en busca de una sustancia opaca, de color ceniciento, llamada ámbar gris. Se cree que el ámbar gris es fruto de la indigestión o del estreñimiento; es una sustancia grasa que se utiliza para elaborar perfumes y que entonces valía más que su peso en oro.

A estas alturas, los dos inmensos peroles en los que se fundía la grasa, que eran de hierro y tenían una capacidad de cuatro barriles, ya estaban llenos. Para acelerar el proceso, la grasa se cortaba en pedazos de treinta por treinta centímetros que a su vez se cortaban en láminas de unos dos dedos de grosor. Parecían las páginas de un libro abiertas en abanico, por lo que se llamaban «hojas de biblia». La grasa de un cetáceo no se parece en nada a la de los animales terrestres. En vez de blanda y flácida, es dura, casi impenetrable, y obliga a los balleneros a afilar una y otra vez las herramientas con las que la cortan.

Para encender fuego debajo de los peroles de fundición se utilizaba madera, pero una vez empezado el proceso de hervir, los crujientes trozos de grasa que flotaban en la superficie del perol —llamados «chicharrones» o «cortezas»— se extraían para arrojarlos al fuego como combustible. Así pues, el propio cachalote alimentaba las llamas que fundían su grasa. Si bien esto representaba una forma eficiente de aprovechar los materiales, producía una espesa cortina de humo negro cuyo hedor era inolvidable. «El olor de las cortezas al arder es demasiado horrible y repugnante para describirlo —recordó un ballenero—. Es como si alguien reuniera todos los malos olores del mundo y los agitase.»

De noche, la cubierta del *Essex* parecía una imagen sacada del infierno de Dante. «En una escena de fundición de grasa hay algo especialmente desenfrenado y salvaje —afirmó un manos verdes de Kentucky—, una especie de barbarie inenarrable que es difícil describir con exactitud. Las cubiertas manchadas de sangre, las enormes masas de carne y grasa esparcidas por el suelo, la expresión feroz de los hombres, realzada por el intenso resplandor rojo del fuego... todo ello crea un espectáculo horroroso.» Era una escena que se ajustaba perfectamente a los siniestros propósitos artísticos de Melville en *Moby Dick*.

> Mas aquella oscuridad era lamida por llamas feroces —nos dice Ismael—, que a intervalos surgían por el tiro lleno de hollín e iluminaban los cabos situados en lo más alto del aparejo, como el famoso fuego de los griegos. El buque en llamas seguía su curso, como si se le hubiese encomendado llevar a cabo implacablemente alguna misión de venganza.

La tarea de fundir la grasa de un cachalote podía durar hasta tres días. Se montaban guardias especiales de entre cinco y seis horas, lo cual dejaba a los hombres poco tiempo para dormir. Los balleneros con experiencia sabían que era aconsejable dormir con la ropa de trabajo puesta (que solía ser una vieja camisa de manga corta y un par de gastados calzones de lana) y aplazar cualquier intento de lavarse hasta que los toneles de aceite quedaran estibados en la bodega y se hubiera limpiado a conciencia el barco. Nickerson y sus amigos, sin embargo, sentían tanta repugnancia a causa de la fétida mezcla de aceite, sangre y humo que les cubría la piel y la ropa que se cambiaban después de cada guardia. Cuando se hubo fundido la grasa del primer cachalote, ya habían echado a perder casi todas las prendas que guardaban en sus baúles de marinero.

Esto les obligó a comprar más ropa en el pañol de ropa sucia del barco —el equivalente náutico del almacén de la compañía— a precios escandalosos. Nickerson calculó que si el *Essex* conseguía volver alguna vez a Nantucket, él y los demás manos verdes deberían a los armadores del barco cerca del 90 por ciento del total de lo que ganasen en el viaje. En vez de advertir a los adolescentes del riesgo que suponía recurrir al pañol de ropa sucia, los oficiales del barco dejaban que aprendieran la economía de la vida del ballenero a fuerza de sinsabores. La opinión de Nickerson era otra: «No debería haber sido así».

Una noche, no lejos de las islas Malvinas, cuando los marineros se encontraban encaramados al aparejo, arrizando las gavias, se oyó un alarido: un grito de terror, fuerte y agudo, que procedía de algún punto situado junto al barco. Al parecer alguien había caído por la borda.

El oficial de guardia se disponía a dar la orden de ponerse en facha cuando se oyó un segundo alarido. Y entonces, quizá con una carcajada nerviosa, alguien se dio cuenta de que no se trataba de un hombre, sino de un pingüino que cabeceaba en el agua junto al barco, penetrando en la noche con aquellos alaridos que parecían humanos. ¡Pingüinos! Debían de estar cerca de la Antártida.

Al día siguiente cesó el viento y el *Essex* se quedó languideciendo en una calma total. Las focas jugaban alrededor del barco, «zambulléndose y nadando como si quisieran llamar nuestra atención», según recordó Nickerson. Había diversas variedades de pingüinos, junto con gaviotas y alcatraces que volaban en círculo, señal segura de que el *Essex* se aproximaba a tierra.

Aunque es posible que las focas y los pájaros les proporcionaran distracción, la moral de los tripulantes del *Essex* se encontraba en su punto más bajo. Hasta ahora la travesía con rumbo al cabo de Hornos había sido lenta e improductiva. A los pocos días de zarpar de Nantucket, la zozobra había marcado la desafortunada pauta del viaje y después de más de cuatro meses en el mar sólo habían pescado un cachalote. Si las cosas no cambiaban, el *Essex* tendría que estar ausente de Nantucket durante mucho más de dos años para volver con un cargamento completo de aceite. Debido al descenso de las temperaturas y los legendarios peligros que sabían que les aguardaban en el cabo de Hornos, las tensiones a bordo del *Essex* iban acercándose a su límite.

Richard Henry Dana tuvo la oportunidad de comprobar personalmente cómo la moral de la tripulación de un barco podía empeorar hasta tal extremo que el más leve incidente podía parecer una injusticia horrenda, intolerable.

Un millar de pequeñas cosas que ocurrían todos los días, casi a todas horas, que nadie que no haya hecho un largo y tedioso viaje puede concebir o apreciar adecuadamente —guerrillas y rumores de guerra, habladurías sobre

94

lo que se había dicho en el camarote, palabras y miradas mal interpretadas, abusos aparentes— nos llevaron a un estado en el que todo parecía salir mal.

A bordo del *Essex* el descontento de la tripulación se centró en la comida. En ningún momento las diferencias que existían entre los oficiales y los marineros se volvían más pronunciadas que a las horas de comer. En el camarote, los oficiales comían igual que en Nantucket: en platos, con tenedores, cuchillos y cucharas, y con abundancia de verduras (mientras duraron) que añadir a la dieta de carne salada de buey y de cerdo. Si se disponía de carne fresca —por ejemplo, la de los treinta cerdos de Maio—, los oficiales eran quienes disfrutaban de la mayor parte de ella. Como sustituto de la galleta (bizcochos con la consistencia del yeso seco), el camarero proporcionaba con regularidad a los oficiales pan recién hecho.

Los hombres del castillo de proa y del rancho gozaban de una dieta totalmente distinta. En vez de sentarse a la mesa para comer, se sentaban en sus baúles de marinero alrededor de una gran tina de madera, llamada «gamella», que contenía un pedazo de buey o de cerdo. La carne seca, a la que llamaban «tasajo» o «cecina», era tan salada que cuando el cocinero la metía en un barril de agua salada durante un día (con el fin de ablandarla lo suficiente para poder masticarla), el contenido de sal de la carne en realidad disminuía. Los marineros tenían que aportar sus propios cubiertos, generalmente un cuchillo de monte y una cuchara, más una taza de hojalata para el té o el café.

En lugar de las raciones abundantes que se servían a los oficiales, a los marineros les daban sólo una cantidad insignificante de esta comida tan poco nutritiva, y de vez en cuando su dieta cotidiana de galleta y carne salada de buey se complementaba con un poco de *duff*, un budín o bola de harina que se hervía en una bolsa de paño. Se ha calculado que los marineros de finales del siglo XIX consumían alrededor de 3.800 calorías diarias. Es poco probable que en 1819 los hombres del castillo de proa de un barco ballenero consumiesen siquiera una cantidad aproximada de calorías. Un manos verdes de un ballenero de Nantucket se quejó diciendo: «Ay de mí, ay de mí. Maldigo el día que vine a pescar cachalotes. Porque ¿de qué le sirve a un hombre conquistar el mundo entero si mientras tanto se muere de hambre?».

Un día, poco después de pasar por las islas Malvinas, al bajar a comer los hombres encontraron en la gamella una ración de carne aún más mísera que de costumbre. Celebraron una asamblea improvisada. Decidieron que nadie tocase la carne hasta que hubieran enseñado la gamella al capitán Pollard y formulado oficialmente una queja. Los marineros ocuparon sus puestos en la parte de proa de la cubierta mientras uno de ellos, con la tina de carne de buey al hombro, se dirigía a la popa, donde estaba el portalón del camarote. Nickerson, al que habían ordenado embrear la batayola de la vela del estay mayor, se encontraba a bastante altura de la cubierta y pudo ver muy bien el enfrentamiento que se produjo a continuación.

Apenas hubo dejado el marinero la gamella en el suelo cuando el capitán subió al alcázar. Pollard echó una ojeada a la tina de carne de buey y Nickerson observó que el color de su tez pasaba del rojo al azul y luego casi al negro. La comida era un asunto difícil y delicado para el capitán Pollard. Él sabía mejor que nadie que las provisiones que los mezquinos armadores del *Essex* habían destinado al barco eran de una insuficiencia lamentable. Si esperaba alimentar a sus hombres durante los años que durase el viaje, tenía que limitar las provisiones ahora. Tal vez no le gustase, pero no había otra solución.

Al llevar la gamella a popa, los marineros habían osado violar el espacio sagrado del alcázar, que normalmente se reservaba para los oficiales. Aunque la indignación de la tripulación estuviese justificada, era un desafío a la autoridad del barco que ningún capitán que fuese consciente de su dignidad personal podía tolerar. Era un momento crítico para un comandante que necesitaba desesperadamente imponerse a sus hombres para sacarlos de un malestar corrosivo que podía ser la causa de algún desastre.

Pollard se olvidó de su reticencia habitual y rugió:

—¿Quién ha traído esta gamella a popa? ¡Venid aquí, condenados bribones, y decídmelo!

Nadie se atrevió a hablar. Los marineros se acercaron en grupo al alcázar, avergonzados, intentando, cada uno de ellos, esconderse detrás de sus compañeros. Era, ni más ni menos, la demostración de vergüenza que necesitaba el capitán novato.

Pollard daba vueltas por el alcázar, hecho una furia, mascando tabaco y escupiendo sobre cubierta, sin dejar de musitar:

—Me vais a arrojar vuestra gamella a la cara, condenados bribones, ¿verdad?

Finalmente, se acercó a la parte delantera del alcázar, se quitó la chaqueta y el sombrero y los pisoteó.

—¡Bribones! —gruñó—, ¿acaso no os he dado todo lo que estaba a mi alcance? ¿Acaso no os he tratado como a hombres? ¿Habéis tenido suficiente comida y bebida? ¿Se puede saber qué más queréis? ¿Deseáis que os haga comer a fuerza de zalamerías? ¿He de masticaros la comida?

Los hombres se habían quedado sin habla. Los ojos de Pollard se desviaron hacia arriba y se posaron en el aparejo, donde Nickerson estaba sentado con su brocha de embrear. Señalándole con un dedo, el capitán bramó:

—¡Baja de ahí, joven tunante! Os mataré a todos juntos y luego haré bordada al noroeste y volveré a casa.

Sin tener idea de qué quería decir el capitán con lo de «bordada al noroeste», Nickerson bajó a cubierta, avergonzado, convencido de que si no le mataba, como mínimo el capitán le azotaría. Pero con gran alivio de todos, Pollard les ordenó que se retirasen y dijo:

—Si volvéis a hablarme de las provisiones, os ataré a todos juntos y os daré una buena paliza.

Mientras se dispersaban, los marineros pudieron oír que Pollard mascullaba lo que los hombres llamarían su «soliloquio», que parodiaban en unos versos malos que Nickerson todavía recordaba cincuenta y siete años después:

Treinta cerdos de la isla de Maio,
duff día tras día,
tanta mantequilla y queso como queríais
y ahora queréis más carne de buey, malditos seáis.

El comportamiento de Pollard era bastante típico de los capitanes de los barcos balleneros de Nantucket, que eran famosos por pasar rápidamente de la reserva hermética a la rabia virulenta. Pollard era, según Nickerson, «generalmente muy amable cuando podía serlo [...] Esta demostración de violencia fue sólo uno de sus arrebatos y se le pasó al ponerse el sol. A la mañana siguiente estaba tan amable como antes».

Sin embargo, todo había cambiado a bordo del *Essex*. El capitán Pollard había demostrado que tenía la firmeza necesaria para poner a sus hombres en su sitio. A partir de aquel día, nadie volvió a quejarse jamás de las provisiones.

4

LOS RESTOS DEL FUEGO

A las ocho de la mañana del 25 de noviembre de 1819, el vigía gritó: «¡Tierra a la vista!». A lo lejos, algo que parecía ser una isla rocosa sobresalía mucho del agua. Sin titubear, el capitán Pollard declaró que era la isla de los Estados, situada a la altura de la punta oriental del cabo de Hornos. La tripulación se hallaba contemplando aquella visión legendaria que parecía una esfinge cuando de pronto se evaporó en el aire neblinoso. No era más que un banco de niebla.

Los peligros del cabo de Hornos eran proverbiales. En 1788 el capitán William Bligh y la tripulación del *Bounty* habían intentado doblar este amenazador promontorio. Después de un mes entero de vientos de proa cargados de aguanieve y de horrenda mar gruesa que amenazaba con desguazar el barco, Bligh decidió que la única manera sensata de llegar al Pacífico era ir en la otra dirección, así que dio la vuelta y puso proa al cabo de Buena Esperanza, en África. Veinticuatro años más tarde, durante la guerra de 1812, un barco de calado mucho mayor que también se llamaba *Essex*, una fragata de la Armada norteamericana bajo el mando del capitán David Porter, dobló el cabo de Hornos. Porter y sus hombres se harían famosos por su heroísmo ante fuerzas británicas superiores en el Pacífico, pero el cabo de Hornos asustó al por lo demás intrépido navegante. «Nuestros sufrimientos (pese a lo corto que ha sido nuestro viaje) han sido tan grandes que yo aconsejaría a quienes se dirijan al Pacífico que nunca traten de doblar el cabo de Hornos, si pueden llegar allí siguiendo otra ruta.»

Los pescadores de cetáceos de Nantucket adoptaban una actitud diferente ante el cabo de Hornos. Venían doblándolo con regularidad desde 1791, año en que el capitán Paul Worth llevó el *Beaver*, un barco ballenero que tenía más o menos el mismo calado que el *Essex*, al Pacífico. Pollard y Chase lo habían doblado como mínimo tres veces; puede que para Pollard fuese la cuarta o incluso la quinta vez. Con todo, ningún capitán se tomaba a la ligera el cabo de Hornos, y menos un capitán que, como Pollard, había estado a punto de perder su barco en la corriente del Golfo, que era relativamente benigna.

Poco después de que el espejismo de la isla se desvaneciera ante ellos, los hombres del *Essex* vieron algo tan terrible que lo único que pudieron hacer fue albergar la esperanza de que sus ojos les estuvieran engañando una vez más. Pero era todo demasiado real: desde el suroeste una línea de nubes negras como la tinta avanzaba en su dirección. Al cabo de unos instantes el turbión sacudió el barco con la fuerza de un cañonazo. En la aullante oscuridad la tripulación se esforzó por arriar vela. Con la gavia mayor y las velas de estay arriadas, el *Essex* aguantó admirablemente bien la mar encrespada. «El barco se dejaba llevar por ellas como una gaviota —afirmó Nickerson—, sin que entrara agua siquiera para llenar un cubo.»

Pero ahora, con el viento soplando del suroeste, corría el peligro de verse arrojado contra las puntiagudas rocas del cabo de Hornos. Los días se convirtieron en semanas mientras el barco luchaba con el viento y las olas bajo temperaturas que rozaban el punto de congelación. En estas latitudes tan altas la luz nunca desaparecía por completo del cielo nocturno. Sin la acostumbrada secuencia de luz y oscuridad, el viaje se transformaba en algo monótono, aparentemente inacabable, que ponía a prueba la cordura del ballenero.

El *Essex* tardó más de un mes en doblar el cabo de Hornos. Hasta enero del año siguiente, 1820, el vigía no avistó la isla de Santa María, frente a la costa de Chile, que era un punto de reunión de barcos balleneros. Al sur de la isla, en la bahía de Arauco, encontraron varios barcos de Nantucket, entre ellos el *Chili*, el mismo barco con el que habían zarpado de la isla cinco meses antes.

Las noticias que llegaban de la costa occidental de América del Sur no eran buenas. Entre otras cosas, la situación política en Chile y Perú era sumamente inestable. En años anteriores, las poblaciones de la costa se habían visto devastadas por las luchas entre los partidarios de la independencia, que tenían la esperanza de arrebatar el dominio de América del Sur de las manos de España, y los realistas, cuyos intereses seguían vinculados a la madre patria. Aunque, al parecer, las fuerzas de los independentistas, con la ayuda de un aventurero británico, el marino lord Cochrane, llevaban las de ganar, se seguía luchando, en particular en Perú. Era necesario actuar con prudencia cuando se hacía escala en esta costa para cargar provisiones.

La temporada de pesca de cetáceos había sido muy mala para la mayoría de los barcos. Si bien el precio del aceite en Nantucket se mantenía alto debido a la escasez de capturas, los tiempos eran difíciles para los que pescaban en el Pacífico. Después de obligar a sus hombres a trabajar mucho para llenar su barco, el *Independence*, el capitán George Swain había regresado a Nantucket en noviembre y había afirmado premonitoriamente: «Ningún otro barco se llenará jamás de espermaceti en los mares del Sur». Obed Macy temía que el capitán Swain estuviera en lo cierto: «Hay que encontrar algún lugar nuevo donde los cachalotes sean más numerosos —escribió en su diario—, o no valdrá la pena continuar esta empresa». Cuando llegó el momento de zarpar, los hombres del *Essex* rezaron para pedir a Dios que estas desalentadoras predicciones no se hicieran realidad para ellos.

Tras varios meses sin suerte a la altura de la costa chilena, durante los cuales hizo escala en Talcahuano para cargar provisiones, el *Essex* empezó a tener cierto éxito ante la costa de Perú. En sólo dos meses se llenaron cuatrocientos cincuenta barriles de aceite, el equivalente de unos once cachalotes, lo cual quería decir que mataban, por término medio, un cachalote cada cinco días. La tripulación no tardó en sentirse agotada debido a este ritmo de trabajo.

Los factores meteorológicos no hicieron más que aumentar sus penalidades. A causa de los vientos fuertes y la mar gruesa, todos los aspectos de la pesca resultaban doblemente pesados. En lugar de resultar una plataforma estable para cortar la grasa y hervirla con el fin de transformarla en aceite, el *Essex* cabeceaba a causa de las olas. Debido a la mar gruesa, era prácticamente imposible arriar e izar las balleneras sin peligro. «Los botes sufrían graves desperfectos al izarlos del agua —recordó Nickerson— y en más de una ocasión se rompieron en pedazos por culpa del fuerte balanceo del barco.» Las maltratadas lanchas tenían que repararse constantemente.

Los manos verdes fueron acostumbrándose al brutal oficio de ballenero a medida que aumentó el número de barriles de aceite que había en la bodega. La naturaleza repetitiva del trabajo —un barco ballenero era, al fin y al cabo, un barco factoría— tendía a insensibilizar a los hombres e impedir que apreciaran la portentosa maravilla que es un cachalote. En lugar de ver su presa como un ser de cincuenta o sesenta toneladas cuyo cerebro tenía cerca de seis veces el tamaño del suyo (y cuyo pene era tan largo como altos eran ellos, detalle que tal vez debería haber causado mayor impresión en el mundo de los pescadores, que era exclusivamente masculino), los balleneros preferían concebirla como «un barril autopropulsado de grasa que produce ingresos elevados», según dijo un comentarista. Al describir un cachalote, se hacía referencia a la cantidad de aceite que produciría (así, por ejemplo, se hablaba de un cachalote de cincuenta barriles), y aunque los balleneros tomaban buena nota de los hábitos del mamífero, nunca trataban de considerarlo como algo más que una mercancía cuyas partes constituyentes (la cabeza, la grasa, el ámbar gris, etc.) eran valiosas para ellos. El resto —las toneladas de carne, huesos e intestinos— sencillamente se tiraba y de este modo se formaban montones de despojos putrefactos que flotaban en el mar y atraían a aves, peces y, por supuesto, tiburones. Del mismo modo que los cuerpos despellejados de los búfalos pronto salpicarían las praderas del oeste norteamericano, los despojos grises y decapitados de los cachalotes llenaban el océano Pacífico a principios del siglo XIX.

Hasta los aspectos más repugnantes de la pesca eran más fáciles de aceptar cuando un manos verdes se daba cuenta de que él no era más que parte de un proceso, como la extracción de oro o el cultivo de los campos, por medio del cual ganaba dinero. Por eso los balleneros veteranos sentían un afecto especial por la tarea de fundir la grasa, el último paso de la transformación de un cachalote que vivía y respiraba en dinero contante y sonante. «Es horrible —reconoció el escritor Charles Nordhoff—. Pero los viejos balleneros se deleitan con ello. El humo fétido es incienso para sus fosas nasales. El aceite asqueroso les parece una gloriosa representación de los dólares y los deleites que les aguardan.»

Pero el dinero no lo era todo. Con cada cachalote, con cada barril de aceite, el hombre de Nantucket estaba más cerca del regreso a casa junto a sus seres queridos. Y durante la operación de transformar el cachalote en aceite, la añoranza del hogar alcanzaba su mayor intensidad. «En tales momentos, la esposa y los hijos se recuerdan con renovado afecto —afirmó William H. Macy—, y uno se siente más cerca de casa y de los amigos cada vez que se pone el tapón a un barril más y se escucha el grito de "¡Marchando otro barril!". Tienen razón los viejos balleneros cuando dicen que los momentos más deliciosos del viaje son "hervir" y llegar a casa.»

Fue durante estos dos meses ajetreados y agotadores a la altura de la costa de Perú cuando la tripulación del *Essex* recibió lo que el pescador de cetáceos consideraba el estímulo más importante: cartas de casa.

A finales de mayo, el *Essex* pasó a la voz del *Aurora*, el flamante barco que Gideon Folger & Sons había aparejado para Daniel Russell, excapitán del *Essex*. El *Aurora* había zarpado de Nantucket el día después de Navidad y las noticias que traía tenían sólo cinco meses de antigüedad, un abrir y cerrar de ojos para un ballenero. Cuando el *Aurora* salió de Nantucket el precio del aceite de cachalote estaba más alto que nunca; la gente todavía hablaba del incendio de la escuela de Rhoda Harris en el barrio negro de la población, conocido por el nombre de Nueva Guinea; y se estaba pescando bacalao (doscientos por bote) a la altura de un pueblo de Nantucket llamado Siasconset.

Pero lo que más interesaba a los marineros era la saca de correos, junto con varios periódicos, que Daniel Russell entregó al capitán Pollard. Después de que los oficiales seleccionaran sus cartas, se pasó la saca a la tripulación. «Fue divertido observar a aquellos de nuestros muchachos que se habían llevado un chasco al no encontrar ninguna carta para ellos —recordó Nickerson—. Nos seguían de un lado a otro por la cubierta y mientras leíamos nuestras cartas se sentaban a nuestro lado, como si nuestras cartas pudieran servirles de algo.» Desesperados por saber algo acerca de sus propias familias, los desafortunados buscaban solaz en lo que Nickerson llamó «los pliegues indiferentes de un periódico». Nickerson, por su parte, leía y releía los periódicos tantas veces que pronto se aprendió su contenido de memoria.

El encuentro del *Aurora* con el *Essex* brindó a Pollard la oportunidad de hablar con su antiguo comandante, Daniel Russell, de treinta y cuatro años. El *Aurora* era un barco mucho más grande y moderno y regresaría a Nantucket al cabo de dos años, lleno de aceite. Más adelante la gente diría que al dejar el *Essex* para asumir el mando del *Aurora*, el capitán Russell se había llevado consigo la buena suerte de su antiguo barco.

Una de las cosas de las que hablaron Pollard y Russell fue el reciente descubrimiento de una nueva pesquería de cetáceos. Como si quisiera refutar la pesimista predicción del capitán Swain según la cual ya se habían pescado todos los cachalotes del océano Pacífico, en 1818 el capitán George Washington Gardner del *Globe* se había atrevido a llegar más lejos que cualquier otro ballenero de Nantucket hasta entonces. A más de mil millas de la costa de Perú dio con un verdadero filón: una extensión del océano llena de cachalotes. En mayo de 1820 regresó a Nantucket con más de dos mil barriles de aceite.

El descubrimiento de Gardner recibió el nombre de pesquería de Alta Mar. Durante la primavera y el verano de 1820 no se habló de otra cosa en el mundo de los pescadores de cetáceos. Pollard tenía entendido que los cachalotes aparecían en la pesquería de Alta Mar en noviembre y decidió hacer una última escala para cargar provisiones en América del Sur, donde obtendría fruta, verduras y agua en abundancia; luego, después de hacer escala en las islas Galápagos, donde recogería un cargamento de tortugas gigantes (que eran apreciadas por su carne), pondría proa a aquella parte lejana del océano.

En septiembre, no se sabe exactamente en qué fecha, el *Essex* hizo escala en Atacames, poblado ecuatoriano situado justo al norte del ecuador donde vivían aproximadamente trescientas personas entre españoles e indígenas. Anclaron junto a un barco fantasma, el ballenero inglés *George*, de Londres. Todos los miembros de la tripulación del *George*, excepto el capitán Benneford y dos marineros, habían caído enfermos de escorbuto después de una larga permanencia en el mar y sus vidas corrían peligro. Estaban tan enfermos que Benneford alquiló una casa en la orilla y la transformó en un hospital para sus hombres. El caso del *George* era una prueba clara de los peligros que comportaba aventurarse a navegar por el Pacífico durante mucho tiempo.

A pesar de su pobreza, Atacames (llamada Tacames por los balleneros) era una hermosa población que pareció el jardín del Edén a algunos marineros.

> No pude por menos de admirar el crecimiento exuberante de todo lo que pertenecía al reino vegetal —recordó Francis Olmsted, cuyo barco arribó a Atacames en la década de 1830—. Las piñas más deliciosas se extendían ante nosotros, al tiempo que el cocotero, el plátano y el banano agitaban graciosamente sus anchas hojas bajo la brisa. Había naranjas, limas y otros frutos esparcidos por el suelo en descuidada profusión. Las higueras también habían empezado a echar hojas y el índigo crecía espontáneamente como la mala hierba más común.

Sin embargo, en la espesa jungla que rodeaba la población acechaban algunas fieras, entre ellas jaguares. Para protegerse de estos predadores, así como de los mosquitos y las pulgas de mar, los lugareños vivían en chozas de bambú con techo de paja construidas sobre estacas que en algunos casos se alzaban seis metros por encima del suelo.

Atacames era conocida por sus aves de caza. Poco después llegó otro barco ballenero de Nantucket, el *Lucy Adams*. Pollard salió con su capitán, Shubael Hussey, de treinta y siete años, en una expedición que según Nickerson era para cazar pavos. La expedición tenía que durar todo el día y los cocineros de los dos barcos prepararon empanadas y otras exquisiteces para los miembros de la partida de caza.

Los cazadores no disponían de ningún medio de levantar la caza. «Siendo yo el chico más joven a bordo —recordó Nickerson—, me escogieron para completar el grupo en lugar de un perro de caza.» Y así se pusieron en marcha, «por los prados y a través de los bosques hacia los cazaderos».

Unas tres horas después de ponerse en camino, oyeron «los aullidos más lúgubres que quepa imaginar». Los dos capitanes se esforzaron al máximo por hacer caso omiso de los aullidos y siguieron avanzando hasta que resultó evidente que cada vez estaban más cerca del lugar de origen del inquietante sonido. Nickerson se preguntó qué podía ser. ¿Un jaguar sediento de sangre? Pero nadie dijo una palabra. Finalmente, los dos nobles pescadores de ballenas se detuvieron y «se miraron durante unos instantes como si desearan decir algo que a los dos les avergonzaba tener que confesar antes que el otro». Como obedeciendo a una señal, dieron media vuelta y echaron a andar de regreso a la población, comentando sin darle importancia que hacía demasiado calor para cazar y que volverían un día más fresco.

Pero no podían engañar al sustituto de su perro cazador. «Tenían miedo de que algún animal de presa los devorase —escribió— y que yo pudiera encontrar el camino de vuelta y fuese demasiado joven para decirles a sus angustiadas esposas lo que había sido de ellos.» En un viaje posterior a la región, Nickerson descubriría la fuente de los sonidos que habían aterrorizado a los dos capitanes balleneros: un pájaro inofensivo y más pequeño que un paro carbonero.

En Atacames sucedió algo que influyó profundamente en la moral de la tripulación. Henry Dewitt, uno de los marineros afroamericanos del *Essex*, desertó.

La acción de Dewitt no fue una gran sorpresa. Las deserciones eran muy frecuentes en los barcos balleneros. Cuando un manos verdes se daba cuenta de que al final del viaje cobraría muy poco dinero, no tenía ningún incentivo para quedarse si le ofrecían opciones mejores. Sin embargo, el momento que escogió Dewitt para desertar no hubiera podido ser peor para el capitán Pollard. Dado que cada bote ballenero requería una tripulación de seis hombres, ahora habría sólo dos guardianes en el barco mientras el resto de la tripulación pescaba cachalotes. Dos hombres no podían con un barco de aparejo redondo y del calado del *Essex*. En caso de tormenta, les resultaría casi imposible arriar vela. A pesar de ello, Pollard, que tenía prisa por llegar a la pesquería de Alta Mar antes de noviembre, no tenía más remedio que zarpar con menos hombres de los necesarios. Con un tripulante y una ballenera de menos, el *Essex* se disponía a alejarse más que nunca de la costa de América del Sur.

El 2 de octubre, el *Essex* puso rumbo a las islas Galápagos, que estaban a unas seis mil millas de la costa de Ecuador. Estas islas, a las que algunos marineros llamaban «Galleypaguses», también eran conocidas por el nombre español de «Encantadas». Las fuertes e imprevisibles corrientes que rugían alrededor de estos afloramientos volcánicos a veces creaban la ilusión de que las islas se movían.

Incluso antes del descubrimiento de la pesquería de Alta Mar, los barcos balleneros solían hacer escala en las Galápagos para cargar provisiones. Alejadas del continente, eran un lugar seguro donde refugiarse de la agitación política de América del Sur. Además, se encontraban situadas en una región frecuentada por cachalotes. Ya en 1793, sólo dos años después de que el *Beaver* doblara por primera vez el cabo de Hornos, el capitán británico James Colnett, en un viaje de exploración cuya finalidad era investigar el potencial del Pacífico para la pesca de cetáceos, visitó las Galápagos. Lo que encontró fue una mezcla de alcoba y jardín de infancia de cachalotes. El capitán y su tripulación fueron testigos de algo que casi ningún hombre había visto jamás: cachalotes copulando; el macho nadando panza arriba y debajo de la hembra. También vieron un número inmenso de crías de cachalote, «no mayores que una marsopa pequeña —escribió Colnett—. Me inclino a pensar que nos encontrábamos en el lugar donde se daban cita los cachalotes de las costas de México, Perú y el golfo de Panamá, que vienen aquí a parir». Observó que había un solo macho entre todos los cetáceos que mataron.

Las observaciones de Colnett concuerdan con los resultados de las investigaciones más recientes de que han sido objeto los cachalotes de las Galápagos. Uno de los principales expertos en cachalotes del mundo, Hal Whitehead, empezó a observarlos en esta región en 1985. A bordo de un velero dotado de aparatos tecnológicos ultramodernos, Whitehead ha seguido los movimientos de los cachalotes en las mismas aguas que surcó el *Essex* hace ciento ochenta años. Ha comprobado que la típica manada de cachalotes, que oscila entre tres y veinte ejemplares, la integran casi exclusivamente hembras adultas relacionadas entre sí y cachalotes jóvenes. Los machos adultos constituían sólo el dos por ciento de los cachalotes que observó.

Las hembras cooperan unas con otras en el cuidado de sus crías. Éstas pasan de un cachalote a otro, de tal forma que siempre hay un ejemplar adulto vigilando mientras la madre se está alimentando de calamares varios cientos de metros debajo de la superficie del océano. Cuando un cachalote adulto alza la cola antes de sumergirse, la cría nada hacia otro adulto que esté cerca.

Los machos jóvenes abandonan la unidad familiar cuando tienen unos seis años de edad y se dirigen a las aguas más frías de las latitudes altas. Allí viven solos o con otros machos y no vuelven a las aguas cálidas donde nacieron hasta que rozan los treinta años de edad. Incluso entonces, el regreso de un macho es bastante irregular e indefinido; pasa sólo unas ocho horas con un grupo determinado y a veces se aparea, pero sin formar nunca vínculos fuertes, antes de emprender la vuelta a las aguas de latitudes altas. Puede vivir sesenta o setenta años.

La red de unidades familiares basadas en las hembras se parecía notablemente a la comunidad que los balleneros habían dejado en Nantucket. En ambas sociedades, los machos eran itinerantes. En su dedicación a matar cachalotes, los hombres de Nantucket habían creado un sistema de relaciones sociales que imitaba las de su presa.

Durante el viaje a las Galápagos, que duró seis días, los hombres del *Essex* mataron dos cachalotes. Gracias a ello, la cantidad total de aceite ascendió a setecientos barriles, lo que venía a representar la mitad de lo necesario para llenar el barco. Había transcurrido poco más de un año desde que zarparan, y si tenían un poco de buena suerte en la pesquería de Alta Mar, quizá podrían volver a Nantucket antes de que pasara año y medio. Pero cuando llegaron a la isla de Hood, la más oriental de las islas Galápagos, su mayor preocupación no era matar cachalotes, sino mantener el barco a flote, ya que en él se había abierto una vía de agua.

Rodeados por las playas de un color blanco óseo de la bahía de San Esteban, que casi parecían brillar de noche, los oficiales supervisaron la reparación del *Essex*. En el fondeadero bien protegido, el *Essex* fue «dado a la banda», es decir, escorado para que la zona dañada quedase al descubierto. Seis años más tarde, el capitán Seth Coffin utilizaría el mismo procedimiento para reparar una vía de agua en el *Aurora*, el barco que había capitaneado Daniel Russell en su viaje inaugural. Coffin vio con inquietud que los fondos de su barco, que distaba mucho de ser viejo, estaban «comidos hasta parecer un panal» e intentó tapar la vía de agua con una mezcla de tiza y fango, un material graso que se usaba para lubrificar las perchas del barco. Quizá el *Essex*, que era mucho más viejo, tenía problemas parecidos debajo de la línea de flotación.

La isla de Hood pronto llamó la atención de Nickerson. «Las rocas parecen muy quemadas —recordó— y la tierra, donde la hay, presenta en su mayor parte el aspecto de tabaco rapé muy seco.» Dado que la superficie de la isla estaba cubierta de grava suelta y rocas, incluso andar resultaba difícil, y las rocas volcánicas producían un sonido metálico bajo los pies.

Las Galápagos impresionaron hondamente a Herman Melville en la década de 1840 y finalmente le empujaron a escribir una serie de ensayos que tituló *The Encantadas*. A ojos de Melville, había en las islas algo que aterraba porque era ajeno a lo humano. Dijo que eran un lugar que «nunca cambiaba» y habló de su «enfática inhabitabilidad»:

Cortadas por el ecuador, no conocen el otoño y no conocen la primavera; si bien reducidas ya a los restos del fuego, la ruina misma poco más puede afectarles. Los aguaceros refrescan los desiertos, pero en estas islas nunca llueve. Como calabazas vinateras partidas y marchitadas por el sol, aparecen agrietadas por una sequía eterna bajo un tórrido cielo. «Apiadaos de mí —parece gemir el espíritu quejoso de las Encantadas— y enviad a Lázaro para que meta la punta de un dedo en el agua y me refresque la lengua, pues esta llama me atormenta.»

Para quienes viajaban por mar, uno de los grandes atractivos de las Galápagos eran sus tortugas. El naturalista Charles Darwin visitó estas islas en 1835 a bordo del *Beagle* y observó que las tortugas de cada isla, al igual que sus famosos pinzones, variaban mucho de una isla a otra: especialmente en el color y la forma de sus caparazones. Estos animales despertaron por otras razones el interés del capitán David Porter de la Armada norteamericana. Su fragata, llamada también *Essex*, visitó las islas en 1813 y se llevó numerosísimas tortugas —se calcula que cuatro toneladas— para alimentar a su tripulación en el viaje a las Marquesas.

Cuando el barco ballenero *Essex* se aventuró a visitar estas islas siete años más tarde, los marineros ya habían ideado un procedimiento para capturar tortugas. Provistos de arneses de lona, los marineros se desplegaban en abanico por la isla, siguiendo a menudo los surcos profundos que dejaban las tortugas y que se entrecruzaban en la superficie rocosa, con la esperanza de que les condujeran a la presa. Normalmente, las tortugas pesaban una media de treinta y seis kilos aproximadamente, pero no era raro encontrar alguna que pesara ciento ochenta kilos o más. Si un marinero encontraba una tortuga tan grande que no podía llevarla una sola persona, pedía ayuda gritando *Townho!*, corrupción de la palabra *townor* que usaban los wampanoag que se dedicaban a pescar cachalotes. En la mayoría de los casos, sin embargo, un solo hombre podía transportar una tortuga. Después de poner el animal panza arriba y sujetarlo con una piedra grande que le impedía esconder las patas, el ballenero ataba a éstas los extremos del arnés de lona y luego se echaba el animal a la espalda. Caminar varios kilómetros por la superficie escabrosa de la isla de Hood con una temperatura de más de 40 grados y una tortuga de unos treinta y seis kilos atada a la espalda no era fácil, en particular si se tiene en cuenta que cada hombre tenía que capturar tres tortugas al día. En lo que se refería a Nickerson, capturar tortugas era el trabajo más difícil y agotador que jamás había conocido, especialmente debido al «constante desasosiego» del animal durante el rato que pasaba atado a la sudorosa espalda del marinero.

Durante su estancia en la isla de Hood, Benjamin Lawrence, el arponero de Owen Chase, se vio en un aprieto. Después de encontrar una tortuga, echó a andar en una dirección que pensó que le llevaría al barco y al cabo de un rato se dio cuenta de que era justamente la dirección contraria. Finalmente dejó la tortuga, descendió a las arenas ardientes de la playa y emprendió el regreso al barco.

A media tarde seguía sin ver el *Essex* y Lawrence padecía el tormento de una sed muy grande. Encontró otra tortuga y procedió a cortar la cabeza del reptil, que parecía de serpiente. La temperatura de la sangre que brotó del cuello era de 16 grados y proporcionó a Lawrence un frescor sorprendente bajo los 43 grados del sol. Después de beber hasta saciarse, Lawrence dejó la tortuga muerta en la playa y reanudó la búsqueda del barco. Lo encontró al anochecer, pero, temiendo, como dijo Nickerson, «que se rieran de él si regresaba al barco con las manos vacías», volvió a internarse en la isla en busca de una tortuga. Ya era totalmente de noche cuando Lawrence, cargado con una tortuga, bajó dando traspiés hasta la playa y fue recibido por los hombres que habían salido a buscarle.

En el transcurso de los cuatro días siguientes la tripulación recogió ciento ochenta tortugas en la isla de Hood. Luego el *Essex* puso proa a la cercana isla de Charles. La breve travesía brindó a Nickerson la oportunidad de observar los animales, que en su mayor parte estaban apilados en la bodega como piedras de gran tamaño, aunque dejaron que algunas vagasen por la cubierta del barco. Los pescadores de ballenas valoraban mucho las tortugas de las Galápagos porque, entre otras cosas, podían vivir durante más de un año sin comida ni agua. La carne del animal no sólo seguía siendo abundante y sabrosa después de tanto tiempo, sino que, además, cada ejemplar daba entre tres y cuatro kilos de una grasa que, según Nickerson, era «clara y pura como la mejor mantequilla y tenía un rico sabor».

Algunos marineros insistían en que las tortugas no sentían punzadas de hambre durante el tiempo que pasaban en un barco ballenero, pero Nickerson no estaba tan seguro. A medida que fueron transcurriendo los días, observó que los animales lamían constantemente todo lo que encontraban en cubierta. La inanición gradual de las tortugas no terminaba hasta que las sacrificaban para comérselas.

En la isla de Charles los pescadores de ballenas habían creado una tosca estafeta de correos que consistía en una sencilla caja o tonel que se cubría con un caparazón de tortuga gigante y en la cual podía dejarse la correspondencia destinada a Nantucket. Durante la guerra de 1812, el capitán David Porter había aprovechado para fines tácticos la información sacada de las cartas que habían dejado en la isla de Charles los capitanes de los balleneros británicos. La estafeta de la isla de Charles ofreció a los hombres del *Essex* la oportunidad de contestar las cartas que habían recibido por mediación del *Aurora*. También capturaron otras cien tortugas en la isla. Nickerson afirmó que estas tortugas, cuya escasez le decepcionó, eran las que tenían el sabor más dulce de las Galápagos.

Fue en la isla de Charles donde capturaron una tortuga que era un verdadero monstruo, toda vez que pesaba más de ciento setenta kilos. Hicieron falta seis hombres para llevarla a la playa sobre pértigas cruzadas. Nadie sabía qué edad podía tener un animal tan grande, pero en la cercana isla de Albemarle estaba *Port Royal Tom*, una tortuga gigante en cuyo caparazón aparecían grabados incontables nombres y fechas, la más antigua de las cuales se remontaba a 1791. (*Tom*, según se dijo, aún vivía en 1881.)

Nickerson, que mostraba un interés darwiniano por la naturaleza, tomó buena nota de los numerosos animales que vivían en la isla de Charles: tortugas verdes, pelícanos y dos tipos de iguanas. Durante su último día en la isla, sin embargo, Nickerson se sintió impresionado por un acontecimiento que se ajustaba más a la visión de las Galápagos que tenía Melville que a la de Darwin.

La mañana del 22 de octubre, Thomas Chappel, un arponero de Plymouth, en Inglaterra, decidió gastar una broma. Sin decir a ninguno de sus compañeros del *Essex* lo que se traía entre manos, el travieso Chappel (que, según Nickerson, era «aficionado a la diversión a costa de lo que fuera») bajó a tierra con una caja de yesca. Mientras los demás registraban la isla en busca de tortugas, Chappel encendió en secreto una hoguera entre la maleza. Era el momento culminante de la estación seca y el fuego no tardó en propagarse y rodear a los que buscaban tortugas, que encontraron cortado el camino de vuelta al barco. No tuvieron más remedio que cruzar las llamas corriendo. Aunque el fuego les chamuscó la ropa y el pelo, nadie sufrió heridas graves... al menos ninguno de los hombres del *Essex*.

Cuando volvieron al barco, casi toda la isla estaba en llamas. Los hombres se indignaron ante la acción estúpida e imprudente de uno de ellos mismos. Pero el que más disgustado estaba era Pollard. «La ira del capitán no tenía límites —recordó Nickerson—, y juró que su venganza caería sobre la cabeza del incendiario si se descubría quién era.» Chappel, temiendo una azotaina segura, no reveló el papel que había desempeñado en la conflagración hasta mucho más tarde. Nickerson creyó que el fuego había matado a miles y miles de tortugas, pájaros, lagartos y serpientes.

El *Essex* dejó una huella duradera en la isla de Charles. Cuando Nickerson volvió a ella años después, seguía siendo una tierra yerma y ennegrecida. «Por donde pasó el fuego no han vuelto a aparecer árboles, maleza ni hierba», escribió. La isla de Charles fue la primera de las Galápagos en perder su población de tortugas. Aunque la tripulación del *Essex* ya había ayudado a disminuir el número de cachalotes que había en el mundo, fue aquí, en esta diminuta isla volcánica, donde contribuyó a la extinción de una especie.

Por la mañana, cuando levaron anclas, la isla de Charles todavía era un infierno. Aquella noche, después de todo un día de navegar con rumbo oeste siguiendo el ecuador, aún podían verla arder en el horizonte. Alumbrados por el rojo resplandor de una isla moribunda, los veinte hombres del *Essex* penetraron en las regiones más lejanas del Pacífico, buscando otro cetáceo que matar.

5

EL ATAQUE

Incluso hoy en día, en una era de comunicaciones instantáneas y transportes a gran velocidad, es difícil hacerse una idea de la extensión del Pacífico. Navegando con rumbo oeste desde Panamá, hay casi once mil millas hasta la península Malaca —casi cuatro veces la distancia que recorrió Colón para llegar al Nuevo Mundo— y hay más de nueve mil seiscientas millas desde el estrecho de Bering hasta la Antártida. Además, el Pacífico es profundo. Escondidas debajo de su superficie azul se encuentran algunas de las cordilleras más espectaculares del planeta, con precipicios que descienden más de nueve mil metros en la negrura oceánica. Desde un punto de vista geológico, el Pacífico, que está rodeado de volcanes, es la parte más activa del mundo. Surgen islas con la misma velocidad con la que desaparecen. Herman Melville dijo de este océano de más de ciento ochenta millones de kilómetros cuadrados que era «el corazón latente de la Tierra».

El 16 de noviembre de 1820, el *Essex* ya había navegado más de mil millas con rumbo oeste desde las Galápagos, siguiendo el ecuador como si fuera una cuerda de salvamento que llevase el barco hasta el interior del mayor océano del mundo. Los pescadores de ballenas de Nantucket conocían por lo menos una parte del Pacífico. Durante los tres decenios anteriores, la costa de América del Sur se había convertido en el patio trasero de su casa, por así decirlo. También conocían muy bien la orilla occidental del Pacífico. A principios de siglo, barcos balleneros ingleses, la mayoría de ellos capitaneados por hombres de Nantucket, doblaban con regularidad el cabo de Buena Esperanza y capturaban cetáceos en las inmediaciones de Australia y Nueva Zelanda. En 1815, Hezekiah Coffin, el padre de Owen, el joven primo de Pollard, había muerto durante una escala para cargar provisiones en las islas azotadas por las fiebres que había cerca de Timor, entre Java y Nueva Guinea.

Entre la isla de Timor y la costa occidental de América del Sur se extiende el Pacífico Central, que, según dijo Owen Chase, era «un océano que casi nadie ha atravesado». La longitud y latitud de islas con nombres tales como Ohevahoa, Marokinee, Owyhee y Mowee constaban en la guía de navegación de Pollard, pero prácticamente no se sabía nada acerca de ellas, excepto rumores espeluznantes que hablaban de matanzas y canibalismo entre los nativos.

Todo esto estaba a punto de cambiar. Pollard ignoraba que hacía sólo unas semanas, el 29 de septiembre, dos barcos balleneros de Nantucket, el *Equator* y el *Balaena*, habían hecho escala por primera vez en la isla de Oahu, en las Hawái. En 1823, Richard Macy sería el primer navegante de Nantucket en aprovisionar su barco en las islas de la Sociedad, conocidas ahora por el nombre de Polinesia Francesa. Pero en noviembre de 1820 Pollard y sus hombres sólo sabían que se encontraban al borde de un mundo desconocido que estaba lleno de peligros inimaginables. Y si no querían correr la misma suerte del barco que habían encontrado en Atacames, cuya tripulación había estado a punto de morir de escorbuto antes de que pudieran alcanzar la costa de América del Sur para cargar provisiones, no debían perder tiempo explorando la región a fondo. Habían tardado más de un mes en llegar tan lejos y tardarían como mínimo otro mes en regresar. Les quedaban, a lo sumo, sólo unos cuantos meses para pescar ballenas antes de pensar en volver a América del Sur y finalmente a Nantucket.

Hasta el momento, los cachalotes avistados en esta parte remota del océano habían resultado escurridizos. «Nada digno de comentarse ocurrió durante esta travesía —recordó Nickerson—, con excepción de perseguir de vez en cuando algún banco de cachalotes sin conseguir nada.» Crecieron las tensiones entre los oficiales del *Essex*. La situación empujó a Owen Chase a hacer un cambio a bordo de su ballenera. Cuando su bote se acercó finalmente a un cachalote, el 16 de noviembre, era él, según hizo saber Chase, y no su arponero, Benjamin Lawrence, quien empuñaba el arpón.

Fue un cambio radical y, para Lawrence, humillante. Un oficial sólo se hacía cargo del arpón cuando dejaba de confiar en que su arponero lograría clavarlo en el cetáceo. William Comstock habló de dos casos en que los oficiales se hartaron de que sus arponeros no consiguieran acertar en la presa y les ordenaron que se colocaran a popa y ellos mismos tomaran el hierro. Comstock escribió que un oficial gritó: «¿Quién eres? ¿Qué eres? Escoria miserable, hez de Nantucket, niño llorón. Por Neptuno que me parece que te da miedo el cachalote». Cuando el arponero finalmente prorrumpió en llanto, el oficial le arrancó el arpón de las manos y le ordenó que se encargara del timón de espadilla.

Con Chase en la proa y Lawrence relegado a la espadilla, el bote del primer oficial se acercó a un punto donde el primer oficial predijo que un cachalote emergería a la superficie. Chase, como dice él mismo, estaba «de pie en la parte de proa, con el arpón en la mano, preparado, esperando ver de un momento a otro uno de los cachalotes del banco sobre el que nos encontrábamos, para poder atacarlo». Por desgracia, una hembra salió a la superficie directamente debajo de la lancha y Chase y su tripulación saltaron por los aires. Al igual que después de su primer intento de matar un cachalote, a la altura de las islas Malvinas, Chase y sus hombres se encontraron asidos a los restos de una ballenera. Dada la escasez de botes de respeto a bordo del *Essex*, cabía esperar prudencia por parte de los oficiales, pero la prudencia no era un rasgo de la conducta de un primer oficial, al menos cuando se trataba de perseguir cetáceos. Chase se tomaba muy en serio el viejo adagio que decía: «O ballena muerta o embarcación destrozada», y se deleitaba con el riesgo y el peligro de la pesca. «Es una profesión para hombres muy ambiciosos —diría, jactancioso, en su narración— y está llena de honrosa emoción: no encontraréis en ella a ningún hombre pusilánime.»

Cuatro días después, el 20 de noviembre, más de mil quinientas millas al oeste de las Galápagos y sólo cuarenta millas al sur del ecuador, el vigía avistó varios chorros. Eran alrededor de las ocho de una mañana luminosa y despejada. Soplaba sólo una brisa ligera. Era un día perfecto para matar los gigantescos animales.

Cuando llegaron a media milla del banco de cachalotes, los dos guardianes del barco aproaron el *Essex* en dirección al viento con la gavia en facha, y se arriaron los tres botes. Los cachalotes se sumergieron, sin saber que les perseguían.

Chase ordenó a sus hombres que remaran hasta un punto determinado y allí se quedaron «con ansiosa expectación», buscando en el agua la silueta oscura de un cachalote a punto de salir a la superficie. Una vez más, según nos dice Chase, él era quien empuñaba el arpón y, en efecto, una cría emergió a poca distancia de la proa del bote y soltó un chorro. El primer oficial se preparó para lanzar el hierro y, por segunda vez en dos días de pesca, tuvo dificultades.

Chase había ordenado a Lawrence, el exarponero, que acercase el bote al animal. Lawrence obedeció y lo acercó tanto que en cuanto el arpón se clavó en la piel oscura, el cachalote, presa del pánico, dio un coletazo al bote, que ya estaba muy maltrecho, y le agujereó el costado. Empezó a entrar gran cantidad de agua y Chase cortó el cabo del arpón con una hachuela y ordenó a los hombres que taponaran el agujero con sus chaquetas y camisas. Se pusieron a remar para volver al barco mientras uno de los hombres achicaba el bote. Al llegar junto al *Essex*, izaron el bote a cubierta.

Para entonces, las tripulaciones de Pollard y Joy ya habían capturado sendos animales. Chase montó en cólera porque una vez más se veía excluido de la pesca, y empezó a trabajar afanosamente en el bote dañado, con la esperanza de tenerlo listo mientras todavía hubiera cachalotes que capturar. Aunque hubiera podido aparejar y arriar el bote de respeto (el que habían comprado en las islas de Cabo Verde y que ahora estaba atado al pescante sobre el alcázar), Chase pensó que sería más rápido reparar provisionalmente el bote dañado tapando el agujero con una lona. Mientras clavaba los bordes de la lona, su remero de popa, Thomas Nickerson —a sus quince años— se hizo cargo del timón del *Essex* y lo dirigió hacia Pollard y Joy, a quienes sus respectivas presas habían arrastrado varias millas a sotavento. Fue entonces cuando Nickerson vio algo cerca de la amura de babor.

Era un enorme cachalote, el mayor que habían visto hasta ahora, un macho de unos veintiséis metros de longitud, según calcularon, y alrededor de ochenta toneladas de peso. Se encontraba a menos de cincuenta brazas, tan cerca que pudieron ver que su gigantesca cabeza cuadrada estaba llena de cicatrices y miraba en dirección al barco. Pero el animal no sólo era grande, sino que se comportaba de una manera extraña. En vez de asustarse y huir, siguió flotando tranquilamente en la superficie, resoplando de vez en cuando por su orificio nasal, como si los estuviera vigilando. Después de expulsar dos o tres chorros, se sumergió, y luego volvió a salir a la superficie a menos de quince brazas del barco.

Pese a que el cachalote estaba a sólo un tiro de piedra del *Essex*, Chase no lo consideró una amenaza. «Al principio su aspecto y su actitud no nos alarmaron», escribió. Pero de repente el animal empezó a moverse. Su cola, de seis metros de ancho, tan pronto se alzaba como se sumergía. Primero avanzó lentamente, con un leve movimiento de lado a lado, pero fue cobrando velocidad hasta que el agua se encrespó alrededor de su enorme cabeza, que tenía forma de barril y apuntaba al costado de babor del *Essex*. En un instante, el cachalote se encontró a sólo unas brazas de distancia: «Venía a por nosotros —recordó Chase— con gran celeridad.»

Tratando desesperadamente de evitar un choque directo, Chase gritó a Nickerson: «¡Todo a estribor!». Otros miembros de la tripulación también gritaron, tratando de dar la alarma. «Apenas habían llegado las voces a mis oídos —recordó Nickerson— cuando se oyó un enorme estrépito.» El cachalote había embestido el barco por un punto que quedaba a poca distancia de las cadenas de proa.

El *Essex* se estremeció como si hubiera chocado con una roca. Todos los que estaban a bordo perdieron el equilibrio. Las tortugas de las Galápagos resbalaron de un extremo a otro de la cubierta. «Nos miramos con expresión de asombro total —recordó Chase—, casi sin poder hablar.»

Al levantarse, Chase y sus hombres tenían buenos motivos para sentirse asombrados. Nunca antes, en toda la historia de los pescadores de cachalotes de Nantucket, se había dado el caso de que un cachalote atacara un barco. En 1807, el barco ballenero *Union* se había hundido después de estrellarse contra un cachalote de noche, pero lo de ahora era algo muy diferente.

Después del choque, el animal pasó por debajo del barco y golpeó el fondo con tanta fuerza que arrancó la falsa quilla. Chase recordó que el cachalote salió a la superficie por la aleta de estribor del *Essex*, «aturdido por la violencia del golpe», y se quedó flotando junto al barco, con la cola a sólo unos cuantos palmos de la popa.

Instintivamente, Chase echó mano de una lanza. Bastaría lanzarla con perfecta puntería para matar al cachalote que había osado atacar un barco. El gigantesco animal daría más aceite que dos, quizá incluso tres cachalotes de tamaño normal. Si Pollard y Joy también tenían suerte ese día, llenarían como mínimo ciento cincuenta barriles de aceite la semana siguiente, más del 10 por ciento de la capacidad total del *Essex*. Tal vez podrían volver a Nantucket al cabo de unas semanas en lugar de meses.

Chase se dispuso a clavar el arpón en el cachalote, que seguía flotando junto al casco del *Essex*. Pero titubeó al observar que la cola estaba peligrosamente cerca del timón del barco. Si le provocaban, el cachalote podía destrozar de un coletazo el delicado dispositivo que gobernaba la nave. Chase decidió que estaban demasiado lejos de tierra para arriesgarse a sufrir desperfectos en el timón.

Fue una muestra de prudencia muy poco característica del primer oficial. «Pero de haber podido prever [Chase] lo que iba a suceder en cuestión de segundos —escribió Nickerson—, probablemente hubiera optado por el menor de los males y hubiese salvado el barco matando el cachalote incluso a costa de perder el timón.»

Un cachalote está singularmente preparado para sobrevivir a un choque frontal con un barco. Una tercera parte de la distancia entre la cabeza, que tiene forma de ariete, y los órganos vitales está formada por una cavidad llena de aceite que sirve perfectamente para amortiguar el efecto de una colisión. Antes de que transcurriera un minuto, el macho de ocho toneladas volvió a dar señales de vida.

El animal salió de su letargo, viró a sotavento y nadó hasta alejarse unas doscientas ochenta brazas. Entonces empezó a abrir y cerrar las fauces y dar coletazos en el agua, «como trastornado —escribió Chase— por la rabia y la furia». Luego nadó hacia barlovento y pasó por delante de la proa del *Essex* a gran velocidad. Al llegar a más de cien brazas por delante del barco, se detuvo y se volvió en dirección al *Essex*. Chase, que temía la posibilidad de que se hubiera abierto una vía de agua, ya había ordenado a los hombres que preparasen las bombas. «Mientras tenía la atención centrada en esto —recordó el primer oficial—, oí el grito de un hombre en la escotilla: "¡Ahí está! ¡Viene a por nosotros otra vez!".» Al volverse, Chase tuvo una visión de «furia y venganza» que le perseguiría durante los largos días que le esperaban.

Con la cabeza enorme y llena de cicatrices medio fuera del agua y la cola dibujando en el océano una estela de espuma de más de ocho brazas de ancho, el cachalote se acercaba al barco al doble de velocidad de la primera vez, por lo menos seis nudos. Chase, con la esperanza de «cruzar su línea de aproximación antes de que pudiera alcanzarnos, y evitar así lo que en ese momento supe que sería nuestra destrucción inevitable si volvía a golpearnos», gritó a Nickerson: «¡Todo a estribor!». Pero era demasiado tarde para cambiar el rumbo. Se oyó un tremendo estrépito de madera que se astillaba al golpear el cachalote el barco justo por debajo del ancla sujeta a la serviola de la amura de babor. Esta vez los hombres estaban preparados para el golpe. Pese a ello, la fuerza de la colisión hizo sacudir sus cabezas sobre sus musculosos cuellos cuando el barco se detuvo en seco al chocar con la cabeza del animal, que parecía una losa. Su cola continuó subiendo y bajando, empujando el barco de doscientas treinta y ocho toneladas hacia atrás, hasta que —como había sucedido después de zozobrar en la corriente del Golfo— el agua pasó por encima del espejo de popa.

Uno de los hombres que estaban bajo cubierta subió corriendo y gritó:

—¡El barco se está llenando de agua!

Una mirada por la escotilla bastó para advertir que el agua ya estaba por encima de la cubierta inferior, donde se hallaban estibados el aceite y las provisiones.

El *Essex* había dejado de navegar hacia atrás y empezaba a hundirse. El cachalote, después de humillar a su extraño adversario, se desenredó de las cuadernas destrozadas del casco recubierto de cobre y se fue nadando hacia sotavento; nunca volverían a verlo.

El barco se estaba hundiendo de proa. El castillo de proa, donde dormían los marineros negros, fue el primero de los alojamientos en inundarse, y los baúles y los colchones de los hombres flotaban en el agua, que iba subiendo. Luego el agua se desplazó hacia popa y penetró en el almacén de grasa y después en el rancho, que era el lugar donde dormían Nickerson y los demás chicos de Nantucket. Pronto quedaron inundados hasta los camarotes de los oficiales y del capitán.

Mientras bajo cubierta se oía crujir la madera y gorgotear el agua, el camarero negro William Bond, por iniciativa propia, volvió varias veces a los camarotes de popa, que iban llenándose rápidamente, para recuperar los baúles de Pollard y Chase y —con gran sentido previsor— los instrumentos de navegación. Mientras tanto, Chase y el resto de la tripulación cortaron las amarras de la ballenera de recambio y la llevaron al combés del barco.

El *Essex* empezó a escorar peligrosamente a babor. Bond volvió bajo cubierta por última vez. Chase y los demás transportaron la ballenera hasta la borda, que ahora sobresalía sólo unos centímetros de la superficie del océano. Después de cargar los baúles y las demás cosas, todo el mundo, incluido Bond, subió al bote mientras a su lado temblaban los palos y las vergas. Apenas se habían alejado dos largos de bote cuando el *Essex* zozobró con un chapoteo y un crujido terribles.

En aquel momento, dos millas a sotavento, Obed Hendricks, el arponero de Pollard, miró despreocupadamente por encima del hombro y no pudo dar crédito a lo que vieron sus ojos. Desde aquella distancia parecía que el *Essex* hubiera sido alcanzado por un turbión repentino, y las velas volaban en todas direcciones mientras el barco escoraba.

—¡Mirad! ¡Mirad! —gritó—. ¿Qué le pasa al barco? ¡Está zozobrando!

Pero cuando los hombres se volvieron para mirar, no había nada que ver. «Un grito general de horror y desesperación brotó de todos los labios —escribió Chase— cuando sus ojos buscaron [el barco], en vano, por todo el océano.» El *Essex* se había desvanecido por debajo del horizonte.

Las tripulaciones de los dos botes soltaron inmediatamente los cachalotes que habían capturado y empezaron a remar hacia el lugar donde debería estar el *Essex*, sin dejar un solo momento de especular frenéticamente sobre lo que le había pasado al barco. A nadie se le ocurrió pensar que, como dijo Nickerson, «un cachalote [había] hecho el trabajo». Pronto pudieron ver el casco del barco «flotando de costado y presentando el aspecto de una roca».

Mientras Pollard y Joy se acercaban, los ocho hombres apretujados en el bote de Chase siguieron con los ojos clavados en el barco, en silencio. «En todos los semblantes se pintaba la palidez de la desesperación —recordó Chase—. Ninguno de nosotros dijo una palabra durante varios minutos; todos parecíamos estar bajo el hechizo de una consternación estúpida.»

Entre el primer ataque del cachalote y el momento de subir al bote para huir del barco que zozobraba no habían pasado más de diez minutos. En sólo una fracción de ese tiempo, espoleados por el pánico, ocho hombres habían arriado una ballenera sin aparejar desde el pescante situado por encima del alcázar, operación que normalmente hubiera requerido por lo menos diez minutos y el esfuerzo de toda la tripulación. Y ahora se encontraban sin más ropa que la que llevaban puesta, apiñados en la ballenera. Aún no eran las diez de la mañana.

Fue entonces cuando Chase apreció en todo su valor el servicio que les había prestado William Bond. Había salvado dos brújulas, dos ejemplares del *New American Practical Navigator* de Nathaniel Bowditch y dos cuadrantes. Más adelante, Chase llamaría a estas cosas «los probables instrumentos de nuestra salvación [...]. Sin ellos —añadió—, todo hubiera sido sombrío, sin ninguna esperanza».

Por su parte, Thomas Nickerson sintió que le embargaba una profunda pena, no por él mismo, sino por el barco. La nave negra y gigantesca que había llegado a conocer tan íntimamente había recibido un golpe de muerte. «Allí yacía nuestro hermoso barco, unos restos flotantes y deprimentes —se lamentó Nickerson— que apenas hacía unos minutos aparecían con todo su esplendor; el orgullo de su capitán y sus oficiales, y una embarcación casi idolatrada por su tripulación.»

Las otras dos balleneras no tardaron en ponerse al

alcance de la voz. Pero nadie dijo una palabra. La de Pollard fue la primera en llegar hasta ellos. Los hombres dejaron de remar a unas cinco brazas de distancia. Pollard estaba de pie junto a la espadilla, contemplando fijamente el casco hundido que había sido su formidable barco, incapaz de hablar. Se dejó caer sobre el asiento de la ballenera, tan abrumado por el asombro, el temor y la confusión que Chase «apenas pudo reconocer su semblante». Finalmente, Pollard preguntó:

—Dios mío, señor Chase, ¿qué ha pasado?

—Un cachalote nos ha hundido —fue la respuesta de Chase.

Incluso si se juzga de acuerdo con los parámetros colosales de un cachalote, un macho de cerca de veintiséis metros es enorme. Hoy día, los machos de cachalote, que por término medio son tres o cuatro veces más voluminosos que las hembras, nunca pasan de los veinte metros. Hal Whitehead, el experto en cachalotes, piensa que es dudoso que el cachalote que hundió el *Essex* pudiera ser tan grande como afirmaron Chase y Nickerson. Sin embargo, los cuadernos de bitácora de los balleneros de Nantucket están llenos de referencias a machos que, dada la cantidad de aceite que se obtuvo de ellos, debían de ser como el que atacó al *Essex*. Es un hecho comprobado que los pescadores de cetáceos, tanto en el siglo XIX como en el XX, mataron cachalotes machos en cantidades desproporcionadas: no sólo eran más largos que las hembras, sino que los órganos del espermaceti que daba aceite en abundancia representaban una parte mayor de dicha longitud. Es posible que en 1820, antes de que un siglo y medio de matanza selectiva eliminase los machos grandes, fuera muy posible encontrar un cachalote de cerca de veintiséis metros. Tal vez las pruebas más convincentes se encuentren en las solemnes salas del museo Nantucket Whaling. Allí, apoyada en la pared, hay una quijada de unos cinco metros extraída de un macho que se calcula que mediría por lo menos veinticuatro metros de longitud.

De todos los animales que han vivido en la Tierra, el cachalote es el que tiene el cerebro más grande, y a su lado hasta el de la poderosa ballena azul parece pequeño. Puede que el gran tamaño del cerebro del cachalote esté relacionado con su gran capacidad para generar y emitir sonidos. Debajo del orificio nasal, un cachalote tiene lo que los balleneros llamaban «hocico de mono», un sistema de badajos cartilaginosos que, en opinión de los científicos, produce los chasquidos que usa el animal para «ver» el mundo por medio de la ecolocación. Los cachalotes también utilizan chasquidos para comunicarse desde distancias de hasta cinco millas. Las hembras tienden a emplear una serie de chasquidos que se parecen a un código morse, y los machos emiten unos chasquidos más lentos y más fuertes. Se ha especulado que los machos utilizan sus chasquidos para anunciarse a las hembras deseables y ahuyentar a los machos rivales.

Los balleneros oían con frecuencia a los cachalotes a través del casco del barco. El sonido —chasquidos regulares con intervalos de alrededor de medio segundo— presentaba un parecido tan asombroso con el golpeo de un martillo que los pescadores llamaron al cachalote «pez carpintero». La mañana del 20 de noviembre de 1820, los cachalotes no eran los únicos seres que llenaban el océano de chasquidos; también Owen Chase hacía ruido al clavar afanosamente un pedazo de lona en el fondo de una ballenera colocada con la quilla al aire. Con cada martillazo que asestaba al costado del bote averiado, Chase transmitía sin saberlo sonidos que bajaban por el revestimiento de madera del barco ballenero y descendían al fondo del océano. Creyera o no que los sonidos procedían de otro cachalote, parece ser que los martillazos de Chase llamaron la atención del macho.

Según Chase, cuando el cachalote lanzó el primer ataque contra el barco nadaba a unos tres nudos, que es la velocidad normal de un cachalote que nada sin prisas. Whitehead, cuyo barco oceanográfico chocó una vez con una ballena preñada, conjetura que incluso es posible que el macho chocase con el *Essex* por error.

Fuera cual fuese la causa del choque, es claro que el cachalote no estaba preparado para algo tan sólido y pesado como un barco ballenero, que con sus doscientas treinta y ocho toneladas pesaba aproximadamente tres veces más que el animal. Puede que el *Essex* fuera un barco viejo y gastado, pero estaba hecho para resistir los malos tratos. Lo habían construido casi exclusivamente con madera de roble albar, una de las más duras y fuertes. Las cuadernas se habían hecho tallando maderos inmensos, por lo menos de diez centímetros de grosor. Sobre las cuadernas, en la proa y la popa, había planchas de roble de diez centímetros de grosor. Y las planchas se habían revestido con pino amarillo de más de un centímetro de grosor. Desde la línea de flotación (donde se había producido el choque, según Nickerson) se extendía una capa de cobre. El macho se había estrellado contra una sólida pared de madera.

Lo que había empezado como una embestida experimental, tal vez no intencionada, pronto se convirtió en un ataque total.

Al igual que los elefantes machos, los machos de cachalote tienden a ser solitarios; van de un grupo de hembras y crías a otro y desafían a los machos que encuentran por el camino. La violencia de estos encuentros es legendaria. Un pescador de cetáceos describió lo que sucedió cuando un cachalote macho intentó meterse dentro del grupo de otro:

> Cuando el macho que se acercaba trató de unirse a la manada, fue atacado por uno de los machos que ya formaban parte de ella, que se puso panza arriba y atacó con sus fauces. Arrancó grandes pedazos de grasa y carne. Luego ambos machos se retiraron y de nuevo cargaron a toda velocidad. Trabaron sus mandíbulas y forcejearon, como si cada uno de ellos tratara de romper las del otro. De nuevo se arrancaron grandes pedazos de carne de la cabeza. A continuación o bien se retiraron o se soltaron, y luego volvieron a cargar el uno contra el otro. Esta vez la lucha fue todavía más agotadora, y poco podía verse a causa de las salpicaduras. La carga y la retirada se repitieron dos o tres veces antes de que el agua se calmara, y luego, durante unos cuantos segundos, fue posible verlos a los dos tumbados frente a frente. Al cabo de un rato, el más pequeño de los machos se alejó nadando lentamente y no trató de reunirse con las hembras. Mandamos una ballenera y capturamos el mayor de los machos. Tenía la mandíbula rota, colgando de la carne. También tenía muchos dientes rotos y grandes heridas en la cabeza.

En vez de luchar con las mandíbulas y la cola —como solían hacer los cachalotes al atacar a una ballenera—, el que hundió el *Essex* embistió con la cabeza, lo cual, según insistió Chase, «es inaudito entre los pescadores más viejos y más experimentados». Pero lo que más impresionó al primer oficial fue la notable astucia con que el macho hizo uso del ariete que le había dado Dios. En ambas ocasiones el cachalote se había acercado al barco desde una dirección «calculada para causarnos el mayor daño, porque, al lanzar el ataque contra la proa, la velocidad del barco se sumó a la del animal». Sin embargo, pese a lanzarse contra la proa del *Essex*, el cachalote había evitado golpear el barco directamente de frente, donde la roda del barco, el madero vertical situado en el extremo delantero de la proa, que estaba muy reforzada, hubiera podido causarle una herida mortal.

Chase calculó que la velocidad del cachalote era de seis nudos cuando atacó al *Essex* por segunda vez y que el barco navegaba a tres nudos. Para que el *Essex* quedara totalmente inmovilizado, el cachalote, cuya masa era de alrededor de un tercio de la del barco, tendría que moverse a más de tres veces la velocidad del barco, por lo menos nueve nudos. Según los cálculos de un arquitecto naval, si el *Essex* hubiera sido un barco nuevo, sus tablones de roble hubieran resistido incluso este golpe tremendo. En vista de que el cachalote abrió un agujero en la amura, cabe suponer que los tablones del *Essex*, que tenían veinte años de antigüedad, se encontraban muy debilitados por la carcoma o las incrustaciones.

Chase estaba convencido de que el *Essex* y su tripulación habían sido víctimas de «un daño deliberado y calculado» por parte del cachalote. Para un hombre de Nantucket era un pensamiento horrible. Si otros cachalotes empezaban embestir contra los barcos, poco tardaría la flota ballenera de la isla en quedar convertida en un montón de restos flotantes.

Chase empezó a preguntarse «qué inexplicable azar o designio» había intervenido. Casi parecía como si algo

—¿podía haber sido Dios?— hubiera poseído al animal para sus propios fines extraños e insondables. Chase no sabía qué o quién estaba detrás de lo ocurrido, pero tenía el convencimiento de que «cualquier cosa menos la casualidad» había hundido el *Essex*.

Después de que el primer oficial le informase de lo ocurrido, Pollard trató de controlar la delicada situación. Anunció que lo primero que tenían que hacer era sacar de los restos del naufragio tantos alimentos y agua como fuera posible. Para ello era necesario cortar los palos con el fin de que el casco, que seguía flotando parcialmente, pudiera enderezarse. Los hombres subieron al barco y empezaron a cortar las perchas y el aparejo con las hachuelas de las balleneras. Al acercarse el mediodía, el capitán Pollard se alejó un poco a bordo de su bote para efectuar una observación con el cuadrante. Estaban a 0° 40′ de latitud sur y 119° 0′ de longitud oeste, más o menos tan lejos de tierra como era posible estarlo en cualquier otra latitud.

Cuarenta y cinco minutos después, los palos habían quedado reducidos a tocones de unos seis metros y el *Essex* volvía a flotar semierguido, con una inclinación de cuarenta y cinco grados. Aunque la mayor parte de las provisiones se encontraba en la bodega inferior y era imposible llegar a ellas, había dos toneles grandes de pan en el combés, entre las cubiertas. Y como los toneles estaban en la parte superior del *Essex*, existía la esperanza de que no se hubieran mojado.

A través de los agujeros que hicieron en la cubierta lograron extraer unos doscientos setenta y dos kilos de galleta. En otra parte abrieron un agujero en los tablones y encontraron toneles de agua dulce; más toneles, de hecho, de los que podían cargar sin peligro en las balleneras. También recogieron herramientas y otras cosas, entre ellas casi un kilo de clavos, un mosquete, dos pistolas y un bote de pólvora. Varias de las tortugas que se habían llevado de las Galápagos nadaron hasta las balleneras desde los restos del naufragio, y lo mismo hicieron dos cerdos flacuchos. Entonces empezó a soplar el viento.

Necesitaban ponerse al abrigo del viento y las olas, que cada vez eran más grandes, pero temían que el *Essex* se hundiera como una piedra de un momento a otro. En vista de ello, Pollard ordenó que ataran las balleneras al barco, pero dejando por lo menos noventa metros de cuerda entre el mismo y los botes. Como una fila de patitos siguiendo a su madre, pasaron la noche al socaire del barco.

El barco se estremecía con cada ola. Chase estaba echado en su bote, despierto, contemplando los restos del naufragio y reviviendo mentalmente la catástrofe, una y otra vez. Algunos de los hombres durmieron y otros «desperdiciaron la noche musitando cosas inútiles», escribió Chase. Reconoció que una vez había prorrumpido en llanto.

Se sentía atormentado por el remordimiento, pues sabía que, si hubiera arrojado la lanza, tal vez todo habría sido diferente. (Cuando llegara el momento de escribir su propio relato del ataque, Chase olvidaría mencionar que había tenido la oportunidad de dar un lanzazo al cachalote. Nickerson se encargó de subsanar esta omisión en su relato.) Pero cuanto más pensaba en ello, más comprendía Chase que nadie podía prever que un cachalote atacaría un barco, y no una sola vez, sino dos. En lugar de comportarse del modo que cabía esperar de un cachalote, como un ser «del que nunca se había sospechado que fuera capaz de actuar con violencia premeditada y cuyo carácter inofensivo era proverbial», aquel macho grande estaba poseído por una preocupación muy natural por los demás individuos de su especie. «Vino directamente desde el banco en el que acabábamos de meternos —escribió el primer oficial— y en el cual habíamos herido a tres de sus compañeras, como empujado por el deseo de vengar los sufrimientos de las otras.»

Mientras las balleneras se mecían entre los restos del naufragio, los hombres del *Essex* no estaban de humor para debatir los motivos del cachalote. Lo que más les preocupaba era saber cómo veinte hombres a bordo de tres botes podían salir vivos de semejante apuro.

✦

6

EL PLAN

Toda la noche sopló viento del sureste. Las olas golpeaban el casco maltrecho, provocando la caída de perchas y toneles y astillando maderas. De un momento a
otro algún trozo lleno de aristas podía perforar los frágiles costados de las tres balleneras atadas a sotavento del
barco, así que los oficiales apostaron a un hombre en la
amura de sus botes respectivos y le ordenaron que vigila-
se atentamente los objetos flotantes que se dirigían hacia
ellos y los desviasen antes de que pudieran causar desperfectos. Era una misión aterradora: forzar la vista para
contemplar qué amenaza sería la siguiente en surgir de la
oscuridad.

Cuando el sol iluminó el horizonte en el este, los
hombres se levantaron del fondo de los botes, parpadean-
do, porque la mayoría de ellos había dormido poco. «Empezamos a pensar en hacer algo —recordó Chase—, sin
saber qué.»

Las tres tripulaciones volvieron al barco naufragado
y se pasaron casi toda la mañana yendo de un lado a otro

de la cubierta bañada por las olas, «inmersos en una especie de ocio vacío». Los oficiales les ordenaron que buscasen las provisiones que tal vez habían subido hasta la superficie desde las profundidades de la bodega durante la noche. Exceptuando algunas tortugas, de las cuales ya tenían tantas como podían transportar sin peligro en las balleneras, no encontraron nada que pudiera aprovecharse.

Resultaba obvio que el siguiente paso era hacer los preparativos para abandonar el lugar del naufragio. Pero ninguno de los hombres quería pensar en aquella perspectiva, por «tristes y desoladoras» que fuesen las circunstancias en que se encontraban. «Nuestros pensamientos [...] giraban en torno al barco, pese a estar destrozado y hundido —recordó Chase—, y nos costaba quitarnos de la cabeza la idea de seguir protegiéndonos con sus restos.»

Finalmente, algunos empezaron a quitar las velas del barco con el fin de confeccionar velas para las tres balleneras. Por suerte, el baúl de Chase contenía las agujas y el cordel necesarios para ello y algunos pusieron manos a la obra. A otros se les ordenó que construyeran palos para las balleneras con las perchas del barco. Después de que les asignaran tareas concretas, la moral de la tripulación cambió rápidamente. Nickerson observó «más caras alegres de lo que nos atrevíamos a esperar».

Mientras los hombres trabajaban para dotar cada ballenera de dos palos cortos, dos velas tarquinas y una vela pequeña para la parte de proa, llamada «foque», un vigía permaneció apostado en el tocón del palo trinquete del *Essex*, oteando el océano en busca de una vela. Al mediodía, Chase llevó a cabo una observación y determinó que los vientos del sureste y la corriente del oeste habían empujado el *Essex* y su tripulación casi cincuenta millas al noroeste de donde estaban el día anterior, alejándolos de la distante costa de América del Sur. Al enterarse de este preocupante dato, el primer oficial pensó que era una clara indicación de «la necesidad de no malgastar nuestro tiempo y esforzarnos por encontrar algún alivio dondequiera que Dios nos llevase».

El viento arreció durante todo el día, por lo que resultaba difícil trabajar en las balleneras, especialmente cuando las olas pasaban por encima de ellas y empapaban a los hombres. Los oficiales comprendieron que necesitaban modificar más los botes para hacerlos más resistentes. Utilizando tablones de cedro sin desbastar que sacaron de los restos del naufragio, elevaron la altura de los costados de cada una de las balleneras en más de quince centímetros. Esta sencilla alteración —que fue casi una ocurrencia tardía— resultó crucial. «De lo contrario, en los botes habría entrado tanta agua —escribió Chase— que todos los esfuerzos de los hombres débiles y famélicos en que nos convertiríamos más adelante no hubieran sido suficientes para evitar [que se inundaran].»

También era evidente que tenían que idear algún procedimiento para que las salpicaduras de agua salada no echaran a perder sus provisiones de pan. En cada extremo de la ballenera había un espacio parecido a un armario llamado «tumbadillo». Envolvieron el pan con varias capas de lona y lo colocaron en el tumbadillo de popa, lo más lejos posible de las olas que rompían en la proa. Asimismo, si se guardaba el pan en el tumbadillo de popa, al oficial encargado de la espadilla le resultaba más fácil supervisar su reparto entre la tripulación.

Al oscurecer, dejaron a regañadientes sus martillos, clavos, agujas y cordeles y una vez más ataron las balleneras al socaire del barco naufragado. El viento seguía soplando con fuerza y los veinte hombres temían «los horrores de otra noche tempestuosa», como dijo Chase. No era sólo la incomodidad de tratar de dormir en un bote muy pequeño que se balanceaba sin cesar, sino también la perspectiva de toda una noche sin nada que los distrajera de sus temores.

De repente, la desesperación cayó como un mazazo sobre los hombres que durante el día habían trabajado tan alegremente modificando las balleneras. «Las amarguras de su situación les golpearon con tal fuerza —recordó Chase— que produjeron rachas de extrema debilidad que casi bordeaba el desvanecimiento.» Aunque llevaban casi dos días sin probar bocado, les resultaba imposible comer. Tenían la garganta reseca a causa de la angustia y en lugar de comer bebían agua con frecuencia.

Chase se tumbó en el fondo de su bote y empezó a rezar. Pero encontró poco consuelo en sus oraciones: «A veces surgía una ligera esperanza, pero luego, al pensar que dependíamos tanto de la casualidad para recibir ayuda y salvarnos, la esperanza se desvanecía». En vez de pensar en los posibles medios de su salvación, Chase revivió una vez más las circunstancias que les habían llevado a semejante situación, en especial «el misterioso y mortal ataque del animal».

A las siete de la mañana del día siguiente, la cubierta del barco ya se había separado casi por completo del casco. Al igual que la lenta agonía de un cachalote, el espectáculo de la desintegración del *Essex* resultaba triste y turbador, con las juntas y las costuras moviéndose violentamente bajo el ataque de las olas. Sangraba a causa de los toneles reventados dentro de su casco y rodeaba a los hombres de una pestilente mancha de aceite de cachalote, una mucosidad amarillenta que cubría los costados de los botes y saltaba por la borda empujada por las olas. El suelo de las balleneras se puso resbaladizo y era peligroso moverse en ellas. El líquido que hacía sólo unos días antes había sido su fortuna, su obsesión, era ahora su tormento.

Chase decidió que había que hacer algo. Se acercó remando a Pollard y declaró que había llegado el momento de zarpar «hacia la tierra más cercana». El capitán contestó con evasivas e insistió en que había que hurgar en los restos por última vez en busca de provisiones que quizá no habían visto antes. Dijo que no quería hablar de lo que tenían que hacer hasta después de efectuar otra observación al mediodía.

La observación de mediodía reveló que la corriente les había llevado diecinueve millas al norte y que habían cruzado el ecuador durante la noche. Ahora, con las velas a punto y después de que Pollard terminara de hacer los cálculos de navegación, era el momento de celebrar lo que Chase llamó un «consejo». Así pues, los dos oficiales subieron a la ballenera de Pollard y éste desplegó ante ellos sus dos ejemplares del *Navigator* de Bowditch con su lista de latitudes y longitudes de las «islas de los Amigos y de otras en el océano Pacífico» y empezó a hablar de lo que debían hacer.

Las balleneras dotadas de velas sólo podían navegar con el viento, por lo que sus opciones eran bastante limitadas. Retroceder hasta las Galápagos y desde allí partir hacia América del Sur, un viaje de más de dos mil millas, significaba navegar contra los vientos alisios del sureste además de contra una fuerte corriente del oeste. Pollard lo consideró imposible. Navegar hacia el oeste, sin embargo, era otra cosa. Las islas más próximas en esa dirección eran las Marquesas, a unas mil doscientas millas. Por desgracia, los marineros del *Essex* habían oído decir que sus habitantes nativos tenían fama de practicar el canibalismo. Varios viajeros que habían estado en las Marquesas, entre ellos el capitán David Porter de la fragata norteamericana *Essex*, que visitó dichas islas durante la guerra de 1812, habían publicado informes de las frecuentes guerras entre los nativos. «En tiempos de hambruna —insistió otro visitante—, los hombres matan a sus esposas, hijos y padres ancianos.» Georg von Langsdorff, cuyo barco arribó a las Marquesas en 1804, afirmó que los nativos encontraban la carne humana tan deliciosa «que a quienes la han comido una vez les cuesta abstenerse de ella». Langsdorff, junto con varios otros, comentó la gran estatura y fuerza de los hombres de las Marquesas. Había también noticias que hablaban de actividad homosexual ritualizada entre los nativos que, a diferencia de los rumores de canibalismo, han confirmado los antropólogos de nuestros días. Los oficiales estuvieron de acuerdo en que había que evitar las Marquesas.

Varios centenares de millas al sur de las Marquesas estaba el archipiélago de Tuamotú. También estas islas tenían una reputación siniestra e inquietante entre los marineros norteamericanos. Al oeste de las Tuamotú se hallaban las islas de la Sociedad, a una distancia de unas dos mil millas. Aunque no poseía información digna de confianza, Pollard tenía la impresión de que las islas de la Sociedad eran una opción más segura que las Marquesas. Con un poco de suerte podrían llegar a ellas en menos de treinta días. Estaban también las islas Hawái, más de dos mil quinientas millas al noroeste, pero Pollard temía las tormentas que eran frecuentes en esta región del Pacífico a finales del otoño. Expuso su conclusión: debían dirigirse a las islas de la Sociedad.

Chase y Joy discreparon. Señalaron que, exceptuando rumores vagos, «no sabían nada» de las islas de la Sociedad. «Si [las islas estaban] habitadas —escribió el primer oficial—, supusimos que lo estarían por salvajes, de quienes teníamos tanto que temer como de los elementos, o incluso de la muerte misma.» La naturaleza ya les había traicionado una vez... con el malévolo ataque de su legítima presa, el cachalote normalmente manso. A falta de pruebas concluyentes en sentido contrario, Chase y Joy estaban dispuestos a creer que los habitantes de las islas de la Sociedad, al igual que los de las Marquesas, practicaban una inversión aún más horrible del orden natural: comer carne humana.

Chase y Joy propusieron una opción que les parecía mejor. Aunque los vientos alisios, al soplar hacia el este, impedían navegar directamente hacia la costa de América del Sur, había otra posibilidad. Si navegaban hacia el sur unas mil quinientas millas hasta alcanzar los 26° de latitud, encontrarían una zona de brisas variables que podían llevarles hasta Chile o Perú. Suponían que sus botes eran capaces de recorrer un grado de latitud al día, es decir, sesenta millas. Si así era, alcanzarían las brisas variables en veintiséis días; treinta días más y llegarían a la costa sudamericana. Como tenían pan y agua suficientes para unos sesenta días, todo parecía muy factible, al menos se lo parecía a Chase y a Joy. Y, además, cabía la posibilidad de que se cruzasen con algún barco ballenero durante la travesía. Los dos oficiales dijeron alegremente que el viaje consistiría en «remontar la costa».

Pollard se dejó convencer por ellos, exactamente igual

que después de zozobrar en la corriente del Golfo. «El capitán cedió a regañadientes ante sus argumentos —recordó Nickerson— porque eran dos contra uno y no quiso oponerse.» Más adelante, al escribir sobre este «fatal error», el grumete del *Essex* se preguntaría: «¿Cuántos corazones ardientes han dejado de latir a consecuencia de ello?».

Hoy día cuesta creer que los marineros de Nantucket desconocieran el Pacífico después de navegar por él durante varios decenios. Desde antes de principios de siglo, los barcos mercantes que iban a China desde los cercanos puertos de Nueva York, Boston y Salem habían hecho frecuentes escalas no sólo en las Marquesas, sino también en las islas Hawái cuando se dirigían a Cantón. Si bien corrían muchos rumores sobre canibalismo en las Marquesas, también era fácil encontrar información abundante en sentido contrario.

El 28 de abril de 1819, varios meses antes de que el *Essex* zarpara de Nantucket, cuando tanto Pollard como Chase se encontraban en la isla, el *New Bedford Mercury* publicó las noticias más recientes que habían llegado de las Marquesas. Según el capitán Townsend, del *Lion*, que acababa de regresar de Cantón con tres nativos de la isla de Nuku Hiva, la tranquilidad había reinado en el archipiélago desde que el capitán David Porter lo visitara durante la guerra de 1812. «La influencia benigna de su nombre todavía estaba presente entre los nativos, que viven en gran armonía y trato social —publicó el *Mercury*—. Las tribus hostiles ya no aprendían a guerrear; y los taipi [antes conocidos por su canibalismo] visitaron con frecuencia el *Lion* mientras estuvo fondeado en esa isla.» Por desgracia, parece ser que Pollard y sus oficiales no habían leído el artículo.

Su ignorancia acerca de las islas de la Sociedad, y en particular de Tahití, es aún más extraordinaria. Desde 1797 existía en la isla una próspera misión inglesa. La enorme capilla de la misión real de Tahití, de doscientos diecisiete metros de longitud y dieciséis metros de anchura, era mayor que cualquiera de las *meeting houses* cuáqueras de Nantucket. Como anotó Melville en su ejemplar de la *Narrative* de Chase:

> Con toda probabilidad, todos los sufrimientos de los desdichados hombres del *Essex* podrían haberse evitado si, al abandonar el lugar del naufragio, hubieran puesto proa directamente a Tahití, puesto que no estaban muy lejos de ella en aquel momento, y un viento alisio favorable les hubiera empujado en esa dirección. Pero temían a los caníbales y, aunque resulte extraño decirlo, no sabían que... los marineros podían atracar en Tahití sin correr ningún peligro. Pero optaron por navegar con el viento de proa y hacer una travesía de varios miles de millas (inevitablemente desviada además) con el fin de llegar a un puerto civilizado en la costa de América del Sur.

Los hombres del *Essex* fueron víctimas del momento concreto que les tocó vivir en la historia de la pesca de la ballena. Hacía sólo un año que se había descubierto la pesquería de Alta Mar. Unos cuantos años después, los barcos balleneros se alejarían tanto de la costa de América del Sur que se verían obligados a aprovisionarse en las islas del Pacífico Central, lo cual hizo que la apertura a occidente de las islas Marquesas y de la Sociedad fuese un hecho consumado. Pero en noviembre de 1820, estas islas estaban fuera de los límites de lo que, a su modo de ver, eran conocimientos dignos de confianza.

Las gentes de Nantucket sospechaban de todo lo que estuviera más allá de su experiencia directa. El gran éxito que habían alcanzado en la pesca del cachalote no era fruto de avances radicales en el campo de la tecnología ni de su disposición a correr grandes riesgos, sino que nacía de un conservadurismo profundo. Edificando poco a poco sobre los logros de las generaciones anteriores, habían ampliado su imperio ballenero de una manera sumamente deliberada e industriosa. Sospechaban de toda información nueva que no obtuvieran de labios de otro hijo de Nantucket.

Al desdeñar las islas de la Sociedad y dirigirse a América del Sur, los oficiales del *Essex* optaron por arriesgarse en un elemento que conocían bien: el mar. «El oficio de ballenero representa, sobre todo, vivir en el océano —escribió Obed Macy—. El mar, para los navegantes en general, no es más que un camino real que lleva a los mercados del extranjero; mas para el ballenero es su campo de trabajo, es la sede social de su negocio.»

O, como escribiría Melville en el capítulo «Nantucket» de *Moby Dick*: «Sólo el hombre de Nantucket reside en el mar y lo recorre a sus anchas; sólo él, como dice la Biblia, desciende a la mar en navíos, arándolo de aquí allá como si de su propia plantación se tratase. Allí está su hogar; allí tiene su negocio, que no interrumpiría ni una inundación como la que Noé soportó, aunque arrasara China con todos sus millones de habitantes».

Para estos hombres de Nantucket la perspectiva de hacer un largo viaje en unos botes de poco más de seis metros de eslora era realmente desalentadora, pero era una empresa para la que estaban preparados. Después de todo, sus embarcaciones no eran simples botes salvavidas, difíciles de maniobrar, sino balleneras, embarcaciones concebidas para navegar en alta mar y obtener de ellas un gran rendimiento. Una ballenera se construía con tablones de cedro ligeros, de poco más de un centímetro de grosor, y poseía la flotabilidad necesaria para navegar · sobre las olas en vez de hendirlas. «No hubiera cambiado [mi bote], pese a ser viejo y destartalado —afirmó Chase— ni siquiera por una chalupa», una embarcación sólida como la que el capitán Bligh había empleado para navegar más de cuatro mil millas después del motín del *Bounty,* tres decenios antes.

Los riesgos de la pesca del cachalote habían dado a los marineros de Nantucket una gran capacidad de resistencia a los peligros y los sufrimientos. Los coletazos de los cachalotes los habían lanzado por los aires; habían pasado horas aferrados a los restos de una ballenera después de que ésta zozobrara en un mar frío y agitado. «Estamos tan acostumbrados a la continua repetición de escenas como éstas —escribió Chase— que nos familiarizamos con ellas y, por tanto, tenemos siempre la confianza y la serenidad que nos enseñan todos los recursos para salir del peligro y que habitúan el cuerpo, así como la mente, a la fatiga, las privaciones y el peligro, que en ciertos casos son increíbles.» En noviembre de 1820, sólo en un marinero de Nantucket podía darse la combinación de arrogancia, ignorancia y xenofobia necesaria para rechazar una isla atractiva (aunque desconocida) y escoger en su lugar un viaje de varios miles de millas en alta mar.

Pollard era consciente de su error, pero en vez de imponer su autoridad e insistir en que sus oficiales hicieran lo que les había propuesto, es decir, dirigirse a las islas de la Sociedad, optó por ejercer el mando de forma más democrática. Hoy día, los psicólogos especializados en supervivencia han determinado que esta forma de liderazgo «social» —a diferencia del liderazgo «autoritario»— es poco apropiada para los primeros momentos después de un desastre, en los cuales las decisiones deben tomarse con rapidez y firmeza. Sólo más tarde, cuando la terrible experiencia se prolonga y es necesario mantener la moral, adquieren importancia las habilidades para el liderazgo social.

Los balleneros del siglo XIX comprendían claramente los dos métodos. De un capitán se esperaba que fuera autoritario, lo que en Nantucket se conocía como un *fishy man*, «un hombre avezado». A un hombre avezado le encantaba matar cetáceos y no tenía tendencia a dudar de sí mismo ni a la introspección, es decir, a lo que podía impedirle tomar decisiones rápidas. Llamarle «avezado hasta la médula» era el mayor cumplido que podían hacerle a un natural de Nantucket y quería decir que estaba destinado a ser capitán, si no lo era ya.

De los oficiales, sin embargo, se esperaba que atenuaran su condición de hombres avezados con una forma más personal, incluso extrovertida, de abordar las cosas. Después de imponerse a los manos verdes al empezar el viaje —momento en que se ganaban su merecida fama de «escupe fuego»—, los oficiales procuraban inculcar un sentido de cooperación entre los hombres. Esto les exigía ser sensibles a los cambios de humor de los tripulantes y a mantener abiertas las líneas de comunicación.

Los marineros de Nantucket reconocían que el puesto de capitán y el de primer oficial requerían personalidades contrarias. No todos los oficiales reunían las cualidades que hacían falta para llegar a capitán, y eran muchos los futuros capitanes que no tenían la paciencia que se necesitaba para ser buenos oficiales. Un dicho de la isla afirmaba: «Es una lástima echar a perder un buen oficial nombrándolo capitán».

El comportamiento de Pollard, tanto después de zozobrar en la corriente del Golfo como después del ataque del cetáceo, indica que carecía de la resolución que le hubiera permitido imponerse a sus dos oficiales, que eran más jóvenes y más inexpertos que él. Al tratar a los demás con deferencia, Pollard se comportaba menos como capitán y más como el oficial veterano que describió William H. Macy, que era de Nantucket: «No era capaz de alabarse a sí mismo, y a veces desconfiaba de sus propias facultades, aunque generalmente estaba a la altura de cualquier situación apurada que se presentara. A veces, esta falta de confianza le hacía titubear, cuando un hombre más impulsivo o menos dado a meditar hubiera actuado de inmediato. En el transcurso de su carrera había visto ascender a muchos jóvenes "avezados" pasando por encima de él».

Los armadores albergaban la esperanza de combinar un capitán avezado y enérgico con un oficial accesible y estable. Pero debido a que en 1819 había en Nantucket mucha actividad y resultaba difícil encontrar personal, el *Essex* había acabado teniendo un capitán con instintos y alma de oficial y un oficial cuya ambición y energía eran propias de un capitán. En lugar de dar una orden e insistir en ella, Pollard se comportaba como un oficial y tendía a escuchar a los demás. De esta manera ofrecía a Chase —que no tenía ningún reparo en decir lo que pensaba— la oportunidad de imponer su propia voluntad. Para bien o para mal, en gran parte la suerte que correrían los hombres del *Essex* no la determinaría su tímido capitán, sino su enérgico y avezado oficial.

Ahora que habían trazado un plan, era el momento de dividir la tripulación entre las tres balleneras. Como la de Chase era la que se encontraba en peor estado, llevaría sólo seis tripulantes, mientras que los otros botes tendrían que llevar siete hombres cada uno.

Al empezar el viaje, la principal consideración de los oficiales al escoger a un hombre para que tripulase un bote había sido si era o no de Nantucket. Después de un desastre, los lazos familiares y de amistad se sienten, si cabe, todavía con más fuerza, y es evidente que el exclusivismo de los de Nantucket, intensificado ahora, influyó mucho en la composición de las tres tripulaciones. Lo mismo cabe decir del rango. De los veinte hombres que formaban la tripulación, nueve habían nacido en Nantucket, cinco eran blancos de otros lugares y seis eran afroamericanos. A Pollard, por ser el capitán, le asignaron la mayoría de los hombres de Nantucket: cinco de sus siete tripulantes. Chase logró hacerse con dos, junto con dos blancos del cabo Cod y un negro. Pero el segundo oficial, Matthew Joy, el oficial más joven del *Essex*, se encontró sin un solo marinero de Nantucket; en vez de ello, le tocó llevar a cuatro de los seis negros.

Pollard se sentía personalmente responsable del bienestar de los jóvenes de Nantucket que iban a bordo del *Essex*, y por ello se aseguró de que su primo de dieciocho años, Owen Coffin, y los dos amigos de la infancia de Owen, Charles Ramsdell y Barzillai Ray, viajaran en su bote. Como Thomas Nickerson era el remero de popa de Chase, no haría el viaje con los demás jóvenes y tendría que arreglárselas como mejor pudiera en la ballenera con más vías de agua de las tres. Visto desde la perspectiva de un hijo de Nantucket, sin embargo, el bote de Chase era preferible al de Joy.

Aunque era originaria de Nantucket, la familia de Joy se había trasladado al recién fundado puerto ballenero de Hudson, en Nueva York. Según Chase, Joy ya padecía alguna enfermedad no diagnosticada, posiblemente tuberculosis, mucho antes del naufragio. Por estar enfermo de gravedad y no ser natural de Nantucket, Joy sólo llevaría *coofs* en su bote. Si en una situación apurada la supervivencia de un grupo depende de un liderazgo fuerte y activo, los seis miembros de la tripulación de Joy se encontraron en desventaja desde el primer momento. Los de Nantucket habían hecho todo lo posible para cuidar de los suyos.

La totalidad de los veinte hombres se hallaba nominalmente bajo el mando del capitán Pollard, pero cada una de las tripulaciones siguió siendo una entidad autónoma que en cualquier momento podía verse separada de las otras. Cada uno de los botes dispondría de unos noventa kilos de galleta, doscientos cuarenta y seis litros de agua y dos de las tortugas que se habían llevado de las Galápagos. Para tener la seguridad de que se mantendría la disciplina incluso en las circunstancias más arduas, Pollard dio una pistola y un poco de pólvora a cada oficial y él se quedó con un mosquete.

A las doce y media —cuando aún no había transcurrido media hora desde que los oficiales convocaran el consejo— emprendieron el viaje bajo una fuerte brisa. Según Nickerson, las balleneras, aparejadas como goletas, ofrecían «un bello espectáculo al ponernos en marcha por primera vez». Los hombres estaban más desanimados que nunca. A medida que se alejaban rápidamente del *Essex*, empezaron a darse cuenta de lo que Nickerson llamó «el delgado hilo del cual pendían nuestras vidas».

Separarse definitivamente de su barco les afectó a todos. Ni siquiera el estoico Chase pudo evitar maravillarse de cómo «contemplamos nuestro barco destrozado y hundido con un cariño y un pesar tan excesivos [...]. Parecía como si al abandonarlo nos hubiéramos despedido de toda esperanza». Los marineros se miraron con expresión asustada, mientras sus ojos buscaban los restos que iban quedando atrás, «como si el barco —dijo Nickerson— pudiera salvarnos del destino que parecía esperarnos».

A las cuatro de la tarde ya habían perdido el *Essex* de vista. La moral de los hombres empezó a mejorar casi inmediatamente. Nickerson intuyó que, al no verse atormentados por el espectáculo del barco inutilizado, «[nos habíamos] liberado de un hechizo que nos había cautivado». Se atrevió a afirmar que «ahora que nuestro pensamiento estaba preparado para lo peor, la mitad de la lucha había pasado». Sin posibilidad de volver atrás, sólo tenían un recurso: atenerse al plan.

7

EN EL MAR

Cuando empezó a oscurecer al final del primer día, el viento arreció y levantó pequeñas olas. Las balleneras del *Essex* eran embarcaciones híbridas —construidas para navegar impulsadas por remos pero adaptadas ahora a la vela— y sus tripulantes aún no sabían cómo iban a responder. En vez de timón, cada bote estaba dotado de espadilla. Este instrumento, que era pesado y medía cinco metros aproximadamente, permitía que una ballenera que navegase a remo diese una vuelta completa, pero no era tan eficaz para gobernar una embarcación de vela y requería que el timonel permaneciese de pie junto a él. En esta primera etapa del viaje, las balleneras iban peligrosamente sobrecargadas. En vez de unos doscientos veinte kilos de material para pescar ballenas, en cada una de ellas había cerca de cuatrocientos cincuenta kilos de pan, agua y tortugas, y las olas pasaban por encima de la borda reforzada y empapaban a los hombres. Además, los botes carecían de orzas o talones de codaste que les ayudaran a surcar las olas, lo cual obligaba a los timoneles a mover vigorosamente la espadilla mientras los pequeños y sobrecargados botes zigzagueaban en el mar turbulento.

Cada tripulación estaba dividida en dos guardias. Mientras la mitad de los hombres trataba de descansar —acurrucados con las tortugas en el fondo del bote o apoyados incómodamente en los bancos—, los otros se encargaban de gobernar la ballenera, atender a las velas y achicar el agua. También procuraban no perder de vista los otros botes, que a veces desaparecían por completo al vaivén del oleaje.

Al ponerse en marcha, habían decidido esforzarse al máximo por mantener las tres balleneras juntas. Si permanecían juntas, podían ayudarse en caso de apuro y darse ánimos mutuamente. «Sin la ayuda y el aliento de unos a otros —comentó Chase—, había entre nosotros muchos hombres pusilánimes que, de ello estoy seguro, se hubieran hundido bajo el sombrío recuerdo de la catástrofe y que no tenían el sentido ni la firmeza suficientes para hacer frente a nuestro destino si otros más decididos que ellos no les infundían ánimos.»

Tenían también una razón más práctica para permanecer juntos: no había suficientes instrumentos de navegación para todos. Pollard y Chase disponían de sendas brújulas, cuadrantes y ejemplares del *Navigator* de Bowditch, pero Joy no tenía nada. Si su embarcación se apartaba de las otras, se extraviaría en medio del océano.

Se hizo de noche. Si bien la luz de la luna y de las estrellas aún permitía ver la palidez fantasmal de las velas de las balleneras, el campo visual de los hombres disminuyó muchísimo en la oscuridad a la vez que aumentaba su percepción de los sonidos. Las tablas de las balleneras estaban dispuestas en tingladillo (montadas unas sobre otras, como las tablas de una casa de madera) y esto las hacía mucho más ruidosas que una embarcación de fondo liso, y el silbido insistente y aflautado del agua al lamer los costados de las balleneras les acompañaría durante todo el viaje.

Incluso de noche los tripulantes podían mantener una animada conversación entre las tres balleneras. El tema que estaba en la mente de todos era, por supuesto, «las posibilidades y las perspectivas de nuestra salvación». Todos estaban de acuerdo en que la mejor probabilidad de sobrevivir consistía en encontrarse con algún barco ballenero. El *Essex* se había hundido unas trescientas millas al norte de la pesquería de Alta Mar. Todavía les faltaban unos cinco días de navegación para llegar a la pesquería, donde esperaban desesperadamente encontrar algún barco ballenero.

Una circunstancia a su favor era que, a diferencia de los barcos mercantes, los balleneros casi siempre llevaban un vigía en lo alto del calcés, lo que aumentaba las probabilidades de que les vieran cuando estuviesen en la zona donde se pescaban ballenas. Contra ellos estaba la inmensidad de la pesquería de Alta Mar. Abarcaba una enorme extensión del océano: más del doble de la superficie del estado de Texas, un rectángulo de unas trescientas millas de norte a sur y casi dos mil millas de este a oeste. En aquel momento había por lo menos siete barcos balleneros en la pesquería de Alta Mar. Pero aunque hubiera el doble, pocas eran las probabilidades de que algún barco avistase tres balleneras que cruzaban la pesquería (cuya travesía quizá requería sólo cuatro o cinco días).

Una posibilidad era pasar más tiempo en la pesquería de Alta Mar y buscar activamente barcos balleneros. Pero era arriesgado. Si recorrían la zona en busca de un barco y no lo encontraban, disminuirían sus probabilidades de llegar a América del Sur antes de que se les agotaran las provisiones. De hecho, entrarían por el extremo occidental de la pesquería y les costaría poner proa al este contra los alisios del sureste.

Otro factor influyó también en la decisión de continuar con el plan original. Después de ser víctimas de un ataque aparentemente fortuito e inexplicable, los hombres sentían una tremenda necesidad de recuperar como mínimo cierto control de su propio destino. Según Chase, la posibilidad de que les avistara un barco ballenero no «dependería de nuestros propios esfuerzos, sino de la casualidad y nada más». Llegar a América del Sur, en cambio, dependía «de lo que hiciéramos nosotros mismos». Desde el punto de vista de Chase, esto era importantísimo y exigía que no «perdieran de vista, ni un solo momento, las grandes probabilidades de que, al amparo de la divina providencia, llegáramos a tierra por la ruta que nos habíamos trazado».

Para que el plan diese buen resultado tenían que cumplir un requisito ineludible: hacer que sus provisiones duraran dos meses. Cada hombre recibiría ciento setenta gramos de galleta y medio litro de agua al día. La galleta era pan sin levadura que se elaboraba con harina y agua. Se cocía dos veces para que fuese duro como la piedra y no se estropease, y había que romperlo en pequeños trozos o remojarlo en agua antes de comerlo si el marinero no quería romperse un diente.

La ración diaria equivalía a seis rebanadas de pan y proporcionaba alrededor de quinientas calorías. Chase calculó que esto representaba menos de un tercio del alimento que necesitaba «un hombre normal». Según la dietética moderna, en el caso de una persona de un metro setenta de estatura y unos sesenta y seis kilos de peso, estas provisiones satisfacían alrededor de una cuarta parte de sus necesidades energéticas diarias. Es cierto que los hombres del *Essex* tenían algo más que pan; tenían tortugas. Cada tortuga era un recipiente de carne fresca, grasa y sangre que podía proporcionar hasta cuatro mil quinientas calorías por hombre, el equivalente de nueve días de galleta. Sin embargo, incluso aumentándolas con las tortugas, sus raciones diarias representaban una dieta de hambre. Todos sabían que si lograban llegar a América del Sur en sesenta días, serían poco más que esqueletos que respiraban.

Pero no tardarían en descubrir que su mayor preocupación no era la comida, sino el agua. El cuerpo humano, que se compone de agua en un 70 por ciento, requiere un mínimo de tres cuartos de litro diarios para eliminar las sustancias de desecho. Los hombres del *Essex* tendrían que arreglárselas con la mitad de dicha cantidad. Si apretaba el calor, el déficit no haría más que aumentar.

La primera noche del viaje, Chase, Pollard y Joy distribuyeron las raciones de pan y agua entre sus tripulaciones. Habían pasado dos días desde el hundimiento y los hombres volvían a mostrar interés por la comida; se comieron el pan rápidamente. Había otra cosa que anhelaban: el tabaco. Un pescador de ballenas casi siempre tenía un poco de tabaco de mascar en la boca y consumía más de treinta kilos de tabaco en un solo viaje. Además de todas las penalidades, la tripulación del *Essex* tenía que vérselas con los nervios propios del síndrome de abstinencia del adicto a la nicotina.

Después de la frugal comida, los hombres que no estaban de guardia se dispusieron a dormir. «Las guardias y las angustias de las dos noches anteriores acabaron venciendo a la naturaleza —recordó Chase— y nos quedamos dormidos sin darnos cuenta.» Pero mientras sus hombres se sumían en lo que él pensó que era un sopor tranquilo, Chase se encontró despierto en medio de una pesadilla.

Sin poder dormir por tercera noche consecutiva, continuó pensando de forma obsesiva en las circunstancias del hundimiento del barco. No podía quitarse el animal de la cabeza: «El horrible aspecto del cachalote y su venganza acaparaban por completo mis reflexiones». En sus intentos desesperados por explicarse por qué un animal normalmente pasivo podía convertirse de súbito en un predador, Chase se veía acosado por algo que los psicólogos denominan «recuerdo atormentador», que es una forma común de reaccionar a los desastres. El superviviente se ve obligado a revivir el trauma una y otra vez y encuentra unas fuerzas ocultas y mayores que actúan por medio del incidente. El filósofo William James sintió personalmente esta compulsión algunos años más tarde. Después del terremoto que en 1906 destruyó San Francisco, escribió: «Ahora me doy cuenta de cuán inevitables eran las anteriores versiones mitológicas [del desastre] de los hombres y cuán artificiales y contrarias a nuestra percepción espontánea son los hábitos posteriores que nos inculca la ciencia».

Para la mayoría de las víctimas de los desastres, las repetidas visiones del recuerdo atormentador tienen valor terapéutico y poco a poco liberan a la persona de las angustias que, de otra manera, podrían obstaculizar su capacidad de sobrevivir. Algunas personas, sin embargo, no consiguen liberarse del recuerdo. Melville, basándose en la crónica de Chase, presentaría a su capitán Ahab como un hombre que nunca salió de los abismos psíquicos en los cuales se había sumergido Chase durante las tres últimas noches. Del mismo modo que Chase estaba convencido de que el cachalote que atacó al *Essex* mostraba una «maldad decidida, calculadora», atormentaba a Ahab la «fuerza insultante, fortalecida por una malicia inescrutable» de la ballena blanca. Encerrado en su propia cámara de los horrores, Ahab decidió que la única forma de escapar era perseguir y matar a *Moby Dick*: «¿Cómo puede el prisionero salir fuera si no es embistiendo la muralla para atravesarla? Para mí, la ballena blanca es esa muralla que me rodea». Chase, a bordo de un bote pequeñísimo, a más de miles de millas de tierra, no tenía la posibilidad de vengarse. Ahab luchaba contra un símbolo; Chase y sus compañeros de a bordo luchaban por sus vidas.

A la mañana siguiente, se sintieron muy aliviados al ver que los tres botes continuaban juntos después de una noche de vientos fuertes. El viento arreció durante el día y tuvieron que tomar rizos. Los aparejos de goleta que llevaban las balleneras podían adaptarse con facilidad a los cambios del estado del tiempo y, después de antagallar las velas, según recordó Chase, los hombres «no hallaron ningún peligro muy grande en la violencia del viento». Con todo, continuaron padeciendo los efectos del mar agitado. Las salpicaduras los mojaban constantemente y habían empezado a salirles llagas dolorosas en la piel que los violentos bandazos que daban los botes no hacían más que exacerbar.

Chase encontró una serie de cosas útiles en su baúl: una navaja, una piedra de afilar, tres anzuelos pequeños, una pastilla de jabón, un traje, un lápiz y diez hojas de papel de carta. Como primer oficial, Chase había sido el encargado de llevar el cuaderno de bitácora del *Essex*, y ahora, utilizando el lápiz y el papel, intentó escribir una «especie de diario de navegación», a pesar del horrendo estado del tiempo. «Fue con gran dificultad... que pude llevar algún tipo de diario —recordó Chase—, debido al incesante balanceo, a la inestabilidad de la embarcación y a las salpicaduras que continuamente caían sobre nosotros.»

Al llevar el diario, Chase hizo algo más que cumplir una obligación oficial; también satisfizo una necesidad personal. Con frecuencia la posibilidad de expresar sus sentimientos —ya sea llevando un diario o escribiendo cartas— permite al superviviente distanciarse de sus temores. Después de empezar su diario extraoficial, Chase no volvería a pasar otra noche en blanco atormentado por el recuerdo del cachalote.

Había otros rituales cotidianos. Todas las mañanas se afeitaban con el mismo cuchillo que Chase usaba para sacar punta al lápiz. Benjamin Lawrence se pasaba parte del día retorciendo hebras sueltas de soga para confeccionar un cordel que cada vez era más largo. El arponero juró que si alguna vez salía vivo de la ballenera, guardaría el cordel en recuerdo de la dura prueba.

Al mediodía se detenían para efectuar una observación. No era fácil determinar el ángulo del sol con un cuadrante en un bote pequeño y zarandeado por las olas. Su mejor cálculo les situó a 0° 58′ de latitud sur. Era un dato alentador. No sólo habían vuelto a cruzar el ecuador, sino que, además, habían recorrido aproximadamente setenta y una millas náuticas desde que abandonaran el lugar del naufragio el día antes, lo cual significaba que habían superado su objetivo diario de sesenta millas. Por la tarde amainó el viento y pudieron largar rizos y secar su ropa mojada al sol.

Pollard decidió renunciar «por completo a la idea de calcular correctamente la longitud». Para obtener una estima exacta de la posición de un barco, es necesario llevar la cuenta tanto de su posición norte-sur o latitud como de su posición este-oeste o longitud. Una observación efectuada al mediodía con un cuadrante indica sólo la latitud. Si un navegante de 1820 tenía un cronómetro —reloj de excepcional precisión concebido para resistir los rigores de estar guardado en un barco—, podía comparar la hora de su observación de mediodía con la hora de Greenwich, en Inglaterra, y calcular su longitud. Pero en aquel tiempo los cronómetros costaban mucho dinero y no eran de uso común en los barcos balleneros de Nantucket.

En vez de ello, se hacía lo que se llamaba una «observación lunar» o sencillamente una «lunar». Era un proceso complicadísimo que suponía hasta tres horas de cálculos para poder determinar a qué longitud se encontraba el barco, lo cual era imposible en una ballenera. Además, según Nickerson, Pollard aún no había aprendido a hacer una lunar.

Quedaba la estima. Los oficiales de todos los barcos anotaban cuidadosamente su derrota, de acuerdo con las indicaciones de la brújula y su velocidad. Para medir ésta se arrojaba al agua una cuerda anudada con un trozo de madera en el extremo (llamada «corredera») y se comprobaba qué proporción de la misma (esto es, cuántos «nudos») salía en un espacio de tiempo determinado. Para medir el tiempo se utilizaba un reloj de arena o ampolleta. Se anotaban la velocidad y la dirección del barco y se pasaban estos datos a una carta de navegación en la que el capitán determinaba la posición estimada del barco.

Al encontrarse en situaciones parecidas, los supervivientes de otras catástrofes marítimas —entre los que destacaba el capitán Bligh del *Bounty*— lograron navegar felizmente basándose en la estima. Poco después de que le abandonaran en medio del océano Pacífico en una chalupa, el capitán Bligh confeccionó su propia corredera y enseñó a sus hombres a contar los segundos mientras la corredera salía. Los cálculos de la latitud y la longitud que hizo Bligh resultaron asombrosamente exactos y le permitieron encontrar la lejana isla de Timor. Fue una de las hazañas más grandes de la historia de la navegación.

Chase explicó que «al no tener reloj ni corredera», decidieron que era inútil calcular su longitud. Si nos basamos en su incapacidad para hacer una lunar, cabe pensar que Pollard no era un navegante especialmente hábil, aunque tampoco podemos acusarle de inepto. Eran muchos los capitanes que también navegaban basándose en la estima y que, al igual que Pollard, nunca pensaron que se encontrarían en semejante situación. Después de renunciar por completo a calcular su longitud, Pollard y sus hombres navegarían a ciegas y no tendrían ninguna manera de determinar la distancia entre ellos y América del Sur.

Por la tarde, un grupo de tortugas rodeó las tres embarcaciones y las siguió hasta mucho después de ponerse el sol. Aquella noche el viento arreció hasta casi convertirse en una tormenta. Chase y su tripulación vieron con horror que las tablas de su viejo bote se movían y se torcían por efecto de las olas. Nickerson afirmó que la ballenera se encontraba en tan mal estado que en circunstancias normales no se hubiera sentido seguro viajando diez millas en ella, y mucho menos los miles que tenían por delante.

Al llegar la mañana del viernes 24 de noviembre, el tercer día que pasaban en las balleneras, las olas eran «muy grandes», según Chase, «y aumentaron, si ello era posible, la extrema incomodidad de nuestra situación». Nickerson comentó que si hubieran estado a bordo del *Essex*, el viento no les hubiese parecido fuera de lo común, pero ahora, según dijo, «en nuestros precarios botes equivalía a una galerna, y nos tenía constantemente mojados y helados hasta los huesos». Aquel día una ola inmensa rompió sobre la embarcación de Chase y casi la llenó de agua. La embarcación inundada amenazaba con zozobrar, y los barriles, las tortugas y el baúl de Chase subieron flotando desde el fondo y chocaron con los hombres. Se pusieron a achicar el bote frenéticamente, a sabiendas de que la siguiente ola podía hundirlos.

Después de poner el bote fuera de peligro, descubrieron que el agua había empapado parte de la galleta, que habían envuelto cuidadosamente con lona. Hicieron cuanto pudieron por salvar tanto pan mojado como fuera posible; durante los días siguientes aprovecharían todas las oportunidades para secarlo al sol. Aunque de esta manera lograron salvar las provisiones de una «ruina total», como dijo Nickerson, la sal se había filtrado en el pan, y eso era lo peor que podía ocurrir a unos cuerpos que, como los suyos, ya se veían privados de agua. «Siendo el pan nuestra única esperanza —recordó Nickerson—, esto hizo que nuestra perspectiva general fuese desalentadora.» La perspectiva no hizo más que empeorar cuando supieron que el agua también había malogrado parte del pan que Pollard llevaba en su bote. Unos cuantos días antes, los oficiales habían mantenido cierta fe en «los medios humanos de que disponíamos»; después de lo ocurrido, reconocieron «nuestra total dependencia de la ayuda divina, ahora todavía más necesaria».

A las ocho de la mañana siguiente, el hombre encargado de achicar la embarcación de Chase empezó a alarmarse. Por más que se esforzara, no podía ir más deprisa que el agua, que subía sin parar. Avisó al resto de la tripulación de que su ballenera se estaba hundiendo. Los seis hombres sin excepción se pusieron a buscar la nueva vía de agua, hurgando desesperadamente el fondo inundado, palpando los costados de la embarcación para detectar la entrada de agua. No descubrieron el problema hasta después de levantar el fondo: una de las tablas de la amura se había desprendido del casco y el agua entraba a raudales. La vía estaba unos quince centímetros por debajo de la línea de flotación, y si querían repararla, necesitaban idear alguna manera de llegar a ella desde fuera.

La tabla suelta estaba en el lado de estribor o sotavento, y Chase puso en facha la embarcación inmediatamente, utilizando la espadilla para que el bote recibiera el viento en el otro costado, con lo cual la vía de agua quedó a barlovento; Chase tenía la esperanza de que podrían escorar el bote lo suficiente para que el agujero quedase por encima de la superficie del mar.

Al observar que Chase viraba de repente, Pollard cambió de rumbo y se dirigió hacia el primer oficial. Después de tomar rizos, Pollard se acercó y preguntó qué pasaba.

Ahora que el bote del capitán estaba a su lado, Chase ordenó a sus hombres que se colocaran en el costado de babor, tan cerca de la popa como fuera posible, con lo cual levantaron la amura en el aire. Desde la ballenera de Pollard, el primer oficial y el capitán intentaron sujetar la proa para que no se moviera, volver a colocar la tabla en su sitio y clavarla. El margen de error era escaso. En la tabla ya había muchos agujeros de clavos y era de la mayor importancia que los clavos nuevos no coincidieran con ninguno de ellos. Aunque el bote se movía de forma incesante a causa de las olas, Chase y Pollard lograron «meter unos cuantos clavos, y asegurar [la tabla], muy por encima de nuestras expectativas». Al poco rato, las tres embarcaciones volvían a navegar con rumbo sur.

«Este pequeño incidente, aunque tal vez parezca poco importante —recordó Nickerson— [causó] entre nosotros la mayor excitación.» Fue una demostración clara de que sus balleneras podían deshacerse en cualquier momento y los hombres vieron «con gran pesimismo nuestras perspectivas naturales de salvarnos». Sabían que cuanto más durase la terrible prueba, más sufrirían los botes a causa de «los fuertes y repetidos embates del oleaje». Bastaría con que saltase un solo clavo para que una de las balleneras se perdiera para siempre.

El día había sido especialmente duro para los hombres de Chase. Aquella noche, Richard Peterson, el único afroamericano que iba en su embarcación, rezó y cantó unos cuantos himnos con ellos. Nickerson recordó cómo las palabras y los cánticos del «piadoso anciano de color [...] apartaron nuestros pensamientos de las desdichas en que nos encontrábamos para buscar la salvación por obra de un poder más elevado». A pesar de aquel consuelo, la mañana del 26 de noviembre el cauto optimismo con que los hombres habían empezado el viaje en las balleneras había dado paso a la desesperación.

Durante los cuatro últimos días, el tiempo ventoso y nublado había impedido llevar a cabo observaciones. Basándose en el rumbo que marcaba la brújula, con las velas aferradas con fuerza para que no cogieran los alisios del sureste, sabían que habían estado navegando paralelamente a la costa de América del Sur, y no hacia ella. También sabían que sus embarcaciones, que carecían de orzas, tendían a desviarse a sotavento. A causa de esta desviación, seguramente se encontraban muy al oeste de donde deberían haber estado. Pese a haber avanzado significativamente hacia el sur, no estaban más cerca de su destino final. Ya nadie expresaba la esperanza de que los salvara un barco ballenero que pasase junto a ellos. «Contemplábamos —escribió Chase—, no sin un temor y una angustia extremos, la negra y descorazonadora perspectiva que teníamos delante.»

Aquella tarde la brisa amainó, se hizo más llevadera y les permitió poner su pan mojado al sol para que se secase. Entonces el viento cambió de dirección y poco a poco empezó a soplar hacia el norte. Por primera vez desde que dejaran el *Essex* podían navegar sin problemas hacia América del Sur. Los hombres empezaron a decir que llegarían mucho antes de lo previsto si el viento se mantenía.

Pero no iba a ser así. Al día siguiente, el viento volvió a cambiar de dirección y a soplar hacia el este, lo cual «puso fin a las perspectivas halagüeñas de que el viaje fuese rápido». Como si quisiera burlarse de ellos, al día siguiente el viento varió aún más, en dirección este-sureste. Luego empezó a soplar con fuerza.

Aquella noche arrizaron velas y empezaron a albergar un gran temor a que pudieran separarse en la oscuridad. Para impedir que ocurriera eso, la tripulación del *Union*, el barco de Nantucket que chocó sin querer con una ballena en 1807, ató los botes unos a otros al hacerse de noche. Pero era un obstáculo para navegar. Los oficiales del *Essex* —tan empeñados en llegar a la lejana costa de América del Sur— eran reacios a hacer algo que comprometiera la velocidad de sus botes. En lugar de atarse unos a otros, optaron por navegar en una especie de formación, con Chase delante, Pollard en medio y Joy cerrando la marcha. Si conseguían mantener una distancia de menos de unos treinta metros unos de otros, cada ballenera podría ver en todo momento las velas blancas de las otras en la oscuridad.

Alrededor de las siete, Chase se acostó en el fondo de su embarcación. Acababa de quedarse dormido cuando le despertó un grito de uno de sus hombres. El hombre le dijo que el capitán Pollard les estaba llamando en la oscuridad. Chase se incorporó y aguzó el oído. En medio de los aullidos del viento y el bramido de las olas, pudo oír a Pollard gritando a Joy, cuyo bote era el que estaba más cerca de él. Chase viró para dirigirse hacia las otras dos embarcaciones, que a duras penas eran visibles entre las tinieblas de la noche sin luna, y preguntó qué pasaba. Habida cuenta de lo que le había sucedido al *Essex* hacía sólo una semana, la respuesta pareció un chiste de pésimo gusto.

Pollard les dijo que una ballena había atacado su bote.

No había sido un cachalote, sino una ballena asesina, que es un animal más pequeño pero más agresivo. Estos cetáceos, que pesan entre ocho y doce toneladas, se alimentan de animales de sangre caliente como, por ejemplo, los delfines y las focas. Cazan en grupo y se sabe que han atacado y matado a cachalotes. Se han documentado casos de ballenas asesinas, llamadas también «orcas», que embistieron repetidas veces, hasta hundirlos, contra yates de vela construidos con madera.

Pollard explicó que, sin la menor provocación por su parte, la ballena había dado un cabezazo a su bote y de un mordisco había arrancado buena parte de él. Luego se había puesto a «juguetear», golpeándola con la cabeza y la cola del mismo modo que un gato juguetea con un ratón, hasta que finalmente había vuelto a atacar, rompiendo esta vez la roda. Mientras la ballena agitaba el agua a su alrededor, los hombres cogieron las dos pértigas que sostenían las puntas de las velas (llamadas «botavaras») y pincharon varias veces los costados del animal. Chase llegó en el momento en que Pollard y sus hombres conseguían repeler a la ballena, que se fue nadando.

Como su embarcación había empezado a inundarse, Pollard ordenó a sus hombres que trasladaran las provisiones a las otras lanchas. Los tres botes pasaron toda la noche amontonados en medio del oleaje. La vista no llegaba muy lejos en la oscuridad impenetrable y los hombres dejaron que la imaginación llenara el vacío con sus temores. Durante la última semana habían tenido que soportar vientos fuertes, se les había estropeado parte de las provisiones y algunos botes habían hecho agua. El ataque de otro cetáceo había sido el remate: «Nos pareció que el destino era implacable al perseguirnos con semejante cúmulo de crueles desastres». Tenían los ojos puestos en la negra superficie del agua, convencidos de que la ballena volvería a aparecer. «No dejábamos de temer que el animal reanudara su ataque, en algún momento de la noche, contra una de las otras embarcaciones, y nos destruyese inesperadamente.» Al perder la protección de su barco, los cazadores se habían convertido en la presa.

A la mañana siguiente repararon rápidamente el bote de Pollard clavando listones de madera a lo largo del interior de la sección rota. De nuevo se pusieron en marcha, esta vez bajo una fuerte brisa del sureste. Durante el día, los hombres de la ballenera de Chase empezaron a experimentar una terrible sensación de sed, un anhelo de agua que impedía pensar en nada más. A pesar de la sequedad de la boca, hablaban compulsivamente de sus deseos. Sólo poco a poco se dieron cuenta de la causa de su aflicción.

El día antes habían empezado a comer el pan estropeado por el agua de mar. El pan, que habían secado cuidadosamente al sol, contenía ahora toda la sal del agua de mar pero, por supuesto, nada de agua. De hecho, lo que hacían los hombres, que ya estaban muy deshidratados, era echar gasolina al fuego de su sed al obligar a los riñones a extraer más líquido de su cuerpo para excretar la sal. Empezaban a padecer los efectos de una dolencia llamada «hipernatremia», en la cual una cantidad excesiva de sodio en la sangre puede provocar convulsiones.

«La falta de agua figura justificadamente entre las peores desgracias de nuestra vida —anotó Chase—. La violencia de la sed delirante no tiene parangón en el catálogo de las calamidades humanas.» Chase afirmó que fue ese día, el 28 de noviembre —el sexto día desde que se alejaran del lugar del naufragio— cuando «comenzaron nuestros sufrimientos extremos».

Incluso después de darse cuenta de que el pan era el causante de sus padecimientos, los hombres de la embarcación del primer oficial decidieron seguir comiendo las provisiones estropeadas. El pan se echaría a perder si no lo comían pronto y su plan dependía de sesenta días completos de provisiones. «Decidimos sufrir mientras dura-

172

sen la paciencia y la resistencia —escribió Chase—, pensando sólo en el alivio que sentiríamos cuando se agotaran las provisiones mojadas.»

Al día siguiente se hizo obvio que el esfuerzo de navegar en alta mar, día y noche, durante más de una semana empezaba a afectar a las embarcaciones. Las costuras iban deshaciéndose de forma gradual y ahora era necesario achicar constantemente las tres balleneras. La situación más desesperada era la del bote de Chase, pero el primer oficial se negaba a darse por vencido. Con el martillo en la mano, se ocupaba incluso de las reparaciones más triviales. «Siendo un hombre activo e ingenioso —recordó Nickerson—, [el primer oficial] no dejaba pasar ninguna oportunidad de añadir un clavo a modo de refuerzo» de los foques y las tablas de la embarcación. La actividad incesante ayudaba a los hombres a no pensar en la realidad de la situación. Estaban en la peor de las tres balleneras, pero tenían un líder que se había propuesto hacer cuanto pudiera por aplazar la destrucción del bote.

Aquella mañana apareció un grupo de delfines iridiscentes que rodeó los botes y los siguió durante la mayor parte del día. Los hombres pusieron retales de trapo blanco en uno de los anzuelos de Chase e intentaron, como dice Nickerson, «usar todos nuestros poderes de persuasión [...] para inducirlos a subir a bordo». Los peces resultaron «estar tan apegados a la vida como nosotros» y se negaron a picar.

Al día siguiente, el hambre ya era casi tan insoportable como la sed. El tiempo era bueno, el mejor que habían disfrutado desde que abandonaran el *Essex* ocho días antes, y Chase propuso que trataran de aplazar «el tormento de nuestros estómagos» comiéndose una de las tortugas. Accedieron todos de buena gana, y a la una de aquella tarde Chase empezó su disección. Primero pusieron la tortuga patas arriba. Mientras sus hombres sujetaban el hocico y las patas del animal, Chase lo degolló, cortando las arterias y las venas en los dos lados de las vértebras del cuello. Nickerson afirmó que «todos parecían muy impacientes por tener la oportunidad de beber la sangre que iba brotando de la herida del animal sacrificado», ansiando consumirla antes de que se coagulara.

Recogieron la sangre en el mismo vaso de hojalata que usaban para beber sus raciones de agua. A pesar de su terrible sed, algunos de los hombres no se sintieron con ánimos para beber la sangre. Chase, por su parte, se la tomó «como una medicina para aliviar la extrema sequedad de mi paladar».

Todos, sin embargo, se mostraron dispuestos a comer. Chase clavó su cuchillo en la piel áspera que había junto al cuello y fue siguiendo el borde del caparazón, moviendo el cuchillo como si fuese una sierra, hasta que pudo sacar la carne y las tripas. Con la ayuda de la caja de yesca que guardaban en el barril de utensilios para casos de apuro, encendieron fuego en el caparazón y cocieron el animal, «con entrañas y todo».

Después de diez días de comer sólo pan, los hombres se lanzaron con gula sobre la tortuga, desgarrando con los dientes la carne suculenta mientras el jugo caliente resbalaba por la costra de sal que cubría sus rostros. La necesidad instintiva de nutrición les llevó irresistiblemente al corazón y el hígado de la tortuga, que son ricos en vitaminas. Chase dijo que había sido «un ágape indeciblemente exquisito».

Su hambre era tan voraz que cuando empezaron a comer les costó dejarlo. Una tortuga de tamaño normal proporcionaría a cada hombre alrededor de un kilo de carne, una libra de grasa y por lo menos medio vaso de sangre, más de 4.500 calorías en total, el equivalente a una opípara cena del Día de Acción de Gracias. Aquello suponía introducir una tremenda cantidad de alimento en el estómago encogido de una persona que durante los últimos diez días había comido sólo 1,80 kilos de pan en total. Además, debido a la deshidratación, a los estómagos les costaría segregar los jugos gástricos que se requerían para digerir tanta comida. Pero ni Chase ni Nickerson dicen que guardaran una parte de la tortuga cocida para otro día. Comerse la tortuga era un placer que aquellos hombres famélicos no estaban dispuestos a aplazar. «Nuestros cuerpos se repusieron considerablemente —escribió Chase— y me sentí mucho más animado que en cualquier momento anterior.» Ahora se dieron cuenta de que en vez de cargar un máximo de dos tortugas vivas en cada ballenera, deberían haber sacrificado todos los animales que encontraron entre los restos del naufragio y cocinado su carne.

Por primera vez en varios días, el cielo estaba lo bastante despejado como para efectuar una observación al mediodía. La pínula de Pollard indicó que se acercaban a los 8° de latitud sur. Desde que abandonaran el *Essex* el 22 de noviembre, habían navegado unas quinientas millas, lo cual representaba un poco más de lo previsto, al menos en términos de la distancia recorrida en el agua. Aquella noche, con los huesos y el caparazón calcinado de la tortuga esparcidos por el fondo de la lancha, Richard Peterson volvió a rezar con los hombres.

Durante los tres días siguientes, el tiempo se mantuvo bonancible y despejado. El viento cambió de dirección y empezó a soplar hacia el norte, lo cual les permitió tomar rumbo a Perú. Con el estómago lleno, se atrevieron a creer que «nuestra situación no era en aquel momento [...] tan difícil como habíamos pensado al principio». Nickerson observó «cierto grado de tranquilidad y despreocupación, lo cual era raro entre personas que se encontraban en una situación desesperada como nosotros».

Sólo una cosa se interponía entre ellos y «un olvido momentáneo de nuestra situación real»: una sed feroz, insoportable. Según Chase, incluso después de consumir la tortuga y su sangre, seguían anhelando un largo trago de agua fresca: «De no haber sido por los dolores que nos causaba eso, hubiéramos saboreado, durante aquellos días de buen tiempo, una especie de placer».

El domingo 3 de diciembre comieron lo que quedaba del pan estropeado. Para los hombres del bote de Chase supuso un cambio. Al principio no se percataron de ello, pero a medida que fueron pasando los días y comían galleta en buen estado, «nuestras bocas empezaron a humedecerse y la fiebre reseca del paladar desapareció de forma imperceptible». Seguían estando gravemente deshidratados, cada vez más, pero ya no introducían cantidades excesivas de sal en sus cuerpos.

Aquella noche, después de que los hombres de la ballenera de Chase celebraran lo que Nickerson llamó «nuestra habitual reunión para rezar», el cielo se nubló y la luz de las estrellas dejó de iluminarles. Alrededor de las diez, Chase y Pollard perdieron de vista el bote de Joy. Su desaparición fue tan repentina que Nickerson temió que «algo los hubiera fulminado». Casi inmediatamente, Chase puso la ballenera en facha y colocó un farol en el calcés mientras sus hombres escudriñaban la oscuridad en busca de alguna señal de la embarcación del segundo oficial. Divisaron una lucecita que parpadeaba en las tinieblas un cuarto de milla a sotavento. Resultó ser la señal con que contestaba Joy. Una vez más el trío de embarcaciones volvía a estar al completo.

Dos noches después, fue Chase quien se vio separado de los demás. En lugar de encender un farol, el primer oficial disparó su pistola. Al cabo de unos momentos, Pollard y Joy surgieron de la oscuridad a barlovento. Aquella noche los oficiales acordaron que si alguna vez volvían a separarse, no tomarían ninguna medida para reunir el convoy. Perdían demasiado tiempo tratando de mantener las embarcaciones juntas. Además, si alguna de ellas zozobraba o sufría desperfectos irreparables, poco podían hacer las otras tripulaciones. Las tres balleneras ya iban sobrecargadas y añadir más hombres acabaría causando la muerte de todos ellos. La perspectiva de rechazar a golpes de remo a la tripulación de otra lancha era horrible, aunque todos comprendieran que cada ballenera debía arreglárselas sola.

Sin embargo, tan fuerte era lo que Chase llamó «el extraordinario interés que sentíamos por la compañía de los otros» que ninguno de ellos quiso pensar en separarse voluntariamente. Este «instinto desesperado» persistió hasta tal punto que, incluso cuando el estado del tiempo les tenía ocupados de forma constante simplemente para permanecer a flote, «continuaron aferrándose unos a otros con un impulso fuerte e involuntario».

El 8 de diciembre, el decimoséptimo día, el viento aumentó hasta convertirse en un temporal. Ráfagas de entre cuarenta y cincuenta nudos lanzaban la lluvia sobre los hombres. Era el viento más fuerte con el que habían topado hasta ahora, y después de tomar rizos gradualmente toda la noche, cada una de las tripulaciones consideró necesario arriar sus palos. Las olas eran enormes, las crestas gigantescas se disolvían en espuma bajo el viento aullante. A pesar de las horrendas condiciones meteorológicas, los hombres trataron de recoger agua de lluvia en los rizos de las velas. Pronto descubrieron que la lona estaba aún más impregnada de sal que parte de las provisiones, y el agua de lluvia resultó tan salada como el agua de mar.

Debido a las inmensas olas, era imposible gobernar los botes. «El mar alcanzaba alturas tremendas —recordó Chase— y cada ola que se nos venía encima parecía la que iba a destruirnos.» Los hombres no podían hacer nada salvo permanecer echados en el fondo de sus frágiles embarcaciones y «esperar el cercano final con firmeza y resignación».

En medio del océano, los vientos con intensidad de temporal pueden crear olas de hasta doce metros. Pero, de hecho, lo encrespado de las olas favorecía a las tres balleneras, que se deslizaban ligeramente sobre las crestas y luego se bamboleaban en los senos, protegidas durante unos instantes del viento. Las paredes verticales de agua que se alzaban por los dos costados constituían un espectáculo aterrador, pero ni una sola vez cayó una ola sobre un bote y lo inundó.

La oscuridad intensa de la noche era, según Nickerson, «algo que no puede concebir quien no la haya visto». La negrura resultaba aún más horrible a causa de los relámpagos que parecían envolver los botes con centelleantes cortinas de fuego.

Al mediodía del día siguiente, el viento había amainado lo suficiente para que los hombres se atrevieran a asomar la cabeza por encima de la borda. Aunque resultara increíble, los tres botes seguían estando a la vista unos de otros. «Sólo a una providencia suprema debe atribuirse que nos salváramos de los horrores de aquella noche terrible —escribió Chase—. No se puede explicar de ninguna otra manera que unos seres insignificantes como nosotros salieran sanos y salvos de la pavorosa tempestad.»

No habían dormido en toda la noche, convencidos de que iban a morir. Cuando Chase ordenó alzar los palos y largar las velas, los hombres se resistieron. «Mis compañeros [...] estaban desanimados y abatidos hasta tal punto —recordó el primer oficial— que, al parecer, para poder cumplir con su obligación necesitaban algún estímulo más poderoso que el miedo a la muerte.»

Pero Chase se mostró implacable. «Con grandes esfuerzos» les hizo colocar los palos como estaban antes y largar la vela mayor y el foque, pese a que aún no había amanecido. Los tres botes volvían a navegar cuando «salió el sol y nuestros compañeros pudieron verse una vez más sus respectivos rostros desencajados».

Las grandes olas que quedaban de la tempestad golpeaban los botes, que navegaban con rumbo al sur, y abrían todavía más sus costuras. Tenían que achicar constantemente, lo cual se había convertido en «una tarea pesadísima y laboriosa» para aquellos hombres famélicos y deshidratados. La observación del mediodía del sábado 9 de diciembre les situó en los 17° 40′ de latitud sur. Durante los últimos diecisiete días habían llevado una ventaja de un grado de longitud diario sobre lo previsto —lo cual era muy justo— y habían hecho cerca de 1.100 millas. Sin embargo, debido a que los vientos soplaban del este, ahora se encontraban más lejos de América del Sur que al comenzar el viaje.

Les faltaban cerca de cuatro mil ochocientas millas para llegar a su destino. Tenían hambre y sed. Las balleneras parecían estar a punto de romperse en pedazos. Pero había una solución.

El 9 de diciembre, bien entrada su tercera semana en los botes, se encontraron a la altura de las islas de la Sociedad. Si hubieran puesto proa al oeste, navegando a los 17° de latitud sur, hubiesen llegado a Tahití, quizá al cabo de sólo una semana. Tal vez hubieran avistado alguna de las islas Tuamotú en la mitad de ese tiempo. Además, hubiesen navegado con el viento y las olas, lo cual hubiera mitigado la presión que soportaban los botes.

Sin embargo, a pesar de los numerosos reveses que ya habían sufrido, a pesar de sus sufrimientos extremos, Pollard, Chase y Joy se atuvieron al plan original. Nickerson no comprendía por qué. «Lo único que puedo decir es que hubo crasa ignorancia o un gran descuido por parte de alguien y que por culpa de ello perdieron la vida muchos marineros excelentes.» Los sufrimientos no hicieron más que intensificar su empeño. O «remontaban la costa» o nada.

8

CONCENTRACIÓN

Cuatro años antes, en 1816, la fragata francesa *Medusa* había naufragado al embarrancar en un bajío ante la costa del África occidental. El barco transportaba colonos a Senegal y pronto resultó obvio que no había botes suficientes para todos. La tripulación improvisó una balsa con la madera del barco. Al principio, el capitán y el resto de los oficiales, que habían ocupado los botes, remolcaron la balsa. Al poco tiempo, sin embargo, decidieron cortar el cabo de remolque y abandonar a los pasajeros a su suerte. Con sólo unos cuantos toneles de vino para más de ciento cincuenta personas, la balsa no tardó en convertirse en un infierno flotante. Estallaron peleas feroces entre una facción de soldados enloquecidos por el alcohol y algunos colonos más sensatos pero no menos desesperados. Dos semanas después, cuando el bergantín *Argus* avistó la balsa, sólo quince personas seguían vivas.

La historia de la *Medusa* causó sensación en todo el mundo. Dos de los supervivientes escribieron una crónica que inspiró un cuadro monumental de Théodore Géricault. En 1818 la narración fue traducida al inglés y alcanzó gran éxito de ventas. Tanto si habían oído hablar de la *Medusa* como si no, los hombres del *Essex* eran muy conscientes de lo que podía suceder si no se mantenía la disciplina.

A las once de la noche del 9 de diciembre, la decimoséptima noche desde que abandonaran los restos del naufragio, la embarcación de Pollard se perdió de vista en la oscuridad. Los tripulantes de los otros dos botes llamaron a gritos a sus compañeros desaparecidos, pero no obtuvieron respuesta. Chase y Joy se preguntaron qué iban a hacer ahora. Los dos sabían muy bien lo que debían hacer. Como habían acordado la última vez, cuando una de las balleneras se vio separada de las otras, tenían que seguir navegando y no hacer ningún intento por encontrar a los desaparecidos. «En esta ocasión, sin embargo, decidimos hacer un pequeño esfuerzo —recordó Chase— que, si no servía para encontrar enseguida el bote perdido, abandonaríamos para seguir navegando.»

Así que Chase y Joy arriaron las velas y se quedaron esperando. Los minutos fueron alargándose y Chase cargó su pistola y la disparó. Nada. Después de pasar una hora entera cabeceando en la oscuridad, reanudaron el viaje a regañadientes, convencidos de que nunca volverían a ver al capitán ni a sus hombres.

A primera hora de la mañana siguiente, alguien vio una vela a unas dos millas a sotavento. Chase y Joy se apresuraron a cambiar el rumbo y pronto las tres balleneras estuvieron juntas de nuevo. Una vez más, sus destinos, como dijo Chase, estaban «involuntariamente unidos».

Fue durante este día, el decimoctavo desde que dejaran el *Essex*, cuando la sed y el hambre alcanzaron un nuevo y atroz nivel. Incluso el estoico Chase estuvo tentado de «violar nuestra resolución y satisfacer, por una vez, los duros anhelos de la naturaleza con nuestras provisiones». Saquear las provisiones, sin embargo, hubiera sido su sentencia de muerte: «Un poco de reflexión sirvió para convencernos de que hubiera sido una imprudencia y una cobardía, así que desechamos la idea, lo cual nos hizo sentir una especie de triste satisfacción».

Sólo para asegurarse de que nadie estuviera tentado de robar un poco de pan, Chase trasladó las provisiones a su baúl y dormía con un brazo o una pierna sobre él. También tenía la pistola cargada a su lado. Para ser un cuáquero de Nantucket, era una rara demostración de fuerza. Nickerson tuvo la impresión de que «nada salvo la violencia contra su persona» hubiera inducido al primer oficial a entregar las provisiones. Chase decidió que si alguien ponía peros a su modo de racionar los alimentos, inmediatamente dividiría la galleta en porciones iguales y la repartiría entre los hombres. Si se trataba de renunciar a su propia ración, estaba «decidido a hacer que las consecuencias fueran fatales».

Aquella tarde un banco de peces voladores rodeó las tres balleneras. Cuatro de los peces chocaron con las velas de la embarcación de Chase. Uno cayó a los pies del primer oficial y éste, instintivamente, lo devoró todo, incluidas las escamas. Mientras el resto de la tripulación se disputaba los otros peces, Chase sintió ganas de reír por primera vez desde el naufragio del *Essex* al ver «los esfuerzos ridículos y casi desesperados de mis cinco compañeros, cada uno de los cuales trataba de hacerse con un pez». El primer oficial podía insistir en que debían compartir disciplinadamente el pan y el agua, pero un criterio diferente imperaba cuando los alimentos llovían del cielo como, por ejemplo, los peces voladores: entonces, que cada cual se las arreglara como pudiese.

Al día siguiente el viento amainó hasta casi desaparecer y Chase propuso que se comieran la segunda tortuga. Igual que había sucedido once días antes, el «abundante ágape [...] vigorizó nuestros cuerpos y levantó nuestros ánimos». Durante los tres días siguientes continuó soplando un viento ligero. Subió la temperatura y los hombres languidecieron bajo un cielo sin nubes. «Al carecer de algo que nos protegiera de los penetrantes rayos [del sol] —escribió Nickerson—, nuestro sufrimiento se hizo de lo más intolerable, ya que nuestra escasa ración de agua apenas era suficiente para vivir.»

El miércoles 13 de diciembre, el viento empezó a soplar de una dirección inesperada —el norte— y trajo consigo «un alivio gratísimo e inopinado». Ahora era posible navegar directamente hacia América del Sur. La observación del mediodía reveló que apenas habían alcanzado los 12° de latitud sur, lo cual quería decir que se encontraban por lo menos a 5° (lo que equivalía a trescientas millas) de la zona de vientos ligeros variables que esperaban que les impulsaran hacia el este. Pero a los oficiales se les metió en la cabeza que habían «salido de los vientos alisios y habían entrado en los variables y que con toda probabilidad llegarían a tierra muchos días antes de lo que esperábamos».

Cuando la brisa del norte desapareció al día siguiente, se quedaron anonadados: «Pero, ¡ay, qué ingenuos! Nuestras previsiones no eran más que un sueño, del que no tardamos en despertar de forma cruel». Las pesimistas reflexiones de los hombres se hicieron aún más sombrías cuando la calma persistió tres días más, durante los cuales se abrasaron bajo un sol cegador e implacable: «La extrema opresión del clima, la súbita e inesperada caída de nuestras esperanzas y el consiguiente desánimo nos hicieron pensar otra vez y llenaron nuestras almas de temibles y tristes presagios».

El 14 de diciembre, el vigésimo tercer día después de que dejaron el *Essex*, iban acercándose rápidamente al plazo que se habían fijado para alcanzar los vientos variables. Pero permanecían inmóviles en medio de la calma chicha y aún tenían que navegar centenares de millas hacia el sur. Si querían conservar la esperanza de llegar vivos a la costa, tendrían que hacer durar las provisiones mucho más de sesenta días. Chase hizo saber a sus hombres que pensaba reducir las raciones de galleta a la mitad, lo cual significaba que sólo les corresponderían unos ochenta y cinco gramos diarios. Miró atentamente a su tripulación, buscando alguna señal de resistencia. «Nadie puso peros a esta medida —escribió Chase—. Todos se sometieron, o parecieron someterse, con una fortaleza y una paciencia admirables.»

Aunque el peligro de que se les agotara el agua era aún mayor, Chase no tuvo más remedio que mantener la ración diaria de medio cuartillo. «La sed era cada vez más difícil de tolerar que el hambre —escribió—, y la cantidad asignada apenas bastaba para mantener la humedad de la boca durante una tercera parte del tiempo.»

En 1906, W. J. McGee, director del St. Louis Public Museum, publicó una de las descripciones más detalladas y gráficas de los estragos de la deshidratación extrema que jamás se hayan dado a conocer. La descripción de McGee se basaba en las experiencias de Pablo Valencia, un marinero de cuarenta años que se había convertido en buscador de oro y sobrevivió sin agua casi siete días en el desierto de Arizona. El único líquido que bebió Valencia durante su terrible prueba fueron las pocas gotas de humedad que logró extraer de un escorpión y su propia orina, que todos los días recogía en su cantimplora.

Los hombres del *Essex* se vieron empujados a extremos parecidos. «En vano se probaron todos los recursos para aliviar la fiebre atroz de la garganta», recordó Chase. Sabían que beber agua salada sólo serviría para empeorar su estado, pero esto no impidió que algunos de ellos se metieran pequeñas cantidades en la boca con la esperanza de poder absorber un poco de humedad. Aquello no hizo más que incrementar su sed. Al igual que Valencia, se bebieron la orina. «Nuestro sufrimiento durante estos días de calma —escribió Chase— es indescriptible.»

Los supervivientes del *Essex* habían entrado en la fase de la sed que McGee llama «de boca de algodón». La saliva se vuelve espesa y sabe muy mal; la lengua se pega de forma irritante a los dientes y al paladar. Aunque hablar resulta difícil, las personas afectadas suelen quejarse sin parar de su sed hasta que la voz se vuelve tan cascada y ronca que no pueden seguir hablando. En la garganta parece formarse un nudo que obliga a la persona a tragar saliva repetidas veces en un vano intento de desalojarlo. Se siente un dolor fuerte en la cabeza y el cuello. El rostro parece ensancharse debido al encogimiento de la piel. El oído se ve afectado y muchas personas empiezan a tener alucinaciones.

Aún les faltaba a los tripulantes del *Essex* experimentar los dolores que produce una boca que ha dejado de generar saliva. La lengua se endurece y se convierte en lo que, según McGee, es «un peso muerto que oscila desde la raíz, que todavía es blanda, y choca con los dientes como un objeto extraño». Hablar resulta imposible, aunque se sabe de casos en que la persona gemía y bramaba. A continuación viene la fase de los «sudores de sangre», que supone «una momificación del cuerpo que al principio estaba vivo». La lengua se hincha hasta adquirir tales proporciones que cuelga de la boca. Los párpados se agrietan y los globos oculares empiezan a derramar lágrimas de sangre. La garganta está tan hinchada que resulta difícil respirar y se experimenta una sensación incongruente pero aterradora: la de estar ahogándose. Finalmente, cuando la intensidad del sol extrae inexorablemente la humedad que queda en el cuerpo, llega el momento de la «muerte en vida», el estado en que se encontraba Pablo Valencia cuando McGee le descubrió en un sendero del desierto, andando a cuatro patas:

> Sus labios habían desaparecido como si se los hubieran amputado, dejando unos bordes bajos de tejido ennegrecido; sus dientes y sus encías sobresalían como los de un animal despellejado, pero la carne era negra y seca como un trozo de tasajo; su nariz estaba ajada y encogida a la mitad de su longitud, y el revestimiento de las fosas nasales aparecía negro; sus ojos permanecían inmóviles en una mirada fija, sin parpadeo, y la piel circundante estaba tan contraída que dejaba ver la conjuntiva, tan negra como las encías [...] Su piel en general [se] había vuelto de un horrible gris violáceo pero ceniciento, con grandes manchas y vetas moradas; la parte inferior de las piernas y los pies, así como los antebrazos y las manos, estaban llenos de rasguños y arañazos causados por los espinos y las aristas de las rocas, pero incluso los cortes más recientes eran como arañazos en el cuero seco, sin rastro de sangre.

Gracias al medio cuartillo diario de agua, los hombres del *Essex* aún no habían llegado a ese extremo... pero su estado iba empeorando rápidamente. El sol caía a plomo desde un cielo vacío y azul y el calor era tan insoportable que tres de los hombres de la embarcación de Chase decidieron asirse a la borda y refrescar sus cuerpos llenos de ampollas en el mar. Apenas hubo saltado por la borda el primero de ellos cuando soltó una exclamación. El fondo de la embarcación estaba lleno de almejitas, según dijo. El hombre arrancó rápidamente una de ellas, se la comió y declaró que era «un bocado de lo más delicioso».

En realidad no eran almejas, sino percebes. A diferencia de los escaramujos blancuzcos de forma cónica que con frecuencia se ven en los muelles y en los barcos, los percebes son crustáceos pedunculados, con un caparazón de color pardo oscuro y carne blanca rosácea. Un mito medieval afirmaba que cuando adquirían el tamaño suficiente, estos crustáceos se transformaban en gansos y alzaban el vuelo. Hoy día el servicio de guardacostas se basa en el tamaño de los crustáceos de este tipo que crecen en el fondo de una embarcación abandonada para determinar cuánto tiempo lleva ésta en el mar. Pueden alcanzar hasta treinta centímetros de longitud, pero los que había en la ballenera de Chase probablemente tenían sólo unos cuantos centímetros.

Los seis hombres se pusieron rápidamente a arrancar los crustáceos del fondo del bote y a comérselos «como un hatajo de glotones».

«Después de satisfacer las necesidades acuciantes del estómago —escribió Chase—, recogimos grandes cantidades y los amontonamos en el bote.» Pero a los hombres les costó volver a subir a bordo. Estaban demasiado débiles para trepar por la borda. Por suerte, los tres hombres que no sabían nadar habían optado por quedarse a bordo y pudieron ayudar a los otros a subir. Habían pensado guardar los percebes para otro día. Pero después de menos de media hora contemplando fijamente los deliciosos bocados, cedieron a la tentación y se los comieron todos.

Exceptuando los peces voladores, los percebes serían los únicos seres marinos que la tripulación del *Essex* lograría recoger del océano. De hecho, los veinte pescadores de cachalotes fueron extraordinariamente incapaces de atrapar los peces de los que normalmente dependen los náufragos para sobrevivir. Parte del problema era que la búsqueda de la zona de vientos variables les había llevado a una región del Pacífico que era notoriamente estéril.

Para que la vida sea posible en él, un océano debe contener las sustancias nutritivas necesarias para la producción de fitoplancton, los organismos que constituyen la base de la cadena alimentaria del océano. Estas sustancias nutritivas proceden de dos lugares: la tierra, por medio de los ríos y los arroyos, y la materia orgánica que hay en el fondo del océano. La región en la que se había aventurado a entrar la tripulación del *Essex* se hallaba tan alejada de América del Sur que la única fuente de sustancias nutritivas era el fondo del mar.

El agua fría es más densa que el agua caliente, y cuando las aguas de la superficie del océano se enfrían en los meses de invierno, el agua caliente que hay debajo ocupa su lugar, lo cual crea una mezcla que hace que las aguas ricas en sustancias nutritivas del fondo suban a la superficie. En la región subtropical, sin embargo, la temperatura es más bien constante todo el año. Debido a ello, el océano se divide de forma permanente en una capa superior cálida y una capa inferior fría, lo cual impide que las sustancias nutritivas del fondo suban a la superficie.

Durante los decenios siguientes, los navegantes se dieron cuenta de que en las aguas de esta parte del Pacífico casi no había peces ni aves. A mediados del siglo xix, Matthew Fontaine Maury recopiló una serie definitiva de cartas de vientos y corrientes basándose en gran parte en la información que proporcionaron los pescadores de ballenas. En su carta del Pacífico hay una vasta zona de forma ovalada que se extiende desde la parte inferior de la pesquería de Alta Mar hasta la punta meridional de Chile y que se llama la «Región Desolada». Maury indica que aquí «los navegantes constatan la escasez de señales de vida en el mar o en el aire». Las tres balleneras del *Essex* se encontraban ahora en el corazón de la Región Desolada. Al igual que Pablo Valencia, habían viajado al interior de su propio valle de la muerte.

La calma continuó hasta el 15 de diciembre, el vigésimo cuarto día de la dura prueba. A pesar de la falta de viento, en el bote de Chase entraba más agua de la acostumbrada. De nuevo levantaron las tablas del suelo de la proa en busca de la vía de agua. Esta vez descubrieron que una tabla situada junto a la quilla, en el fondo mismo de la embarcación, se había soltado. De haber estado la ballenera en la cubierta del *Essex*, hubiese bastado con darle la vuelta para volver a clavar la tabla. Pero ahora, en medio del océano, no había manera de alcanzar la parte inferior de la embarcación. Ni siquiera a Chase, a quien Nickerson calificó de «médico» de su bote, se le ocurrió una forma de repararla.

Después de reflexionar durante unos momentos, Benjamin Lawrence, el arponero de veintiún años, se aventuró a proponer algo. Se ataría una soga alrededor de la cintura y se zambulliría con la hachuela de la embarcación en la mano. Mientras Chase clavaba un clavo desde dentro de la embarcación, Lawrence apretaría con la hachuela la parte exterior de la tabla. Cuando la punta del clavo tocase la boca metálica de la hachuela se curvaría como un anzuelo y volvería a penetrar en la embarcación. Los últimos golpes del martillo de Chase ajustarían la cabeza del clavo y apretarían con fuerza una tabla contra la otra. Este procedimiento se llamaba «roblar» y solía hacerse con una herramienta llamada «hierro de roblar». De momento, tendrían que contentarse con la hachuela.

Los marineros del *Essex* habían puesto en duda la capacidad de Lawrence como arponero y habían obligado al chico a entregar el arpón a su exigente primer oficial. Esta vez, sin embargo, fue a Lawrence a quien miraron Chase y los demás tripulantes en busca de orientación. Chase aceptó enseguida el plan y Lawrence pronto se encontró en el agua apretando el fondo de la embarcación con la hachuela. Justamente como había predicho, la tabla suelta quedó bien ajustada. Hasta Chase tuvo que reconocer que «resultó mucho mejor de lo que esperábamos».

La calma siguió siendo agobiante al día siguiente y «afectó a nuestra salud y nuestro ánimo con una fuerza y un rigor asombrosos». La sed causó alucinaciones a algunos marineros. «Tuvieron delirios sumamente desagradables —comentó Chase— que, sumados a la desoladora duración de la calma, les hacían pedir a gritos algo que los mitigase [...] algo que aliviase nuestros prolongados sufrimientos.» La necesidad de hacer algo se intensificó al revelar la observación de mediodía que habían retrocedido unas diez millas en las últimas veinticuatro horas.

Un océano en calma les rodeaba por todas partes y llegaba hasta la curva del horizonte como el fondo de un reluciente cuenco azul. No podían hablar, y mucho menos cantar himnos porque tenían la boca reseca. Cesaron los rezos del mismo modo que cesó el avance de los botes. Aquel domingo permanecieron sentados en silencio, deseando desesperadamente que los salvaran, sabiendo que en Nantucket miles de personas estaban sentadas en los bancos de madera de las *meeting houses* del norte y del sur, esperando que les fuera revelada la voluntad de Dios.

Durante el culto, un cuáquero procuraba «concentrarse» y dejaba de pensar en todas las preocupaciones mundanas mientras intentaba encontrar el espíritu divino. Cuando una persona se sentía empujada a hablar, salmodiaba de una manera peculiar, empezando con una mezcla de canto y sollozos que podía dar paso a una forma más natural de hablar. Aunque sólo unos cuantos tripulantes del *Essex* eran cuáqueros practicantes, todos los naturales de Nantucket, en un momento u otro, habían asistido a una reunión. El protocolo y los ritmos de una reunión de los cuáqueros formaban parte del patrimonio cultural de todos.

Hasta ahora habían sido los afroamericanos, en concreto Richard Peterson, de sesenta años de edad, quienes habían tomado la iniciativa en lo que se refería a rezar. No era raro que ocurriera eso en el mar. Para los marineros blancos, los negros y su culto evangélico solían ser fuentes de fuerza religiosa, especialmente en momentos de peligro. En 1818, el capitán de un barco que estaba a punto de hundirse a causa de una tormenta en el Atlántico Norte suplicó al cocinero negro, miembro de la Iglesia baptista de New Bedford, que pidiera ayuda a Dios en nombre de la tripulación. El cocinero se arrodilló en la zarandeada cubierta y «rezó muy fervorosamente pidiendo a Dios que nos protegiera y nos salvara de la terrible tormenta». El barco no se hundió.

Pero aquella tarde fue Pollard quien finalmente se sintió impulsado a hablar bajo un sol de justicia. Con voz entrecortada y áspera a causa de la deshidratación, propuso tratar de salir de la zona de calma a fuerza de remar. Cada hombre recibiría doble ración durante el día y de noche remarían «hasta que encontremos una brisa procedente de alguna cuarta».

Todos aceptaron la propuesta de buena gana. Por fin, después de varios días de inmovilidad, clavados en un punto del océano sin nada que les distrajera de la sed y el hambre, tenían un motivo para entrar en acción. Comieron el pan y sintieron cómo cada gota de agua refrescante penetraba en sus bocas agrietadas y apergaminadas. Esperaban con ilusión que llegase la noche.

En circunstancias normales, remar era una tarea que ayudaba a demostrar el valor de cada uno de los hombres de un barco ballenero. Cada tripulación se enorgullecía de su capacidad de remar sin esfuerzo durante horas seguidas, y nada hacía más felices a los hombres que adelantar a otro bote. Pero aquella noche no tardó en extinguirse el deseo de competir que pudiera quedar en ellos. Aunque eran adolescentes o rondaban los veinte años, remaban como ancianos, haciendo muecas y gruñendo a cada golpe de remo. Durante las tres últimas semanas sus cuerpos se habían consumido poco a poco. Sin ningún relleno natural que protegiese sus huesos, el simple hecho de sentarse era una tortura. Al atrofiarse los músculos, sus brazos se habían encogido hasta parecer palos y les costaba sostener los remos, y no digamos remar. Uno tras otro los hombres fueron cayendo desplomados y no pudieron continuar.

«Avanzábamos muy poco —recordó Chase—. El hambre, la sed y la larga inactividad nos habían debilitado tanto que en tres horas todos los hombres quedaron agotados y desistimos de nuestro propósito.» El aire producía estertores en las gargantas y los pulmones secos de los hombres que yacían en las balleneras y jadeaban. A pesar del calor ardiente de los cuerpos, en su piel delgada, que parecía papel, no había ni asomo de transpiración. El ruido de su respiración fue apagándose paulatinamente hasta que una vez más les abrumó el silencio imponente de un océano vacío y sin viento.

A la mañana siguiente detectaron un cambio, un murmullo del agua y un movimiento que les acarició el rostro cuando, por primera vez en cinco días, una brisa ligera sopló sobre el mar. Aunque procedía precisamente de la dirección de donde no debería haber venido (el sureste), la recibieron con «sentimientos casi desenfrenados de gratitud y alegría».

Al mediodía la brisa se había convertido en una tormenta. El viento había cambiado de dirección y ahora soplaba el este-sureste, y una vez más tuvieron que arrizar todas las velas y bajar los palos. Al día siguiente el viento amainó y no tardaron en avanzar por el impulso de las velas. A pesar de la mejora del tiempo, Chase recordó que aquella noche fue «una de las más angustiosas de todo nuestro repertorio de sufrimientos».

Ahora sabían que aunque el viento cambiase milagrosamente y soplara en dirección oeste, ya no tenían agua suficiente para los treinta o más días que necesitarían para llegar a la costa de Chile. Sus tormentos físicos habían alcanzado un crescendo terrible. Era casi como si los efectos combinados de la sed y el hambre les estuvieran envenenando. En su boca se acumulaba una saliva glutinosa y amarga que era «intolerable hasta la náusea». El pelo se les caía a mechones. Tenían la piel tan abrasada y cubierta de llagas que una salpicadura de agua de mar era como ácido que quemase la carne. Lo más extraño de todo fue que a medida que los ojos se hundían en los cráneos y los pómulos sobresalían, cada uno de ellos empezó a parecerse a los demás: las identidades se borraban por la deshidratación y el hambre.

Durante toda esta larga y funesta semana los hombres habían tratado de darse ánimos con una especie de mantra: «"Paciencia y resignación" eran las palabras que de forma constante teníamos en los labios —recordó Chase—. Y estábamos decididos, con tanta fuerza como nos permitía el alma, a aferrarnos a la existencia mientras nos quedaran esperanza y aliento». Pero la noche del 19 de diciembre, casi un mes exacto desde el hundimiento del *Essex*, varios de los hombres ya se habían dado por vencidos. Chase podía verlo «en sus ánimos decaídos y sus cuerpos agotados [...] una indiferencia absoluta ante su destino». Un día más, tal vez dos, y empezaría a morir gente.

La mañana siguiente comenzó como tantas otras. Nickerson recordó que alrededor de las siete estaban «sentados en el fondo de nuestro pequeño bote, sumidos en un silencio total y con el ánimo por los suelos». William Wright, de diecinueve años y natural del cabo Cod, se levantó para estirar las piernas. Miró a sotavento, luego volvió a mirar.

—¡Tierra a la vista! —exclamó.

9

LA ISLA

Los hombres de la embarcación de Chase miraron con ansia hacia adelante. Atormentados por el hambre y la sed, medio ciegos a causa de la luminosidad del mar y del cielo, ya habían visto espejismos y temían encontrarse ante otro. Pero todos pudieron ver la playa blanca y arenosa a lo lejos. «No era ningún engaño visual, sino "¡Tierra a la vista!"» Hasta el más exhausto de los hombres de Chase volvió a la vida. «En un instante despertamos todos —recordó el primer oficial—, como electrizados [...]. Un impulso nuevo y extraordinario se apoderó de nosotros. Nos sacudimos el letargo de los sentidos y pareció que empezábamos una existencia nueva.» A primera vista, la isla presentaba un misterioso parecido con su Nantucket natal: una elevación de arena, de poca altura, coronada de verde. Chase la llamó «paraíso deleitoso ante nuestros ojos anhelantes». Nickerson supuso inmediatamente que era «el final definitivo de [nuestros] largos días de confinamiento y sufrimiento. —Y añadió—: Nunca se han posado mis ojos en algo tan agradablemente hermoso».

Antes de que transcurriera mucho tiempo, los hombres de los otros botes también vieron la isla. Vítores espontáneos brotaron de sus labios agrietados e hinchados. «No está al alcance de la inteligencia humana —escribió Chase— adivinar qué sentían nuestros corazones en aquel momento. La expectación, el miedo, la gratitud, la sorpresa y la exultación se alternaban en nuestro pensamiento y aceleraban nuestros esfuerzos.»

A las once ya se encontraban a poca distancia de la isla. Ahora podían ver que su costa era rocosa, con acantilados verticales de más de nueve metros. Se llevaron una sorpresa al ver que más allá de los acantilados, el interior de la isla era llano, pero «fresco y verde a causa de la vegetación». Lo consideraron un buen augurio, puesto que indicaba la presencia de agua en abundancia.

Pollard y Chase estudiaron sus ejemplares del *Navigator* de Bowditch. Basándose en la observación anterior de aquel día, concluyeron que estaban en la isla de Ducie, a 24° 20′ de latitud sur y 124° 40′ de longitud oeste. Tras pasar un mes en el mar y recorrer unas mil quinientas millas, estaban más lejos de la costa de América del Sur que al empezar el viaje.

Inmediatamente les preocupó la posibilidad de que la isla estuviera habitada. «En el estado en que nos encontrábamos —escribió Nickerson—, sólo hubiéramos podido oponer una débil resistencia a un ataque de los nativos.» Sin acercarse más de unos noventa metros a la orilla, empezaron a navegar alrededor de la isla. «Disparamos una pistola con frecuencia —recordó Nickerson— al pasar por delante de algún valle o algún rincón de los bosques para despertar a los habitantes, si los había. Pero no apareció nadie, ni amigo ni enemigo.»

La isla era un rectángulo irregular, de unos diez kilómetros de largo y cinco de ancho y la rodeaba un arrecife dentado de rocas y coral. Las tres balleneras se acercaron poco a poco al extremo norte, con lo cual se situaron a sotavento de los vientos alisios del sureste. Al doblar un recodo, encontraron la playa más extensa de la isla. «Parecía la zona más prometedora que habíamos visto —escribió Nickerson— para tratar de llevar nuestras embarcaciones a tierra.» Pero decidieron que, antes de desembarcar, Chase y un grupo explorarían el terreno mientras los tres botes esperaban a cierta distancia de la orilla, por si «inesperadamente encontraban salvajes emboscados.»

Chase, con el mosquete en la mano, y otros dos hombres desembarcaron en una roca grande. Cuando llegaron vadeando a la playa ya estaban agotados. «Al llegar a la playa —recordó el primer oficial—, fue necesario tomarnos un breve respiro y nos echamos durante unos cuantos minutos para que nuestros débiles cuerpos descansasen.» Se sentaron en la áspera arena coralina, embriagándose con las vistas y los sonidos de un mundo maravillosamente hermoso. Los acantilados que quedaban a sus espaldas aparecían adornados con flores, arbustos, hierbas y enredaderas. A su alrededor volaban pájaros a los que no parecía preocupar la presencia de los hombres. Chase estaba convencido de que, después de un mes de privaciones y sufrimientos, iban a disfrutar de «un rico festín de comida y bebida». Pero primero tenían que encontrar agua.

Se separaron y cada uno de ellos se fue en una dirección distinta, renqueando por la playa. En una ensenada, Chase consiguió atrapar un pez de cuarenta y cinco centímetros clavándole la baqueta de su mosquete. Arrastró el pez hasta la playa e inmediatamente se sentó a comer. Sus dos compañeros se reunieron con él y despacharon el pez en menos de diez minutos, «espinas y piel, escamas incluidas».

Después de comer, se sintieron con fuerzas suficientes para escalar uno de los acantilados, donde pensaron que las probabilidades de encontrar agua eran mayores. Pero en lugar de rocas reluciendo a causa de la humedad, Chase encontró una pared de coral muerto, seca y llena de maleza. Los arbustos y las enredaderas no eran lo bastante fuertes como para soportar su peso y tuvo que agarrarse a las cortantes aristas de coral. Lleno de rasguños y magulladuras, Chase supo que le faltaban fuerzas para llegar arriba.

La euforia de hacía sólo unas horas desapareció y se dieron cuenta de que tal vez en aquel estéril afloramiento de fósiles marinos no había agua potable. En tal caso, cada segundo que permanecieran en la isla reducía sus probabilidades de sobrevivir, que ya eran escasas. Por muy tentadora que resultara la idea de pasar por lo menos una noche en tierra firme, el primer impulso de Chase fue zarpar inmediatamente con rumbo a América del Sur: «Ni por un momento perdí de vista el objetivo principal, que yo tenía en mente aún, de llegar a la costa o encontrarnos con algún barco en el mar».

Al volver a la playa, descubrió que uno de los hombres tenía noticias prometedoras. Había encontrado en una roca una grieta de la que brotaba un pequeñísimo hilillo de agua, la suficiente para humedecerse los labios, y poco más. Tal vez era aconsejable pasar la noche en la isla y dedicar el día siguiente a la búsqueda de agua. Chase y sus compañeros volvieron a los botes y Chase dijo a Pollard lo que pensaba. Acordaron desembarcar.

Arrastraron las balleneras hasta una extensión de hierba que había debajo de un grupo de árboles. «Luego dimos la vuelta [a los botes] —recordó Nickerson— y de esta manera tuvimos algo que nos protegería del relente nocturno.» Los hombres se desplegaron en abanico por la orilla, y después de recoger unos cuantos cangrejos y peces, se instalaron debajo de las embarcaciones, se comieron lo que habían capturado y luego estiraron sus huesudas extremidades por primera vez desde hacía un mes. No tardaron en dormirse. «Libres de todas las angustias de montar guardia y esforzarse en el bote —escribió Chase—, nos entregamos a un olvido y una tranquilidad sin reservas.»

La mañana llegó pronto y con ella volvieron los tormentos del hambre y la sed. La deshidratación había alcanzado tal extremo que empezaban a perder la capacidad de hablar. «El alivio —escribió Chase— tenía que llegar pronto o la naturaleza se vendría abajo.» Vagaron por la playa como esqueletos cubiertos de andrajos, deteniéndose para apoyarse en árboles y rocas y recuperar el aliento. Trataron de masticar las hojas verdes y cerosas de los arbustos que crecían en los acantilados, pero tenían un sabor amargo. Encontraron pájaros que no trataron de huir al cogerlos de sus nidos. En las grietas de las rocas brotaba una hierba que, al masticarla, producía cierta humedad en la boca durante unos momentos. Pero en ninguna parte encontraron agua dulce.

Les bastó alejarse un poco de la playa para descubrir que la isla consistía en un montón de fragmentos de coral tan afilados y cortantes como los cristales rotos. Muchos no tenían zapatos y a causa de ello apenas podían moverse. También temían alejarse demasiado de donde habían acampado por si luego no tenían fuerzas suficientes para volver antes de que cayera la noche, exponiéndose así «a los ataques de los animales salvajes que pudieran habitar en la isla». Nickerson escribió que aquella noche regresaron «llenos de pesar y desanimados al pequeño poblado formado por las embarcaciones en el valle».

Pero Pollard tenía una sorpresa para ellos. El capitán y su camarero, William Bond, habían pasado el día recogiendo cangrejos y pájaros, y cuando los hombres volvieron de explorar, encontraron a Pollard y Bond asando lo que Nickerson llamó «un ágape magnífico». Antes del naufragio, la comida había causado disensiones entre Pollard y sus hombres. Ahora los unió, y esta vez fue el capitán quien sirvió a su tripulación. «Todo el mundo se sentó en la hermosa hierba verde —recordó Nickerson— y quizá nunca un banquete se disfrutó con tanto gusto ni produjo una satisfacción tan universal.»

Aquel día Pollard había hecho todo lo posible por aumentar la salud y la moral de sus hombres. Chase seguía centrando su pensamiento en el «objetivo principal»: llegar a América del Sur y ponerse a salvo. Inquieto e impaciente como siempre, estaba convencido de que malgastaban el tiempo en aquella isla sin agua. «En semejante situación, no podíamos resignarnos a permanecer más tiempo en aquel lugar —escribió—. Un día, una hora que perdiéramos innecesariamente allí podía costarnos nuestra supervivencia.» Aquella noche Chase expresó sus preocupaciones a Pollard: «Expuse la esencia de estas reflexiones al capitán, que estuvo de acuerdo conmigo en que era necesario dar algunos pasos decisivos en el dilema en que nos hallábamos».

Si bien en principio se mostró de acuerdo con su primer oficial, Pollard trató de calmar un poco la impetuosidad de Chase. El capitán señaló que sin hacer nueva provisión de agua, sus probabilidades de sobrevivir eran prácticamente nulas. Proseguir ciegamente el viaje sin agotar todas las posibilidades de encontrar un manantial sería un error trágico. «Después de hablar mucho sobre el asunto —escribió Chase—, al final decidimos que pasaríamos el día siguiente buscando agua, y que si no encontrábamos ni pizca, abandonaríamos la isla a la mañana siguiente.»

Los hombres del *Essex* no sabían que la salvación estaba a sólo unos cuantos centenares de millas. Pollard y Chase se equivocaban al pensar que estaban en la isla de Ducie. La isla donde se encontraban era la de Henderson, prácticamente en la misma latitud que la de Ducie, pero unas setenta millas al oeste. Ambas forman parte de un grupo de islas que lleva el nombre de la más famosa de ellas, la de Pitcairn, una isla cuya historia estaba unida de forma indisoluble a Nantucket. En 1808, el capitán de un barco de Nantucket dedicado a la captura de focas, Mayhew Folger, encontró la isla de Pitcairn (cuya posición se indicaba de forma incorrecta en todas las guías de navegación) y descubrió la respuesta a un misterio que existía desde hacía diecinueve años: lo que les había sucedido a Fletcher Christian y al *Bounty*.

Después de abandonar al capitán Bligh en una chalupa en 1789, los amotinados del *Bounty* habían navegado sin rumbo fijo por el Pacífico. Tras recoger a unos cuantos nativos, mujeres y hombres, en Tahití, finalmente se dirigieron a una isla desierta situada en el extremo suroriental de la Polinesia. En 1820, una pequeña comunidad de descendientes de los hombres del *Bounty* florecía en la isla de Pitcairn. Se hallaba sólo a unas cuatrocientas millas al suroeste, a unos cuantos días de navegación de la isla de Henderson, y sus habitantes hubieran proporcionado a la tripulación del *Essex* toda la comida y toda el agua que necesitaban. Pero la isla de Pitcairn no estaba en el *Navigator* de Bowditch. Y aunque hubiera estado, es dudoso que hubiesen podido encontrarla. Así las cosas, se habían desviado casi cien millas cuando trataron de determinar su posición.

El origen de la isla de Henderson fue un atolón coralino que se formó hace 370.000 años. Veinte mil años después, la actividad volcánica asociada con el archipiélago de Pitcairn hizo que la tierra situada debajo del atolón aflorase a la superficie. Hoy día, los acantilados de la isla de Henderson tienen entre nueve y once metros de altura y encierran una laguna seca de fósiles. Podría parecer poco probable que alguien encontrara la salvación en esta pequeña porción de coral deshabitada y rodeada por un vasto océano.

Todos los años caen en la isla de Henderson hasta ciento sesenta y cinco centímetros cúbicos de lluvia. No toda esta agua va a parar al mar o se evapora. Gran parte de ella se filtra en la tierra fina y en las capas de coral fosilizado hasta una profundidad de unos treinta centímetros sobre el nivel del mar. En este punto va a parar a una capa horizontal de agua dulce que satura la roca y la arena. El agua dulce, que es más ligera que el agua salada, toma una forma cóncava y permanece en la superficie del mar justo debajo de la isla. Pero, si no encontraban un manantial, toda esta agua subterránea no sería de ninguna utilidad para los hombres del *Essex*.

No fueron ellos los primeros a quienes atrajo la isla de Henderson y luego se llevaron una decepción. Aunque no lo sabían, en los acantilados que quedaban detrás de ellos había una cueva en la que yacían ocho esqueletos humanos.

En 1966, un reconocimiento médico reveló que los huesos eran de origen caucásico, lo que induce a pensar que estas personas no identificadas, al igual que la tripulación del *Essex*, habían sobrevivido a un naufragio. El reconocimiento también reveló que uno de los esqueletos pertenecía a un niño de entre tres y cinco años. Las ocho personas habían muerto de deshidratación.

A la mañana siguiente —a 22 de diciembre, el trigésimo primer día desde que abandonaran el lugar del naufragio—, reanudaron la búsqueda de agua. Algunos hombres, al igual que Nickerson, escalaron los acantilados; otros buscaron entre las rocas de la playa. Chase volvió al lugar donde habían encontrado indicios de agua dulce dos días antes. La roca estaba a unos cuatrocientos metros del campamento y, con una hachuela y un cincel viejo y oxidado, él y otros dos miembros de la tripulación se dirigieron allí caminando por la arena.

«La roca resultó ser muy blanda —escribió Chase— y en muy poco tiempo abrí un agujero grande, pero, ay, sin encontrar ni rastro de lo que buscaba.» Al subir el sol en el cielo, Chase continuó picando la roca, con la esperanza de que al profundizar el agujero volviese a fluir un poco de agua. «Pero todas mis esperanzas y todos mis esfuerzos fueron inútiles —recordó—, y al final desistí de seguir trabajando y me senté cerca de allí, sumido en la desesperación.»

Entonces se fijó en algo curioso. En la playa, cerca de donde estaban los botes, dos hombres arrastraban una especie de recipiente. Vio con asombro que echaban a correr. «De repente —escribió Chase— me pasó por la cabeza la idea de que habían encontrado agua y acarreaban un barril para llenarlo.» Desde lo alto de los acantilados, Nickerson se había fijado en la misma demostración de «ánimo y actividad extraordinarios» y pronto corrió hacia la playa como los demás.

Los hombres, en efecto, habían encontrado un manantial que brotaba de un agujero en una roca grande y lisa. «La sensación que experimenté fue en verdad extraña, y nunca la olvidaré —recordó Chase—. Sentí un exceso de alegría que casi me ahogó y al cabo de un instante deseé que un torrente de lágrimas me aliviase.»

Cuando Chase llegó al manantial, los hombres ya habían empezado a beber y se llenaban ansiosamente la boca con el néctar milagroso. Consciente de que en su estado de deshidratación era peligroso beber demasiada agua muy deprisa, Chase les exhortó a beber sólo pequeñas cantidades y esperar varios minutos entre sorbo y sorbo. Pero la sed era irresistible y hubo que sujetar a algunos de los hombres para que no se acercaran al manantial. A pesar de los esfuerzos de los oficiales, varios miembros de la tripulación «tragaron atolondradamente grandes cantidades [de agua], hasta que no pudieron beber más». Pero los dolorosos retortijones contra los cuales les había prevenido Chase no hicieron acto de presencia: «El único efecto del agua fue que durante el resto del día estuvieron un poco atontados e indolentes».

Una vez hubieron bebido todos, empezaron a maravillarse de su buena suerte. El manantial estaba muy por debajo de la línea de la marea y sólo era visible durante la media hora de bajamar; al subir la marea, quedaba cubierto por casi dos metros de agua. Tuvieron tiempo de llenar sólo dos barriles antes de que la roca volviera a desaparecer bajo las olas.

Después de pescar más peces y cazar pájaros, se sentaron a cenar. Ahora que tenían una fuente de agua digna de confianza y, al parecer, comida abundante, pensaron que podían permanecer indefinidamente en la isla de Henderson. Como mínimo, podían quedarse hasta que hubieran recuperado las fuerzas y reparado sus maltrechas balleneras para hacer un último intento de llegar a América del Sur. Aquella noche acordaron permanecer en la isla durante por lo menos otros cuatro o cinco días antes de decidir «si sería aconsejable tomar medidas para disponer de una morada más estable». Llenos los estómagos y aplacada la sed, enseguida se sumieron en «un sueño de lo más agradable y delicioso», según escribió Chase.

A las once de la mañana siguiente, volvieron al manantial. Llegaron justo en el momento en que la marea descendía y la roca quedaba al descubierto. Al principio el agua era un poco salobre y temieron no haber encontrado una fuente de agua dulce tan digna de confianza como habían pensado. Pero a medida que la marea siguió bajando, la calidad del agua mejoró progresivamente. Después de llenar los toneles con unos setenta y cinco litros, se pusieron a buscar comida.

Todos los ratos libres de aquellos días, según Chase, «se empleaban en recorrer la isla en busca de alimento». Las últimas horas de la tarde resultaban las más productivas, pues era entonces cuando las aves blancas y gordas llamadas «pájaros tropicales», cuyo tamaño venía a ser el de un pollo, volvían a la orilla para dar de comer a sus crías. Los hombres se acercaban sigilosamente y «se abalanzaban [sobre los pájaros] con un palo y los cazaban sin dificultad».

No eran los únicos que acechaban a los pájaros tropicales todas las tardes. Lo mismo hacían los rabihorcados, como los llamó Nickerson. Pero en vez de matar a los pájaros tropicales, la relación de los rabihorcados con ellos era de las que los científicos califican de cleptoparásita y les picoteaban el lomo y los golpeaban con las alas hasta que los pájaros tropicales regurgitaban los peces destinados a sus crías. Con el alimento regurgitado en el pico, los rabihorcados se iban volando, «y dejaban sin cena —comentó Nickerson— a las crías de los pájaros tropicales».

Al día siguiente, 24 de diciembre, detectaron un cambio alarmante. Nickerson observó que los pájaros, «al verse acosados de forma tan constante, empezaban a abandonar la isla». Cuando volvieron aquella noche, algunos de los hombres se quejaron de que no habían podido encontrar suficiente comida. En sólo cinco días, aquellos veinte hombres voraces habían agotado los recursos de la zona de la isla en que se hallaban. «Todas las partes accesibles de la montaña que quedaban cerca de nosotros o al alcance de nuestras débiles fuerzas —escribió Chase— ya habían sido saqueadas, en busca de huevos de pájaro y hierba, y despojadas de todo lo que contenían.»

Situada en lo más hondo de la Región Desolada, la isla de Henderson nunca había sido rica en recursos naturales. Los científicos creen que la flora y la fauna se extendieron originalmente a las islas del Pacífico desde las exuberantes orillas del sureste de Asia, y la isla de Henderson está a casi quince mil kilómetros de este lugar de origen. La dirección de los vientos y las corrientes hacen todavía más difícil que los seres vivos lleguen a este aislado afloramiento de coral. Al igual que los hombres del *Essex*, los pájaros y las especies vegetales tuvieron que abrirse paso luchando contra el viento y las corrientes para llegar a la isla de Henderson. Además, la isla se encuentra al sur del Trópico de Capricornio, zona de agua relativamente fría que es otra barrera que impide la propagación de las especies tropicales. Debido a ello, la isla de Henderson siempre ha sido un lugar difícilmente habitable.

Al parecer, la colonización humana de las islas del Pacífico siguió una pauta parecida a la propagación de las plantas y los pájaros. De isla en isla, como quien atraviesa un arroyo utilizando pasaderas, la gente fue acercándose más y más al este y al sur. Las excavaciones arqueológicas en la isla de Henderson han revelado que el hombre llegó por primera vez a ella entre los años 800 y 1050 de nucstra era. Estos primeros habitantes fundaron un asentamiento en la misma playa donde los hombres del *Essex* vararon sus balleneras. En los pocos lugares donde el suelo lo permitía cultivaron boniatos. Pescaban utilizando anzuelos hechos con conchas de madreperla importadas. Enterraban a sus muertos en criptas construidas con losas. Pero en 1450 ya se habían ido porque no podían seguir malviviendo en lo que hoy se considera el «último ejemplo prístino de isla elevada de piedra caliza que hay en el mundo».

No hubo cena de Navidad para la tripulación del *Essex*. Aquella noche «nos percatamos de que la búsqueda infructuosa de alimento no nos había resarcido de los trabajos de un día entero». Sólo quedaba hierba y «no apetecía mucho —escribió Chase— sin algo más que comer». Empezaron a «temer muy en serio que no pudiésemos vivir mucho tiempo aquí».

En menos de una semana, la tripulación del *Essex* había hecho lo que a sus predecesores polinesios les había llevado por lo menos cuatro siglos. El 26 de diciembre, el séptimo día de su estancia en la isla y el trigésimo quinto desde que dejaran el lugar del naufragio, ya habían decidido abandonar la isla agotada. Como dijo Chase, su situación era «peor de lo que hubiese sido en nuestras embarcaciones en el océano; porque, en este último caso, todavía estaríamos avanzando un poco hacia tierra, mientras durasen nuestras provisiones». En previsión del viaje, ya habían empezado a trabajar en las balleneras. «Clavamos nuestros botes tan bien como pudimos —escribió Nickerson—, con la pequeña cantidad de clavos que teníamos, a fin de prepararlas para resistir a los elementos embravecidos que de nuevo íbamos [...] a encontrar.»

La costa de Chile distaba aproximadamente tres mil millas, casi el doble de la distancia que ya llevaban recorrida. Al estudiar sus ejemplares del *Navigator* de Bowditch, se dieron cuenta de que la isla de Pascua, a 27° 9' de latitud sur y 109° 35' de longitud oeste, se hallaba a menos de un tercio de esa distancia. Aunque tampoco sabían nada acerca de dicha isla, decidieron dirigirse a ella porque descubrieron tardíamente que los terrores que podía albergar una isla desconocida no eran nada en comparación con los terrores conocidos que representaba navegar en alta mar a bordo de un bote abierto.

A primera hora del día, «reunieron a todos los marineros —recordó Nickerson— para una última charla antes de abandonar definitivamente la isla». Pollard les explicó que zarparían al día siguiente y que las balleneras llevarían las mismas tripulaciones que antes de llegar a la isla de Henderson. Fue entonces cuando tres hombres dieron un paso al frente: el arponero de Joy, Thomas Chappel, y dos adolescentes del cabo Cod, Seth Weeks y William Wright, que iban en los botes de Pollard y Chase, respectivamente. Varias veces durante los últimos días estos tres blancos que no eran de Nantucket habían sido vistos «hablando de las probabilidades de que les salvaran». Y cuanto más hablaban de ello, más pavor les daba la perspectiva de volver a embarcar en las balleneras.

Chappel, el otrora impetuoso y travieso inglés que había pegado fuego a la isla de Charles, se dio cuenta de que a Matthew Joy, el segundo oficial, no le quedaba mucho tiempo de vida. Mientras que el resto de la tripulación había recuperado gradualmente su peso y sus fuerzas durante la semana que pasaron en la isla de Henderson, Joy, que ya era de «constitución débil y enfermiza» antes del naufragio, seguía estando tremendamente delgado. Chappel sabía que si Joy moría, él, Chappel, se convertiría en el jefe de su ballenera, lo cual era una perspectiva que ningún hombre razonable podía contemplar con entusiasmo, dado lo que tal vez les esperaba.

Al prepararse para un viaje por mar que podía causar la muerte de algunos de los hombres reunidos en la playa, cuando no de todos ellos, lo que hacía la tripulación del *Essex* era reconstruir una escena que se había representado incontables veces en las islas del Pacífico. La colonización de las islas polinésicas había dependido de escenas parecidas. Pero en vez de un último y desesperado intento por llegar a un mundo conocido, los primitivos isleños de los mares del Sur habían emprendido viajes de exploración y habían puesto proa al este y al sur, adentrándose en el gigantesco vacío azul del Pacífico. Durante estos viajes largos e inciertos, era inevitable que el hambre se cobrara su tributo. El especialista en biotipología Stephen McGarvey ha especulado sobre el hecho de que las personas que sobrevivían a estos viajes tendían a tener un porcentaje de grasa corporal más alto o metabolismos más eficientes —o ambas cosas a la vez— antes de empezar el viaje, lo cual les permitía vivir más tiempo con menos comida que sus compañeros más delgados. (McGarvey propone la teoría de que por esta razón los polinesios de hoy padecen de una elevada incidencia de obesidad.)

Los mismos factores que favorecían a los polinesios gordos que poseían un metabolismo eficiente actuaban ahora entre los tripulantes del *Essex*. Aunque todos habían sobrevivido con las mismas raciones durante el mes que habían pasado en las balleneras, las cosas no habían sido iguales antes del naufragio. Como era costumbre a bordo de un barco ballenero, la calidad de la comida que se servía en el castillo de proa (donde vivían los negros) había sido inferior a la triste dieta que se servía a los arponeros y a los jóvenes de Nantucket en el rancho. Además, con toda probabilidad la salud de los negros era peor que la de los blancos incluso antes de hacerse a la mar en el *Essex*. (La esperanza de vida de un recién nacido negro en 1900 —la fecha más antigua de la cual hay estadísticas— era sólo de treinta y tres años, más de catorce años menos que un recién nacido blanco.) Ahora, treinta y ocho días después del ataque del cachalote, era evidente a ojos de todos que los afroamericanos, pese a que no estaban tan débiles como Joy, lo pasaban peor que el resto de la tripulación.

En el otro extremo se encontraban los marineros que habían nacido en Nantucket. Además de estar mejor alimentados, gozaban del apoyo que suponía el hecho de proceder todos de la misma comunidad, una comunidad muy unida. Los más jóvenes entre ellos habían sido amigos desde la infancia, a la vez que los oficiales, en especial el capitán Pollard, mostraban una preocupación paternal por el bienestar de los adolescentes. Ya fuera al soportar los tormentos de la sed y el hambre en los botes o al buscar alimento en la isla de Henderson, los de Nantucket se apoyaban y se alentaban mutuamente, cosa que no hacían con los demás.

Todos habían visto cómo los rabihorcados robaban el alimento de los pájaros tropicales. Al empeorar las condiciones en las balleneras, sólo cabía preguntarse quiénes entre los nueve nativos de Nantucket, los seis afroamericanos y los cinco blancos que no eran de Nantucket desempeñarían el papel de rabihorcados y a quiénes les tocaría el de pájaros tropicales. Chappel, Wright y Weeks decidieron que no querían averiguarlo.

«Los demás no podíamos poner ningún reparo a su plan —escribió Chase—, ya que disminuía la carga de nuestras embarcaciones, y nos daba su parte de las provisiones.» Hasta el primer oficial tuvo que reconocer que «las probabilidades de encontrar sustento en la isla eran mucho mayores que las de que nosotros llegáramos al continente». Pollard aseguró a los tres hombres que si conseguían llegar a América del Sur, haría todo cuanto estuviese en su mano para que los salvaran.

Con la mirada baja y los labios trémulos, los tres hombres se apartaron del resto de la tripulación. Ya habían escogido un lugar, muy alejado del primer campamento, en el cual construirían un tosco refugio con ramas de árbol. Ya era hora de que empezasen a trabajar. Pero sus diecisiete compañeros eran reacios a verles partir y les ofrecieron «todas las cosillas de las que se podía prescindir en los botes». Después de aceptar los obsequios, Chappel y sus dos compañeros dieron media vuelta y empezaron a bajar a la playa.

Aquella noche Pollard escribió una carta a casa que estaba seguro de que sería la última. Iba dirigida a su esposa, Mary, la hija del soguero, que ahora tenía veinte años, y con la que había pasado un total de cincuenta y siete días de vida matrimonial. También escribió una carta de carácter más público:

> Crónica de la pérdida del barco *Essex* de Nantucket en Norteamérica, isla de Ducies, 20 de diciembre de 1820, bajo el mando del capitán Pollard, júnior, cuyo naufragio se produjo en el vigésimo día de noviembre de 1820 en el ecuador a los 120° de longitud oeste, por obra de un cachalote grande que se lanzó contra la proa, lo cual hizo que se llenase de agua en unos diez minutos. Cogimos las provisiones y el agua que podían transportar las balleneras y abandonamos el barco el 22 de noviembre, y llegamos aquí este día con toda la tripulación, excepto un negro, que abandonó el barco en Ticamus. Tenemos intención de partir mañana, que será el 26 de diciembre [en realidad el 27 de diciembre] de 1820, con rumbo al continente. Dejaré con ésta una carta para mi esposa, y quien la encuentre y tenga la bondad de hacérsela llegar hará un favor a un hombre desgraciado y recibirá su más sincero agradecimiento.
>
> GEORGE POLLARD, JÚNIOR

Al oeste de su campamento habían encontrado un árbol grande en el que aparecía grabado el nombre de un barco: *Elizabeth*. Transformaron el árbol en una estafeta de correos como la que había en las islas Galápagos y metieron las cartas en una cajita de madera que clavaron en el tronco.

El 27 de diciembre a las diez de la mañana, hora en que la marea había subido lo suficiente para que los botes pudieran flotar por encima de las rocas que rodeaban la isla, empezaron a cargar. En la ballenera de Pollard iban su arponero, Obed Hendricks, junto con sus paisanos de Nantucket Barzillai Ray, Owen Coffin y Charles Ramsdell, y el afroamericano Samuel Reed. La tripulación de Owen Chase había quedado reducida a cinco hombres: Benjamin Lawrence y Thomas Nickerson, naturales de Nantucket, junto con Richard Peterson, el anciano negro de Nueva York, y Isaac Cole, un joven blanco que no era de Nantucket. La tripulación de Joy estaba formada por Joseph West, un blanco que no era de Nantucket, y cuatro negros: Lawson Thomas, Charles Shorter, Isaiah Sheppard y el camarero, William Bond. No sólo se encontraban estos hombres bajo el mando de un segundo oficial gravemente enfermo, sino que la decisión de Chappel de quedarse en la isla les había dejado sin un arponero que ayudara a Joy a dirigir a la tripulación. Pero ni Pollard ni Chase estaban dispuestos a desprenderse de un arponero nacido en Nantucket.

Pronto llegó la hora de abandonar la isla. Pero no vieron a Chappel, Wright y Weeks por ninguna parte. «No habían bajado —escribió Chase—, ni para ayudarnos a zarpar ni para despedirse de nosotros.» El primer oficial bajó a su vivienda de la playa y les dijo que estaban a punto de hacerse a la mar. Chase comentó que los hombres se mostraron «muy afectados» y uno de ellos rompió a llorar. «Deseaban que escribiéramos a sus parientes, si la providencia nos guiaba y regresábamos a casa sanos y salvos, y poco más dijeron.» Viendo que «se les partía el corazón al tener que despedirse de nosotros», Chase se apresuró a decirles adiós y volvió adonde estaban las embarcaciones. «Me siguieron con los ojos —escribió— hasta que me perdieron de vista, y nunca volví a verles.»

Antes de abandonar la isla, decidieron retroceder un poco y navegar hasta una playa que habían visto durante la primera vuelta que dieron a la isla. Parecía un lugar que «podía darles un poco de buena suerte de forma inesperada», y donde era posible que encontrasen provisiones frescas para el comienzo de su viaje. Después de dejar a media docena de hombres en la orilla para que buscasen comida, el resto pasó el día pescando. Vieron varios tiburones, pero no pudieron atrapar nada salvo unos cuantos peces del tamaño de la caballa. El grupo que había desembarcado volvió alrededor de las seis de la tarde con algunos pájaros más e hicieron los últimos preparativos para irse.

En vez de encontrar la salvación en ella, la isla de Henderson les había decepcionado, pero al menos les había dado una oportunidad. El 20 de diciembre, Chase había visto «la muerte en persona mirándonos a la cara». Ahora, después de más de una semana de comer y beber, sus toneles estaban llenos de agua dulce y ya no había vías de agua en los botes. Además de galleta, cada tripulación tenía algunos peces y pájaros. Asimismo, había tres bocas menos que alimentar. «Zarpamos de nuevo —escribió Nickerson—, [abandonando] finalmente esta tierra que tan providencialmente había aparecido en nuestro camino.»

10

EL GEMIDO DE LA NECESIDAD

Antes de zarpar de la isla de Henderson, Chase cargó una piedra plana y un brazado de leña en cada uno de los botes. Aquella primera noche de su vuelta al mar, cuando la isla y el sol desaparecieron en el horizonte occidental a sus espaldas, usaron las piedras para encender fuego y preparar la comida. «Mantuvimos nuestra lumbre encendida —escribió Chase— y asamos los peces y los pájaros, y nos pareció que nuestra situación era tan buena como cabía esperar.»

Durante un mes se habían visto empujados hacia el sur e incluso hacia el oeste; ahora albergaban la esperanza de navegar casi directamente hacia el este y llegar a la isla de Pascua. Para ello necesitarían dos semanas de brisas del oeste. Sin embargo, a los 24° de latitud sur, seguían bajo los vientos alisios, donde durante más del 70 por ciento del año el viento sopla del sureste. Pero aquella noche, como respondiendo a sus plegarias, una fuerte brisa surgió del noroeste y los empujó en línea recta hacia la isla de Pascua.

Si querían llevar la cuenta de su avance hacia el este, debían encontrar una manera de calcular la longitud, cosa que no habían hecho durante la primera etapa del viaje. Un mes de travesía sin saber su posición este-oeste les había enseñado la necesidad de, por lo menos, intentar determinarla. Antes de abandonar la isla de Henderson, decidieron llevar lo que Chase llamó «una estima regular». La observación de mediodía les indicó la latitud, y haciendo lo que el capitán Bligh había hecho antes que ellos —usar una corredera improvisada para medir su velocidad y la brújula para determinar la posición—, pudieron calcular la longitud. Las balleneras del *Essex* ya no navegaban a ciegas.

Durante tres días se mantuvo la brisa del noroeste. Luego, el 30 de diciembre, el viento cambió a este-sureste y durante dos días les obligó a dirigir el rumbo hacia el sur de la isla de Pascua. Pero el primer día del nuevo año, 1821, el viento venía del norte y volvían a navegar siguiendo el rumbo correcto.

El 3 de enero tuvieron lo que Nickerson llamó un «tiempo difícil». Varios turbiones les embistieron desde el suroeste. «El mar estaba tan agitado —recordó Nickerson— que temíamos que cada ráfaga inundase nuestras embarcaciones [...]. Cada turbión iba acompañado de vivísimos relámpagos y truenos horrísonos que hacían temblar el fondo mismo de las profundidades y daban un aspecto lúgubre a la faz del océano.»

Al día siguiente, el caprichoso viento cambió a estenoreste. Con las velas bien orientadas a babor, ciñeron el viento tanto como les fue posible, pero tampoco lograron llegar a la isla de Pascua. Pollard y Chase sacaron la misma conclusión angustiante: estaban demasiado al sur para tener alguna esperanza de alcanzar la isla. Consultaron el *Navigator* de Bowditch para ver cuál era la isla más cercana «adonde el viento nos permitiese ir». A unas ochocientas millas de la costa chilena se encuentran las islas Juan Fernández y Más Afuera. Por desgracia, entre ellos y estas islas había más de dos mil quinientas millas, más de las que habían recorrido desde que dejaron el *Essex* hacía cuarenta y cuatro días.

El mismo día en que abandonaron toda esperanza de llegar a la isla de Pascua, se comieron los últimos peces y pájaros que les quedaban. Tuvieron que volver a la ración diaria de un vaso de agua y ochenta y cinco gramos de galleta por hombre.

Durante los dos días siguientes, el viento les abandonó. El sol caía con la misma fuerza abrasadora que tanto les había oprimido antes de su llegada a la isla de Henderson. Matthew Joy, cuyos intestinos habían dejado de funcionar, era el más afectado por el calor. Había ido empeorando desde que zarparon de la isla y en sus ojos vidriosos y perdidos se reflejaba la inconfundible expresión de la muerte.

El 7 de enero se levantó una brisa del norte. La observación de mediodía reveló que se habían desviado seis grados de latitud hacia el sur, lo que equivalía a trescientas sesenta millas. Pero el avance hacia el este era lo que más les preocupaba. Calcularon que en los once días transcurridos desde que salieron de la isla de Henderson, sólo se habían acercado unas seiscientas millas al continente.

Al día siguiente Matthew Joy hizo una petición. El segundo oficial, que tenía veintisiete años, preguntó si podían trasladarle al bote del capitán. Chase escribió que el traslado se efectuó «con la impresión de que estaría más cómodo allí y podrían cuidarle y consolarle mejor».

Pero todos sabían la verdadera razón del traslado. Ahora que se acercaba a su fin, Joy, que había estado en una embarcación con cinco *coofs*, quería morir entre su propia gente.

Joy procedía de una antigua familia cuáquera. Cerca del ayuntamiento de Nantucket su abuelo había tenido una casa grande que la gente seguía llamando «la casa de Reuben Joy». En 1800, cuando Matthew contaba sólo once años, sus padres se mudaron con su familia a Hudson, Nueva York, donde algunas personas de Nantucket habían creado un puerto ballenero poco después de la revolución. Matthew siguió siendo un cuáquero hasta 1817, año en que volvió a su isla natal para casarse con Nancy Slade, de diecinueve años, que era congregacionalista. Como era costumbre en tales casos, en la reunión mensual de Nantucket le repudiaron aquel año por «casarse con alguien de fuera».

Joy ya no era cuáquero, pero el 10 de enero, un día caluroso y sin viento en el Pacífico, demostró que tenía el sentido del deber y la devoción de un cuáquero. Durante los dos últimos días, la tripulación de su ballenera había carecido de líder; ahora, Joy pidió que volvieran a llevarle con ellos. Al final, su lealtad para con su tripulación fue mayor que la necesidad de que le consolaran sus paisanos de Nantucket. Se hizo el traslado y a las cuatro de aquella tarde Matthew Joy ya había muerto.

En el cementerio cuáquero de Nantucket no se encontraba ningún tipo de panteón y muchos habían comparado su extensión llana, sin accidentes del terreno, con la anónima superficie del mar. Al igual que aquel cementerio que distaba miles de kilómetros, aquella mañana el Pacífico estaba en calma y ni un soplo de aire turbaba su lento y rítmico movimiento. Los tres botes se acercaron unos a otros y, después de envolver a Joy con su ropa y coserla, le ataron una piedra en los pies y «lo entregaron con solemnidad al océano».

Aunque sabían que Joy llevaba enfermo bastante tiempo, su pérdida fue un duro golpe para ellos. «Fue un incidente —escribió Chase— que llenó de tristeza nuestros corazones durante muchos días.» Las dos últimas semanas habían sido especialmente difíciles para los hombres del bote del segundo oficial. En vez de recibir fuerza e inspiración de su jefe, habían tenido que dedicar sus valiosas energías a cuidarle. La ausencia del arponero de Joy, Thomas Chappel, aumentó las dificultades. Para llenar el vacío, Pollard ordenó a su propio arponero, Obed Hendricks, de veintiún años, que asumiera el mando de la abatida y desanimada tripulación del segundo oficial.

Poco después de hacerse cargo de la espadilla, Hendricks descubrió algo que le llenó de inquietud. Al parecer, la enfermedad había impedido que Joy supervisara atentamente el reparto de las provisiones de su ballenera. Hendricks calculó que en el tumbadillo de su embarcación había galleta suficiente para no más de dos días, o tal vez tres.

Durante toda la mañana y la tarde del día siguiente —el quincuagésimo segundo desde que abandonaran el *Essex*— el viento sopló del noroeste y fue arreciando hasta convertirse en una tormenta al caer la noche. Recogieron todas las velas y apoparon los botes al viento. Pese a no ofrecer ni un centímetro de vela al viento, se deslizaban con violencia sobre las crestas de las olas. «Los relámpagos eran rápidos y su luz era intensa —escribió Chase—, y la lluvia caía como cataratas.» En vez de asustarse, los hombres estaban llenos de júbilo porque sabían que cada ráfaga de cincuenta nudos les empujaba hacia su lugar de destino. «Aunque el peligro era muy grande —recordó Nickerson—, nadie parecía temerlo tanto como temía a la muerte por inanición, y creo que ninguno hubiera cambiado la terrible tormenta por un viento de proa más moderado o la calma.»

La visibilidad era escasa bajo la lluvia torrencial. Habían acordado que en el caso de separarse seguirían un rumbo este-sureste con la esperanza de volver a verse cuando se hiciera de día. Como de costumbre, Chase iba delante. Aproximadamente cada minuto volvía la cabeza para comprobar si los otros dos botes eran visibles. Pero alrededor de las once, al volverse, no vio nada. «En aquel momento soplaba el viento y llovía como si el cielo estuviera a punto de partirse en dos —escribió—, y al principio no supe qué hacer.» Decidió aproar en dirección al viento y fachear. Después de navegar a la deriva durante más o menos una hora, «esperando que nos dieran alcance de un momento a otro», Chase y sus hombres volvieron a navegar siguiendo el rumbo acordado, con la esperanza de avistar las demás balleneras por la mañana, como en ocasiones anteriores.

«A la primera luz del día —escribió Nickerson— todos los hombres de nuestra embarcación se levantaron y otearon las aguas.» Agarrándose a los palos para no caerse, se subieron a los bancos y alargaron el cuello tratando de ver a sus compañeros extraviados sobre el horizonte bordeado de olas. Pero habían desaparecido. «Era una tontería lamentarse de las circunstancias —comentó Chase—; no tenía remedio y la pena no podía hacerles volver; pero era imposible no sentir todo el patetismo y la amargura que caracterizan la separación de hombres que durante mucho tiempo han sufrido juntos y cuyos intereses y sentimientos el destino tanto ha unido.»

Estaban a 32° 16' de latitud sur y 112° 20' de longitud oeste, unas seiscientas millas al sur de la isla de Pascua. Diecinueve días después de salir de la isla de Henderson, con más de mil millas por recorrer todavía, Chase y sus hombres estaban solos. «Durante muchos días después de este accidente, nuestro avance fue acompañado de sombrías y tristes reflexiones —escribió—. Habíamos perdido el aliento que sentíamos al ver los rostros de los demás y que, por extraño que parezca, tanto necesitábamos en medio de nuestros apuros mentales y físicos.»

Los turbiones y la lluvia continuaron durante todo el día siguiente. Chase decidió hacer inventario de las provisiones que les quedaban. Gracias a su rigurosa supervisión, aún tenían mucho pan. Pero llevaban cincuenta y cuatro días en el mar y había más de mil doscientas millas entre ellos y las islas Juan Fernández. «La necesidad empezó a susurrarnos —escribió Chase— que debíamos reducir todavía más nuestras raciones o abandonar por completo las esperanzas de llegar a tierra y confiar exclusivamente en la posibilidad de que nos recogiera un barco.»

Ya habían consumido la mitad de las provisiones y comían sólo unos ochenta y cinco gramos de pan al día. «Cómo reducir la cantidad diaria de comida, teniendo en consideración la vida misma, era una cuestión de la mayor importancia.» Ochenta y cinco gramos de galleta les proporcionaban sólo doscientas cincuenta calorías al día, menos del 15 por ciento de sus necesidades. Chase dijo a sus hombres que no tenían más remedio que reducir las raciones a la mitad, esto es, a sólo unos cuarenta y dos gramos de pan al día. Sabía que si tomaba esta medida, «en poco tiempo volverían a verse reducidos a simples esqueletos».

El dilema era espantoso y a Chase no le resultó fácil tomar la decisión. «Hizo falta un gran esfuerzo para plantear tan terrible alternativa —escribió—. O bien [...] alimentar nuestros cuerpos y nuestras esperanzas un poco más, o, presa de los sufrimientos del hambre, devorar nuestras provisiones y esperar tranquilamente la llegada de la muerte.» En algún lugar al norte de donde se encontraban, sus compañeros estaban a punto de descubrir las consecuencias de seguir la última de las dos opciones.

La separación afectó con igual gravedad a los hombres de los botes de Pollard y Hendricks. Siguieron adelante, sin embargo, casi seguros de que volverían a encontrarse con la ballenera de Chase. Aquel día, el 14 de enero, se agotaron las provisiones en la embarcación de Obed Hendricks. Éste y sus cinco tripulantes —Joseph West, Lawson Thomas, Charles Shorter, Isaiah Sheppard y William Bond— se preguntaron si Pollard estaría dispuesto a compartir sus provisiones con ellos.

Habían pasado sólo tres días desde que Pollard diera a Hendricks el mando de la embarcación del segundo oficial, por lo que no podía negarse a dar a su exarponero una parte de sus provisiones. Y si estaba dispuesto a alimentar a Hendricks, tendría que alimentar a los otros cinco hombres. Así pues, Pollard y sus tripulantes compartieron con ellos el poco pan que tenían, a sabiendas de que al cabo de sólo unos cuantos días más no quedaría nada.

Al separarse de Pollard y Hendricks, Chase se libró de la necesidad de afrontar su difícil situación. Desde el principio se había ocupado rigurosamente, de forma casi obsesiva, de repartir las raciones a bordo de su embarcación. Desde el punto de vista de Chase, abrir el baúl de las provisiones a los hombres de Hendricks, que no eran de Nantucket y habían empezado la terrible prueba con la misma cantidad de pan que su tripulación, hubiera sido un suicidio colectivo. Ya se había hablado de la posibilidad de tener que compartir las provisiones si una de las tripulaciones perdía las suyas. «En tal caso —escribió Chase—, algunos verían disminuir sus probabilidades de salvarse y quizá sólo serviría para condenar a todas las almas que había a bordo a una horrible muerte por inanición.» A ojos de Chase, que estaba empeñado en salvarse y salvar a sus hombres como fuera, la separación de los botes de Pollard y Hendricks no pudo ser más oportuna.

El mismo día en que Chase redujo a la mitad la ración diaria de pan de su tripulación, el viento amainó poco a poco hasta desaparecer. Las nubes también desaparecieron y una vez más los rayos del sol se hicieron abrumadores. Presa de la desesperación, Chase y sus hombres arrancaron las velas de las perchas y se escondieron debajo de la lona recubierta de sal. Envueltos en las velas, se echaron en el fondo de la embarcación y «la abandonaron —escribió el primer oficial— a la merced de las olas». A pesar de la intensidad del sol, los hombres no se quejaron de sed. Después de una semana de beber hasta saciarse en la isla de Henderson, se habían hidratado hasta tal punto que la comida había sustituido al agua como su necesidad más desesperada. De hecho, algunos de los hombres padecían ahora diarrea —síntoma común de inanición—, que Chase atribuía a los «efectos relajantes del agua». Como dijo, «nos estábamos consumiendo rápidamente».

Si bien el cuerpo puede recuperarse con bastante rapidez de la deshidratación, tarda muchísimo en recuperarse de los efectos de la inanición. Durante la segunda guerra mundial, el Laboratorio de Higiene Fisiológica de la Universidad de Minnesota llevó a cabo un estudio sobre la inanición que los científicos y los encargados de combatir las hambrunas todavía consideran un patrón de referencia. El estudio, que fue financiado en parte por grupos religiosos, entre ellos la Sociedad de Amigos, tenía por objeto ayudar a los aliados a atender las necesidades de las personas liberadas de los campos de concentración, de los prisioneros de guerra y de los refugiados. Todos los participantes eran objetores de conciencia que se prestaron voluntariamente a perder el 25 por ciento de su peso corporal en seis meses.

El experimento fue supervisado por el doctor Ancel Keys (de quien procede la denominación «ración K»). Los voluntarios llevaban una existencia sobria pero cómoda en un estadio del recinto de la Universidad de Minnesota. Aunque eran escasas, sus raciones cuidadosamente medidas de patatas, nabos, colinabos, pan moreno y macarrones (parecidas al tipo de alimentos que los refugiados podían encontrar durante la guerra) poseían una gran variedad de vitaminas y minerales. Pese a que el experimento se llevó a cabo en circunstancias clínicamente seguras, los voluntarios sufrieron graves angustias fisiológicas y psicológicas.

A medida que fueron perdiendo peso, los hombres se volvieron letárgicos tanto en cuerpo como en espíritu. Cada vez se mostraban más irritables. Les resultaba difícil concentrarse. Les horrorizaba su falta de fuerza física y de coordinación, y muchos sufrían desvanecimientos cuando se levantaban rápidamente. Se les hincharon las extremidades. Perdieron el deseo sexual y, en su lugar, se entregaban a una especie de «masturbación estomacal» que consistía en comentar sus platos preferidos con los demás y pasarse horas enfrascados en la lectura de libros de cocina. Se quejaban de haber perdido todo sentido de la iniciativa y la creatividad. «Resulta obvio que muchos de los rasgos distintivos del carácter norteamericano —escribió uno de los encargados de tomar nota de los efectos del experimento—, como la abundancia de energía, la generosidad, el optimismo, derivan de ser el nuestro un pueblo bien alimentado.»

Para muchos de los hombres la parte más difícil del experimento fue el período de recuperación. Semanas después de aumentar su ingesta de alimentos, todavía sentían ansias de comer. En algunos casos, llegaron a perder peso durante la primera semana después de dejar la dieta de hambre. Si las conclusiones del estudio de Minnesota son aplicables a su caso, la semana que la tripulación del *Essex* pasó en la isla de Henderson poco hizo por devolver a sus cuerpos las reservas de músculo y grasa. Ahora, tres semanas más tarde, los marineros estaban tan cerca de morir de inanición como lo habían estado antes.

Los síntomas que presentaban los hombres mientras sus botes se encontraban en medio del océano en calma el 14 de enero de 1821 eran parecidos a los que experimentaron los objetores de conciencia en 1945. Chase escribió que apenas tenían fuerzas «para moverse en nuestros botes y llevar a cabo lentamente los trabajos necesarios que les correspondían». Aquella noche, al incorporarse desde el fondo de la embarcación, sufrieron el mismo tipo de desvanecimiento que afligió a los hombres de la Universidad de Minnesota. «Al tratar de levantarnos otra vez —escribió Chase—, se nos subía la sangre a la cabeza. Una ceguera embriagadora se apoderaba de nosotros y casi nos hacía caer de nuevo.»

Los sufrimientos de Chase eran tan intensos que se olvidó de cerrar con llave su baúl antes de dormirse en el fondo de la embarcación. Aquella noche uno de los tripulantes despertó al primer oficial y le informó de que Richard Peterson, el viejo negro de Nueva York que les había animado a rezar, había robado un poco de pan.

Chase se levantó de un salto, hecho una furia. «En aquel momento sentí una indignación y un resentimiento muy grandes al enterarme de semejante conducta por parte de uno de los miembros de nuestra tripulación —escribió— e inmediatamente cogí mi pistola y le espeté que si había cogido un poco [de pan], lo devolviera enseguida ¡o le pegaría un tiro!» Peterson devolvió en el acto las provisiones, «alegando —escribió Chase— la extrema necesidad que le había impulsado a hacerlo». Peterson, que casi triplicaba en edad a los demás hombres del bote, se estaba acercando al límite de su capacidad de resistencia y sabía que, sin más pan, pronto moriría.

Pese a ello, el primer oficial pensó que convenía darle un castigo ejemplar. «Era la primera infracción —escribió—, y la seguridad de nuestras vidas y nuestras esperanzas de librarnos de los sufrimientos pedían a gritos un castigo rápido y rotundo.» Pero, como comentó Nickerson, Peterson «era un viejo bueno y sólo las punzadas del hambre podían haberle empujado a hacer algo tan temerario». Finalmente Chase decidió ser misericordioso con él. «No me sentí capaz de tratarle con la menor severidad por lo que había hecho —escribió—, por más que lo exigiera el rigor que nos habíamos impuesto a nosotros mismos.» Chase advirtió a Peterson que si intentaba robar otra vez, le costaría la vida.

Durante todo el día siguiente, hasta bien entrada la noche, soplaron brisas ligeras. Las tensiones entre los hombres de Chase habían empezado a decrecer, pero los sufrimientos individuales no disminuyeron ni un ápice: los cuerpos seguían atormentados por un hambre que la ración diaria de unos cuarenta y dos gramos de pan apenas aliviaba un poco. A pesar de ello, el reparto de las provisiones siguió siendo el momento más importante del día. Algunos hombres procuraban que su ración durase tanto como fuera posible, y mordisqueaban el pan casi con finura y saboreaban cada uno de los minúsculos bocados con la poca saliva que su boca era capaz de segregar. Otros se comían sus raciones prácticamente de un mordisco, con la esperanza de dar a su estómago cierta sensación de estar lleno. Después, todos ellos lamían con delicadeza los residuos de los dedos.

Aquella noche, las plácidas aguas que rodeaban la embarcación de Chase se transformaron súbitamente en espuma blanca cuando algo enorme chocó con la popa. Aferrándose a la borda, los hombres se levantaron del fondo y vieron que un tiburón, casi tan grande como la orca que había atacado el bote de Pollard, «nadaba a nuestro alrededor mostrando su voracidad, arremetiendo de vez en cuando contra diferentes partes de la embarcación, como si quisiera devorar la madera misma». El monstruo intentó morder la espadilla, luego trató de rodear la roda de popa con sus inmensas fauces, como si estuviera poseído por la misma hambre atroz que consumía a todos.

En el fondo de la embarcación había una lanza como

la que Chase estuvo a punto de arrojar contra el cachalote que hundió al *Essex*. Si lograban matar al gigantesco tiburón, tendrían comida suficiente para varias semanas. Pero cuando Chase intentó clavar la lanza en el animal, descubrió que no tenía fuerzas ni para arañarle la piel, que parecía de papel de lija. «Era mucho más grande que un [tiburón] normal —escribió Chase— y demostraba una malignidad tan intrépida que nos dio miedo a todos; y nuestros máximos esfuerzos, que al principio iban dirigidos a matarlo para comérnoslo, acabaron convertidos en actos en defensa propia.» Poco podían hacer los hombres mientras el tiburón embestía y golpeaba los frágiles costados del bote. Al final, el tiburón se cansó de ellos. «Fracasado [...] en todos sus hambrientos ataques contra nosotros —escribió Chase—, al poco se fue.»

Al día siguiente, un grupo de marsopas sustituyó al tiburón. Durante casi una hora los hombres de Chase hicieron cuanto pudieron por capturar alguno de aquellos animales juguetones. Cada vez que una de las marsopas emergía a la superficie cerca del bote, trataban de clavarle la lanza. Pero como en el caso del tiburón, no podían, como dijo Nickerson, «reunir las fuerzas suficientes para perforar su duro pellejo». Mientras que el tiburón es una máquina de matar primitiva, una marsopa es uno de los mamíferos más inteligentes que existen. El dominio que la marsopa tenía de su entorno se hizo ahora cruelmente notorio para los hambrientos terrícolas que iban en el bote. «No tardaron en dejarnos —escribió Nickerson—, al parecer llenas de júbilo, saltando en el agua y [...] pasándolo en grande. Pobres diablos, hasta qué punto son ahora superiores a nosotros y, pese a ello, no [...] lo saben.»

Durante los dos días siguientes, el 17 y el 18 de enero, volvieron las calmas. «Una vez más cayeron sobre nuestras devotas cabezas —escribió Chase— las penas de una triste perspectiva y un sol abrasador.» A medida que se acercaban al sexagésimo día desde que abandonaran el *Essex*, hasta Chase estaba convencido de que su destino era morir. «Empezamos a pensar que la divina providencia había acabado por abandonarnos —escribió el primer oficial— y que era un esfuerzo inútil tratar de prolongar una existencia que ahora resultaba tediosa.» No pudieron por menos de preguntarse cómo morirían: «¡Horribles eran los sentimientos que se adueñaron de nosotros! [...] La contemplación de una muerte de dolor y tormento, exaltada por las reflexiones más espantosas y angustiantes, con el cuerpo y el alma absolutamente postrados».

Según Chase, la noche del 18 de enero «fue un momento de desesperación en medio de nuestros sufrimientos». Dos meses de privaciones y miedo habían llegado a una culminación insoportable al pensar en los horrores que les esperaban. «El miedo y la aprensión llenaban por completo nuestro pensamiento —escribió Chase— y todo en él era oscuro, lúgubre y confuso.»

Hacia las ocho, la oscuridad cobró vida al oírse un sonido conocido: la respiración de los cachalotes. La noche era negra y el ruido que antes anunciara la emoción de la pesca ahora les llenó de terror. «Podíamos oír claramente los coletazos en el agua —recordó Chase—, y nuestras débiles mentes imaginaron el aspecto atroz y horrible de los animales.»

Al ver los cachalotes que salían a la superficie y se zambullían a su alrededor, Richard Peterson «fue presa del pánico» y suplicó a sus compañeros que remaran hasta un lugar seguro. Pero nadie tenía fuerzas siquiera para levantar un remo. Tres cachalotes se acercaron a la popa del bote en rápida sucesión, «resoplando y lanzando chorros a un ritmo terrible», y se detuvieron sin llegar a tocarlo; luego la manada desapareció.

Cuando se hubo calmado un poco, Peterson habló con Chase de sus creencias religiosas. Aunque sabía que su propia muerte era inminente, la fe de Peterson en Dios no había disminuido. «Razonaba con mucha sensatez —escribió Chase— y mucha serenidad.» Peterson tenía una esposa en Nueva York y pidió a Chase que se pusiera en contacto con ella si alguna vez volvía vivo a casa.

Al día siguiente, 19 de enero, el viento soplaba con tanta ferocidad que tuvieron que arrizar las velas y capear el temporal. Relampagueaba, llovía a cántaros y el viento soplaba desde «todas las cuartas». Mientras las olas zarandeaban su pequeña embarcación, Peterson permanecía echado entre los asientos, «absolutamente desanimado y alicaído». Aquella noche el viento finalmente empezó a soplar sólo en dirección este-noreste.

El 20 de enero, exactamente dos meses después del hundimiento del *Essex*, Richard Peterson declaró que le había llegado el momento de morir. Cuando Chase le ofreció su ración diaria de pan, Peterson la rechazó y dijo: «Puede que le sirva de ayuda a alguien, pero no a mí». Poco después perdió la facultad del habla.

Desde hace mucho tiempo, los modernos defensores de la eutanasia afirman que los efectos conjuntos de la inanición y la deshidratación son una manera indolora y digna de morir para los enfermos incurables. En las etapas finales, las punzadas del hambre desaparecen, y también desaparece la sensación de sed. El paciente pierde la conciencia mientras el empeoramiento de sus órganos internos produce una muerte apacible. Al parecer, así fue como falleció Richard Peterson. «La respiración pareció abandonar su cuerpo sin causarle el menor dolor —escribió Chase—, y a las cuatro expiró.»

Al día siguiente, a 35° 7' de latitud sur y 105° 46' de longitud oeste, y a mil millas de las islas Juan Fernández, el cuerpo de Peterson se reunió con el de Joy en el inmenso cementerio del mar.

11

JUEGOS DE AZAR

El 20 de enero de 1821, ocho días después de perder
de vista el bote de Chase, los hombres de Pollard y los de
Hendricks estaban a punto de agotar sus provisiones.
Aquel día murió Lawson Thomas, uno de los negros que
iban en la embarcación de Hendricks. En vista de que apenas quedaba medio kilo de galleta para diez hombres,
Hendricks y su tripulación se atrevieron a hablar de algo
que estaba en la mente de todos: si debían comerse el cadáver en vez de sepultarlo.

Desde que los hombres surcaban los océanos del
mundo, los marineros hambrientos se habían alimentado
de los restos de sus compañeros muertos. A principios
del siglo XIX, el canibalismo en el mar estaba tan extendido que los supervivientes a menudo se sentían obligados
a informar a sus salvadores de que no habían recurrido
a él, y, según un historiador, «sospechar que los náufragos hambrientos lo habían practicado era una reacción
normal». Uno de los casos documentados de forma más
minuciosa ocurrió en el invierno de 1710, cuando el

Nottingham Galley, un mercante británico al mando del capitán John Dean, naufragó en la isla de Boon, minúsculo afloramiento rocoso a poca distancia de la costa de Maine. A pesar de tener el continente a la vista, los hombres se encontraron aislados sin provisiones y sin ninguna posibilidad de obtener ayuda. Al morir el carpintero del barco durante la tercera semana, uno de los marineros sugirió que se alimentaran del cuerpo de su compañero. Al principio, el capitán Dean encontró la propuesta «de lo más atroz y repugnante». Luego se entabló un debate junto al cadáver del carpintero. «Después de abundantes y maduras reflexiones y consultas sobre la licitud o la inmoralidad por un lado y la absoluta necesidad por el otro —escribió Dean—, el buen juicio, la conciencia, etcétera, tuvieron que someterse a los argumentos más poderosos de nuestros voraces apetitos.»

Ciento once años más tarde, en medio del Pacífico, diez hombres del *Essex* llegaron a una conclusión parecida. Dos meses después de que decidieran no desembarcar en las islas de la Sociedad porque, como dijo Pollard, «temíamos que nos devorasen los caníbales», se disponían a comerse a uno de sus propios compañeros.

Primero tuvieron que descuartizar el cuerpo. En Nantucket había un matadero al pie de Old North Wharf donde cualquier chico de la población podía ver cómo se transformaba una vaca o una oveja en pedazos de carne que luego se vendían. En un barco ballenero eran los tripulantes negros quienes preparaban y cocinaban los alimentos. En el caso del *Essex*, el cocinero afroamericano había descuartizado más de treinta cerdos y docenas de tortugas antes del ataque del cachalote. Y, por supuesto, los veinte tripulantes sin excepción habían participado en la tarea de cortar en pedazos varias docenas de cachalotes. Pero ahora no se trataba de un cachalote ni de un cerdo ni de una tortuga. Ahora se trataba de Lawson Thomas, un compañero con el que habían compartido dos meses infernales a bordo de un bote abierto. El encargado de descuartizar el cuerpo de Thomas tendría que afrontar no sólo las dificultades que suponía el reducido espacio de una embarcación de menos de ocho metros, sino también el caos de sus propias emociones.

A los tripulantes del *Nottingham Galley*, el barco que naufragó a la altura de Maine, les había costado tanto empezar la horrible tarea de cortar en pedazos el cuerpo del carpintero que suplicaron al reacio capitán que la llevase a cabo él. «Sus incesantes ruegos y súplicas acabaron imponiéndose —escribió Dean— y al llegar la noche ya había hecho mi trabajo.» Dean, al igual que la mayoría de los marineros obligados a recurrir al canibalismo, empezó por quitar las señales más obvias de la humanidad del cadáver —la cabeza, las manos, los pies y la piel— y arrojarlas al mar.

Si Hendricks y sus hombres seguían el ejemplo de Dean, a continuación sacarían el corazón, el hígado y los riñones de Thomas de la sangrienta cesta de sus costillas. Luego empezarían a cortar la carne de la espina dorsal, las costillas y la pelvis. En todo caso, Pollard dijo que tras encender fuego sobre la piedra plana en el fondo de la embarcación, asaron los órganos y la carne y empezaron a comer.

En vez de calmar las punzadas del hambre, los primeros bocados de carne no hicieron más que intensificar sus atávicas ganas de comer. La saliva fluía en sus bocas mientras los jugos gástricos gorgoteaban en los estómagos, después de permanecer inactivos tanto tiempo. Y cuanto más comían, más hambre tenían.

Los antropólogos y los arqueólogos que estudian el fenómeno del canibalismo han calculado que un ser humano adulto normal proporcionaría unos treinta kilos de carne comestible. Pero el cuerpo de Lawson Thomas no era normal. Las autopsias de las víctimas de inanición han revelado una atrofia espectacular del tejido muscular y la falta total de grasa, que en algunos casos es sustituida por una sustancia gelatinosa y translúcida. La inanición y la deshidratación también habían encogido los órganos internos de Thomas, incluidos el corazón y el hígado. Puede que su cuerpo proporcionase sólo unos catorce kilos de carne fibrosa y magra. Al día siguiente, cuando se agotaron las existencias de pan del capitán, Pollard y sus hombres «tuvieron el gusto de compartir la horrible comida con la otra tripulación».

Dos días más tarde, el 23 de enero —el sexagésimo día desde que dejaran el lugar del naufragio—, murió otro miembro de la tripulación de Hendricks y los demás se lo comieron. Y al igual que Lawson Thomas, Charles Shorter era negro.

Es probable que los afroamericanos hubieran acusado la calidad inferior de su dieta antes del hundimiento. Pero puede que interviniese otro factor. Un estudio científico reciente comparó el porcentaje de grasa corporal entre diferentes grupos étnicos y afirmó que los negros norteamericanos tienden a tener menos grasa corporal que sus compatriotas de raza blanca. Cuando un cuerpo que padece hambre agota sus reservas de grasa, empieza a consumir músculo y este proceso no tarda en perjudicar los órganos internos y, finalmente, causa la muerte. La menor cantidad de grasa corporal de los negros significaba que habían empezado a subsistir a base del tejido muscular antes que los blancos.

La importancia de la grasa corporal para determinar la supervivencia a largo plazo en condiciones de inanición quedó demostrada entre los miembros de la partida de Donner, un grupo de colonizadores que quedó aislado por la nieve en las estribaciones de las sierras durante el invierno de 1847. A pesar de tener fama de ser el sexo débil, las mujeres tendían a durar más que los hombres, gracias en parte a su mayor porcentaje de grasa corporal (aproximadamente el diez por ciento más que los varones). Ahora que habían empezado a morir algunos tripulantes del *Essex*, no fue casualidad que los primeros en fallecer (con la excepción del enfermo Matthew Joy, que, según dijo Chase, «no murió de inanición absoluta») fueran afroamericanos.

Entre los blancos, el capitán del *Essex*, de veintinueve años, tenía una ventaja. Era bajo de estatura, tendía a la corpulencia antes de la terrible experiencia y, al ser mayor, tenía un índice metabólico inferior. De estos veinte marineros, Pollard era el que tenía más probabilidades de salir vivo del calvario de la inanición. Sin embargo, dada la compleja variedad de factores —psicológicos además de fisiológicos— que influían en la salud de cada uno de los hombres, era imposible predecir con total exactitud quién viviría y quién moriría.

Más de cien millas al sur, mientras sus compañeros se comían su segundo cadáver en cuatro días, Owen Chase y sus hombres navegaban a la deriva en un mar sin viento. Después de una semana comiendo diariamente sólo unos cuarenta y dos gramos de pan, «apenas podíamos andar a gatas por la embarcación y no teníamos más fuerzas que las suficientes para llevarnos la escasa comida a la boca».

Habían empezado a salirles furúnculos en la piel. El 24 de enero por la mañana, con otro día de calma y sol achicharrante en perspectiva, Chase estaba seguro de que algunos de sus hombres no llegarían al anochecer. «Sólo Dios sabe —escribió— qué era lo que me levantaba por encima de todos los terrores que nos rodeaban.»

Aquella noche, el primer oficial tuvo un sueño vívido. Acababa de sentarse para dar cuenta de un «espléndido y rico ágape en el que había todo lo que podía desear el más delicado apetito». Pero en el momento justo en que iba a tomar el primer bocado «desperté a la fría realidad de mi desdichada situación». Presa de una especie de locura a causa del sueño, Chase empezó a roer la cubierta de cuero de un remo, pero descubrió que sus mandíbulas no tenían fuerza y sus dientes no podían penetrar en el cuero rígido y cubierto de sal.

Con la muerte de Peterson, la tripulación de Chase había quedado reducida a sólo tres hombres —Benjamin Lawrence y Thomas Nickerson, nativos de Nantucket, y Isaac Cole, de Rochester, Massachusetts. A medida que sus sufrimientos iban en aumento, los hombres se apoyaban más y más en el primer oficial. Chase informó de que «me acosa[ba]n continuamente con preguntas sobre la probabilidad de que volviéramos a tierra otra vez. Constantemente procuraba animarme para poder tranquilizarles».

Chase había cambiado desde el comienzo de la dura prueba. En vez del severo partidario de la disciplina que había repartido las raciones con una pistola a su lado, ahora hablaba a los hombres con una voz que Nickerson calificó de casi alegre. Al alcanzar nuevas cotas sus tormentos, Charles reconoció que lo que necesitaban sus hombres no era disciplina, sino aliento. Porque, como todos habían visto en el caso de Peterson, la esperanza era lo único que les separaba de la muerte.

La capacidad de Chase para adaptar su forma de ejercer el liderazgo a las necesidades de sus hombres puede compararse con la de uno de los líderes más grandes y venerados de todos los tiempos, sir Ernest Shackleton. Se ha dicho que la hazaña de Shackleton, que consistió en llevar a los veintisiete hombres de su expedición antártica a lugar seguro, fue «la epopeya suprema del liderazgo en circunstancias de todo punto imposibles». En 1916, después de diecisiete meses de lucha contra las adversidades más crueles que quepa imaginar —entre ellas una extenuante caminata por la masa flotante de hielo; dos viajes en embarcaciones diminutas, del tamaño de balleneras, por el océano Glacial Antártico, y una aterradora travesía por los picos de la isla Georgia del Sur—, Shackleton llegó finalmente a una estación ballenera y luego volvió para salvar a los que había dejado en la isla Elefante.

La sensibilidad de Shackleton a las necesidades de sus hombres era legendaria. «Tanto cuidaba de su gente —escribió su colaborador Frank Worsley—, que, a ojos de los hombres rudos, a veces parecía tener un toque de mujer, incluso rayando en lo melindroso.» Pero Shackleton era también capaz de insistir en una disciplina como la de Bligh. En una expedición anterior, cuando uno de los hombres opinó que se estaban vulnerando sus libertades, Shackleton acabó con la insurrección derribando al hombre de un puñetazo. Esta combinación de actos decisivos y autoritarios con la capacidad de comprender a los demás raramente se encuentra en un solo líder. Pero Chase, a sus veintitrés años (casi la mitad de la edad de Shackleton), había aprendido a ir más allá de la implacable severidad de un hombre avezado y a hacer todo lo posible por sacar a sus hombres de las profundidades de la desesperación.

Nickerson decía que el primer oficial era un «hombre excepcional» y reconocía el genio de Chase para encontrar indicios de esperanza en una situación aparentemente desesperada. Chase pensaba que habiendo soportado ya tantas adversidades, estaban en deuda unos con otros y tenían que aferrarse a la vida tan tenazmente como fuera posible: «Razoné con ellos y les dije que por conservar nuestras esperanzas no moriríamos antes». Pero se trataba de algo más que de lealtad recíproca. En lo que se refería a Chase, Dios también participaba en esta lucha por sobrevivir. «Los espantosos sacrificios y privaciones que [habíamos] soportado eran para protegernos de la muerte —les aseguró—, y no debían entrar en conflicto con el precio que poníamos a nuestras vidas.» Además de decir que sería «indigno de hombres lamentarse de lo que no tenía alivio ni cura», Chase insistió en que «teníamos la solemne obligación de reconocer en nuestras calamidades una divinidad suprema, cuya misericordia podía librarnos súbitamente del peligro, y confiar exclusivamente en Él». Aunque durante los dos últimos meses habían visto pocas señales de la misericordia del Señor, Chase insistió en que «se mantuvieran firmes contra todos los males [...] y no desconfiaran débilmente de la providencia del Todopoderoso, entregándonos a la desesperación».

Durante los tres días siguientes el viento siguió soplando del este y empujándolos más y más hacia el sur. «Era imposible acallar las rebeldes lamentaciones de nuestra naturaleza —reconoció Chase—. Nuestro cruel destino había querido que ninguna de nuestras previsiones se hiciera realidad, que ninguno de los deseos de nuestras almas sedientas se cumpliera.»

El 26 de enero, el sexagésimo sexto día desde que abandonaran el lugar del naufragio, la observación del mediodía indicó que habían descendido hasta los 36° de latitud sur, más de seiscientas millas al sur de la isla de Henderson y mil ochocientas al oeste de Valparaíso, Chile. Aquel día el sol abrasador dio paso a una lluvia muy fría. Debido a la inanición, la temperatura de los hombres había bajado varios grados, y como tenían poca ropa para abrigar sus cuerpos delgados, ahora corrían peligro de morir de hipotermia. No tenían más remedio que tratar de dirigirse hacia el norte, de vuelta al ecuador.

Con la brisa soplando del este, se vieron obligados a dar bordadas, virando con la espadilla hasta que recibieron el viento de estribor. Era una maniobra que ejecutaron con facilidad antes de llegar a la isla de Henderson. Ahora, aunque el viento era muy ligero, ya no tenían las fuerzas necesarias para manejar la espadilla ni orientar las velas. «Después de mucho trabajo, logramos hacer virar el bote —recordó Chase—, y tan grande fue la fatiga que acompañó a este pequeño ejercicio del cuerpo que todos caímos rendidos durante un momento y dejamos el bote a la deriva.»

Como nadie manejaba la espadilla ni orientaba las velas, el bote navegaba a la deriva. Los hombres permanecían tumbados en el fondo, desamparados y tiritando, «al caer sobre nosotros los horrores de nuestra situación —escribió Chase— con una fuerza y un efecto que nos privaron de toda esperanza». Después de dos horas, finalmente reunieron las fuerzas suficientes para orientar las velas de modo que la embarcación siguiera avanzando. Pero ahora navegaban hacia el norte, y no hacia la costa de América del Sur, sino paralelamente a ella. Al igual que hiciera Job, Chase no pudo evitar preguntarse: «¿Qué remotas esperanzas nos ataban [todavía] a la vida?».

Mientras los hombres de Chase seguían inmovilizados por el hambre en el fondo de su ballenera, murió otro de los miembros de la tripulación de Hendricks. Esta vez fue Isaiah Sheppard, el tercer afroamericano que moría y servía de alimento en sólo siete días. Al día siguiente, 28 de enero —el sexagésimo octavo día desde que dejaran los restos del naufragio—, corrió la misma suerte Samuel Reed, el único negro que había en el bote de Pollard. William Bond, que iba en la embarcación de Hendricks, se convirtió así en el último negro superviviente de la tripulación del *Essex*. Poca duda cabía ahora de quiénes desempeñaban el papel de pájaros tropicales y quiénes el de rabihorcados.

Los marineros solían reconocer que comer carne humana rebajaba el carácter moral de una persona y la situaba al nivel de aquellos «salvajes bestiales» que se entregaban voluntariamente al canibalismo. En 1710, el capitán Dean había observado en la isla de Boon cómo sus hombres sufrían una transformación horrorosa al empezar a comerse el cadáver del carpintero. «Me encontré (en pocos días) con que sus inclinaciones naturales habían cambiado —escribió Dean— y descubrí que su talante afectuoso y pacífico se había perdido por completo; sus ojos miraban fijamente y con expresión enloquecida, su semblante era feroz y bárbaro.»

Pero lo que rebajaba el sentido de la civilidad de un superviviente no era la práctica del canibalismo, sino, más bien, su hambre implacable. Durante la primera parte de su viaje, Chase había observado que debido a sus sufrimientos les resultaba difícil mantener «el carácter magnánimo y devoto en nuestros sentimientos».

Incluso en las circunstancias controladas del experimento que se llevó a cabo en Minnesota en 1945, los participantes eran conscientes de un cambio penoso en su comportamiento. La mayoría de los voluntarios pertenecía a la Iglesia de los Hermanos, y muchos habían albergado la esperanza de que el período de privaciones intensificaría su vida espiritual. Pero comprobaron que ocurría justamente lo contrario. «La mayoría de ellos tenía la sensación de que la casi total inanición les había hecho más rudos en lugar de más puros —según el informe del experimento— y se maravillaron de lo tenue que parecía ser su barniz moral y social.»

En otro caso notorio de canibalismo entre supervivientes, en 1765, los marineros que iban en el *Peggy*, que había sufrido graves desperfectos, se acercaban a las etapas finales de la inanición en el tempestuoso Atlántico. Aunque todavía les quedaba una parte más que suficiente del cargamento de vino y coñac que transportaba el barco, hacía dieciocho días que se habían comido sus últimos alimentos. Envalentonado por el alcohol, el primer oficial informó al capitán de que él y el resto de la tripulación matarían a un esclavo negro y luego se lo comerían. El capitán se negó a tomar parte y, demasiado débil para oponerse a ellos, oyó desde su camarote el aterrador sonido de la ejecución y del subsiguiente festín. Al cabo de unos días, la tripulación se presentó ante la puerta del capitán, buscando a otro hombre para matarlo. «Yo [...] [les dije] que la muerte del pobre negro no les había servido de nada —escribió el capitán Harrison—, ya que estaban tan hambrientos y escuálidos como siempre [...]. Su respuesta fue que tenían hambre y necesitaban comer algo.»

Al igual que la tripulación del *Peggy*, los superviventes del *Essex* ya no actuaban de acuerdo con las reglas de conducta que habían gobernado sus vidas antes de la terrible experiencia; eran miembros de lo que los psicólogos que estudiaron los efectos de los campos de concentración nazis han llamado «una comunidad animal moderna», es decir, «un grupo de personas reducidas a un estado animal muy próximo a la motivación "bruta"». Del mismo modo que los presos de los campos de concentración sufrieron, como dice un psicólogo, «la inanición [...] en un estado de estrés extremo», también los hombres del *Essex* vivían un día tras otro sin saber cuál de ellos sería el siguiente en morir.

En estas circunstancias, los supervivientes suelen pasar por un proceso de insensibilización psíquica que un superviviente de Auschwitz describió como una tendencia a «matar mis sentimientos». Otra mujer lo expresó como una voluntad amoral, incluso inmoral, de vivir. «Ninguna otra cosa contaba salvo que yo quería vivir. Hubiera robado a mi marido, a mi hijo, a mi padre o amigo con tal de conseguirlo. Por tanto, todos los días me disciplinaba a mí misma con una especie de astucia vil y salvaje, y me obligaba a concentrar todos los esfuerzos, todas las fibras de mi ser, en las cosas que lo hicieran posible.»

En el seno de una comunidad animal no es raro que surjan subgrupos como forma colectiva de defensa contra el avance despiadado del horror, y en este sentido los hombres de Nantucket —unidos por sus lazos de parentesco y religión— tenían una ventaja arrolladora. Dado que no habría supervivientes negros que contradijeran los testimonios de los blancos, existe la posibilidad de que los de Nantucket interpretaran un papel mucho más activo para asegurar su propia supervivencia de lo que se ha sugerido. Desde luego, las estadísticas dan motivos para sospecharlo: los cuatro marineros que se comieron en primer lugar eran todos negros. Aunque no llegaran a asesinar a los tripulantes negros, es posible que los de Nantucket se negaran a compartir la carne con ellos.

Sin embargo, exceptuando el hecho de que la mayoría de los negros iban en una ballenera bajo el mando de un oficial enfermo, no tenemos ningún indicio de favoritismo declarado en las balleneras. De hecho, parece que los hombres del *Essex* se distinguieron por la gran disciplina y los remordimientos humanos que mantuvieron durante la terrible experiencia. Si la necesidad les obligó a comportarse como animales, lo hicieron con los pesares más hondos. Hubo una razón por la cual William Bond, que iba en el bote de Hendricks, siguió vivo cuando los demás afroamericanos ya habían muerto. Gracias a su puesto de camarero en los alojamientos de los oficiales, Bond había disfrutado de una dieta mucho más equilibrada y abundante que sus compañeros del castillo de proa. Pero ahora que era el único negro entre seis blancos, Bond debía de preguntarse qué le depararía el futuro.

Dadas las crueles matemáticas del canibalismo de supervivencia, cada muerte no sólo proporcionaba alimento a los que quedaban, sino que también reducía en una el número de personas con las que tenían que compartirlo. Cuando Samuel Reed murió el 28 de enero, su carne proporcionó a los siete supervivientes cerca de tres mil calorías (casi un tercio más desde la muerte de Lawson Thomas). Por desgracia, aunque puede que esta porción equivaliese más o menos a la parte de una tortuga de las Galápagos correspondiente a cada hombre, carecía de la grasa que el cuerpo humano requiere para digerir la carne. Por mucha carne de la que dispusieran ahora, carecía de valor nutritivo sin una fuente de grasa.

La noche siguiente, la del 29 de enero, fue la más oscura. Las dos tripulaciones tenían dificultades para no perderse de vista mutuamente; también carecían de las fuerzas necesarias para manejar las espadillas y las velas. Aquella noche, Pollard y sus hombres se encontraron con que la ballenera donde iban Obed Hendricks, William Bond y Joseph West había desaparecido. Los hombres de Pollard estaban demasiado débiles para tratar de encontrar la embarcación desaparecida, ya fuera alzando un farol o disparando una pistola. Debido a ello, George Pollard, Owen Coffin, Charles Ramsdell y Barzillai Ray —todos de Nantucket— se quedaron solos por primera vez desde el naufragio del *Essex*. Se encontraban a 35° de latitud sur y 100° de longitud oeste, a mil quinientas millas de la costa de América del Sur, sin más sustento que el cadáver a medio comer de Samuel Reed.

Pero por desalentadoras que pareciesen sus perspectivas, eran mejores que las de la tripulación de Hendricks. Al carecer de brújula y cuadrante, Hendricks y sus hombres se encontraban perdidos en un mar vacío y sin límites.

El 6 de febrero, los cuatro hombres del bote de Pollard, que ya habían consumido «el último bocado» de Samuel Reed, empezaron a mirarse «con pensamientos horribles en la mente —según un superviviente— pero nos callamos». Entonces el más joven de ellos, Charles Ramsdell, de dieciséis años, dijo lo indecible. Debían echar a suertes a quién matarían para que los demás pudieran vivir.

Echar suertes en una situación semejante era una costumbre que los hombres del mar aceptaban desde hacía mucho tiempo. El caso más antiguo que se conoce data de la primera mitad del siglo XVII, cuando seis ingleses que habían zarpado de la isla de San Cristóbal fueron empujados hasta alta mar por una tormenta. Después de diecisiete días, uno de ellos sugirió que echasen suertes. Dio la casualidad de que le tocó al hombre que había hecho la sugerencia y, tras volver a echar a suertes quién se encargaría de ejecutarle, lo mataron y se lo comieron.

En 1765, varios días después de que la tripulación del inutilizado *Peggy* se comiera los restos del esclavo negro, echaron a suertes quién sería el siguiente en servir de alimento. Le tocó a David Flatt, marinero de primera y uno de los tripulantes más populares. «La impresión que causó el resultado fue grande —escribió el capitán Harrison—, y los preparativos de la ejecución, espantosos.» Flatt solicitó que le dieran un poco de tiempo porque quería prepararse para morir, y sus compañeros accedieron a aplazar la ejecución hasta las once de la mañana siguiente. El miedo a la sentencia de muerte resultó demasiado para Flatt. Al dar las doce de la noche, ya se había vuelto sordo, y por la mañana deliraba. Aunque parezca increíble, a las ocho avistaron un barco de salvamento. Mas para David Flatt ya era tarde. Según Harrison, cuando volvieron a Inglaterra «el infeliz Flatt continuaba sin estar en sus cabales».

En conciencia, un ballenero cuáquero no podía estar de acuerdo con la costumbre de echar suertes. Los cuáqueros no sólo tienen un precepto que prohíbe matar a personas, sino que, además, no permiten los juegos de azar. Charles Ramsdell, hijo de un ebanista, era congregacionalista. Sin embargo, tanto Owen Coffin como Barzillai Ray eran miembros de la comunidad cuáquera de Nantucket. Aunque Pollard no lo era, sus abuelos sí lo habían sido, y su bisabuela, Mehitable Pollard, llegó a ministra.

En parecidas circunstancias, otros marineros tomaron decisiones diferentes. En 1811, una tormenta desarboló el bergantín *Polly*, de ciento treinta y nueve toneladas, que navegaba de Boston al Caribe, y la tripulación pasó ciento noventa y un días navegando a la deriva con el casco lleno de agua. Aunque murieron algunos marineros a causa del hambre y la exposición a los elementos, sus cuerpos no se usaron como alimento; en vez de ello, se utilizaron como cebo. Los supervivientes ataron trozos de cadáver a un sedal de curricán y lograron capturar suficientes tiburones para alimentarse hasta que los salvaron. Si la tripulación del *Essex* hubiera adoptado esta estrategia al morir Matthew Joy, quizá nunca hubieran llegado al extremo en que se encontraban ahora.

Al principio, cuando el joven Ramsdell hizo su propuesta, el capitán Pollard «no quiso escucharla —según cuenta Nickerson—, y dijo a los demás: "No, pero si muero antes, podéis subsistir con mis restos"». Entonces Owen Coffin, de dieciocho años y primo hermano de Pollard —era hijo de la tía del capitán— secundó a Ramsdell y pidió que echaran suertes.

Pollard miró atentamente a sus tres jóvenes compañeros. Debido a la inanición, alrededor de sus ojos hundidos había una pigmentación oscura, parecida a un tiznón. No cabía duda de que estaban todos cerca de la muerte. También era claro que todos ellos, incluido Barzillai Ray, huérfano de un conocido tonelero de la isla, estaban a favor de la proposición de Ramsdell. Como ya había hecho en dos ocasiones —después de zozobrar en la corriente del Golfo y del hundimiento del *Essex*—, Pollard se sometió a la voluntad de la mayoría. Accedió a echar suertes. Si el sufrimiento había convertido a Chase en un líder compasivo pero enérgico, la confianza de Pollard en sí mismo se había visto todavía más mermada por unos acontecimientos que le rebajaron al extremo más desesperado que jamás pueda conocer un hombre.

Cortaron un papel y pusieron los pedazos en un sombrero. Le tocó a Owen Coffin. «¡Muchacho, muchacho! —exclamó Pollard—. Si no te gusta tu suerte, le pegaré un tiro al primero que te toque.» Luego el capitán se ofreció a sustituirle. «¿Quién puede dudar que Pollard hubiera preferido encontrar la muerte mil veces? —escribió Nickerson—. Nadie que le conociera lo dudaría jamás.»

Pero Coffin ya se había resignado. «Me gusta tanto como cualquier otra», dijo en voz baja.

Echaron a suertes quién se encargaría de matar al muchacho. Le tocó a Charles Ramsdell, amigo de Coffin.

Aunque había sido idea suya, Ramsdell se negó a seguir adelante. «Durante un buen rato —escribió Nickerson— declaró que no era capaz de hacerlo, pero finalmente tuvo que someterse.» Antes de morir, Coffin pronunció un mensaje de despedida a su madre que Pollard prometió transmitir si lograba regresar a Nantucket. Luego Coffin pidió unos momentos de silencio. Después de tranquilizar a los demás diciéndoles que «habían echado suertes limpiamente», apoyó la cabeza en la borda de la embarcación. «Fue despachado pronto —recordaría Pollard más adelante— y no quedó nada de él.»

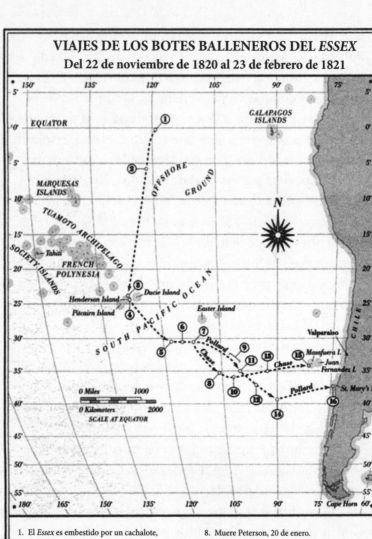

VIAJES DE LOS BOTES BALLENEROS DEL *ESSEX*
Del 22 de noviembre de 1820 al 23 de febrero de 1821

1. El *Essex* es embestido por un cachalote, 20 de noviembre de 1820.
2. La embarcación de Pollard es atacada por una orca, 28 de noviembre.
3. Avistan la isla de Henderson, 20 de diciembre.
4. Abandonan la isla de Henderson, 27 de diciembre.
5. 7 de enero.
6. Muere Joy, 10 de enero.
7. Chase se separa de Pollard y Hendricks, 12 de enero.
8. Muere Peterson, 20 de enero.
9. Mueren Thomas, Shorter, Sheppard y Reed, 20-28 de enero.
10. Chase vira y se dirige al norte, 26 de enero.
11. Pollard y Hendricks se separan, 29 de enero.
12. Ejecución de Coffin, 6 de febrero.
13. Muere Cole, 8 de febrero.
14. Muere Ray, 11 de febrero.
15. Salvamento de Chase, 18 de febrero.
16. Salvamento de Pollard, 23 de febrero.

12

A LA SOMBRA DEL ÁGUILA

Chase y sus hombres permanecían tumbados en el fondo de su embarcación bajo una fría llovizna. Lo único que tenían para guarecerse de la lluvia era un trozo de lona hecho jirones y empapado de agua. «Aunque hubiera estado seco —escribió Nickerson—, no hubiese sido más que un pobre remedio de protección.»

El 28 de enero de 1821, la brisa cambió finalmente de dirección y empezó a soplar hacia el oeste. Pero poco consuelo les trajo. «Casi nos era indiferente —escribió Chase— de qué cuarta soplaba.» Les faltaba demasiado por recorrer y sus provisiones eran demasiado escasas para tener alguna esperanza de llegar a tierra. Su única probabilidad era que los avistara un barco. «Sólo esa pequeña esperanza —recordó Chase— me impedía tumbarme en el suelo y morir.»

Les quedaba galleta para catorce días, suponiendo que pudieran vivir dos semanas más con sólo unos cuarenta y dos gramos diarios. «Estábamos tan débiles —escribió Nickerson— que apenas podíamos movernos a cuatro patas en el bote.» Chase comprendió que si no incrementaba la ración diaria de pan, tal vez morirían todos en sólo cinco días. Había llegado la hora de abandonar el estricto racionamiento que les había llevado hasta allí y dejar que los hombres comieran «lo que exigiese la acuciante necesidad».

Para que una situación de supervivencia a largo plazo acabe bien, es necesario que la persona adopte una actitud «activa-pasiva» ante los acontecimientos que van desarrollándose de forma gradual y dolorosa. «El factor clave [...] es comprender que la pasividad misma es un acto deliberado y "activo" —escribe John Leach, psicólogo especializado en la supervivencia—. Hay fuerza en la pasividad.» Después de más de dos meses de reglamentar todos los aspectos de la vida de sus hombres, Chase entendió intuitivamente que había llegado el momento de entregarse «totalmente a la orientación y la disposición de nuestro creador». Comerían tanto pan como necesitasen para evitar la muerte y descubrir adónde les llevaba el viento del oeste.

El 6 de febrero seguían vivos, pero estaban ya en las últimas. «Nuestros sufrimientos iban acercándose a su fin —escribió el primer oficial—. Una muerte terrible parecía esperarnos a la vuelta de la esquina.» Debido al ligero aumento de la ración de pan, volvían a sentir las punzadas del hambre, que ahora eran «violentas y atroces». Les costaba comer y pensar claramente. Seguían atormentándoles sueños de comida y bebida. «Con frecuencia nuestras mentes enfebrecidas volaban hasta posarse junto a una mesa bien surtida», recordó Nickerson. Sus fantasías siempre terminaban igual: con «llanto a causa de la decepción».

Aquella noche unos turbiones les obligaron a arrizar

las velas. Un hombre que no era de Nantucket, Isaac Cole, estaba de guardia y, en vez de despertar a sus compañeros, trató de arriar el foque él mismo. Pero resultó demasiado para él. Al despertar por la mañana, Chase y Nickerson encontraron a Cole abatido en el fondo del bote. Declaró que «todo era oscuro en su mente, que no le quedaba ni un solo rayo de esperanza al que aferrarse». Al igual que le había ocurrido a Richard Peterson, se daba por vencido y afirmó que «era una tontería y una locura luchar contra lo que de forma tan palpable parecía ser el destino que se nos había asignado». Aunque apenas tenía fuerzas para articular las palabras, Chase intentó hacerle cambiar de parecer. «Discutí con él tan enérgicamente como me permitió la debilidad de mi cuerpo y de mi inteligencia.» De pronto, Cole se incorporó, anduvo a gatas hasta la proa e izó el foque que había arriado con tanto esfuerzo la noche antes. Declaró a gritos que no se daría por vencido y que viviría tanto como cualquiera de los otros. «Este esfuerzo —escribió Chase— no fue más que el producto de la fiebre héctica del momento.» Cole no tardó en volver al fondo del bote, donde permaneció, desesperado, durante el resto del día y de la noche. Pero no se le concedería la dignidad de una muerte callada y apacible.

La mañana del 8 de febrero, el septuagésimo día desde que dejaran el *Essex*, Cole empezó a delirar y a mostrar a sus asustados compañeros «un tristísimo espectáculo de locura». Temblaba de forma espasmódica, se incorporaba y pedía una servilleta y agua, luego se desplomaba en el fondo del bote como si hubiera muerto, pero a los pocos momentos volvía a incorporarse como un muñeco en una caja de resorte. A las diez ya no podía hablar. Chase y los demás lo acostaron en una tabla que habían colocado sobre los asientos y lo taparon con unas cuantas prendas de vestir.

Cole se pasó las seis horas siguientes quejándose y gimiendo de dolor hasta que finalmente empezó a sufrir «las convulsiones más horrendas y espantosas» que Chase había visto en su vida. Es posible que además de la deshidratación y la hipernatremia (exceso de sal), sufriera de falta de magnesio, deficiencia de mineral que en los casos extremos puede producir un comportamiento raro y violento. A las cuatro de la tarde, Isaac Cole ya había muerto.

Habían pasado cuarenta y tres días desde que zarparan de la isla de Henderson, setenta y ocho días desde que vieran el *Essex* por última vez, pero nadie sugirió —al menos aquella tarde— que se alimentaran con el cuerpo de Cole. Durante toda la noche el cadáver permaneció junto a ellos, y cada hombre se guardó sus pensamientos.

Cuando en 1765 la tripulación del *Peggy* mató de un tiro a un esclavo negro, uno de los hombres se negó a esperar hasta que cocieran la carne. «Empujado por el hambre y la impaciencia», el marinero metió la mano en el cuerpo del cadáver, arrancó el hígado y se lo comió crudo. «El infeliz pagó cara su impaciencia —escribió el capitán Harrison—, porque a los tres días murió loco de atar.» En vez de comerse el cuerpo de aquel marinero, la tripulación, «temiendo compartir su suerte», lo arrojó por la borda. Nadie se atrevió a consumir la carne de un hombre que había muerto loco.

Al día siguiente, 9 de febrero, Lawrence y Nickerson empezaron a hacer los preparativos para sepultar los restos de Cole. Chase les dijo que lo dejasen. Se había pasado la noche tratando de decidir lo que tenían que hacer. Sabía que, con galleta para sólo tres días, era muy posible que no tuvieran más remedio que echar suertes. Mejor comerse a un compañero muerto —aunque hubiese muerto de enfermedad— que verse obligados a matar a un hombre.

«Les hablé —escribió Chase— del penoso asunto de conservar el cuerpo para alimentarnos.» Lawrence y Nickerson no pusieron ningún reparo y, temiendo que la carne ya hubiera empezado a estropearse, «nos pusimos a trabajar con la mayor rapidez posible».

Después de separar las extremidades del cuerpo y sacar el corazón, cosieron lo que quedaba del cuerpo de Cole «tan decentemente» como pudieron antes de arrojarlo al mar. Luego empezaron a comer. Antes incluso de encender fuego, los hombres «devoraron ansiosamente» el corazón, luego comieron «frugalmente unos cuantos trozos de la carne». El resto lo cortaron a tiras, asaron algunas de ellas y pusieron las otras a secar al sol.

Chase insistió en que «no tenía palabras para expresar la angustia de nuestras almas ante este espantoso dilema». Las cosas resultaban todavía peores al pensar que a cualquiera de los tres que quedaban le podía tocar el turno. «No sabíamos entonces —escribió el primer oficial— quién sería el siguiente en morir para servir de alimento, como el pobre desgraciado que acabábamos de despachar.»

A la mañana siguiente descubrieron que las tiras de carne se habían vuelto de color verde rancio. Las cocinaron inmediatamente, lo cual les proporcionó alimento suficiente para seis o siete días y les permitió guardar el poco pan que les quedaba para lo que Chase llamó «el último momento de nuestra tribulación».

El 11 de febrero, sólo cinco días después de la ejecución de Owen Coffin, en la ballenera del capitán Pollard murió Barzillai Ray. Éste, cuyo nombre de pila bíblico significa «hecho de hierro, sumamente firme y sincero», tenía diecinueve años de edad. Era la séptima muerte que presenciaban George Pollard y Charles Ramsdell durante el mes y medio transcurrido desde que zarparon de la isla de Henderson.

Los psicólogos que estudiaron el fenómeno de la fatiga de combate durante la segunda guerra mundial descubrieron que ningún soldado —por fuerte que pudiera ser su carácter emocional— podía seguir adelante si su unidad sufría pérdidas del 75 por ciento o más. Sobre Pollard y Ramsdell pesaba una doble carga; no sólo habían visto morir a siete de los nueve hombres (e incluso habían matado a uno de ellos), sino que, además, se habían visto obligados a comerse sus cuerpos. Al igual que Pip, el marinero negro de *Moby Dick* que pierde el juicio después de varias horas de flotar en un mar sin límites, Pollard y Ramsdell se habían visto «arrastrados vivos a las profundidades pavorosas, donde extrañas formas del mundo primitivo se deslizaban ante sus ojos pasivos». Ahora estaban solos, sin más sustento que el cadáver de Barzillai Ray y los huesos de Coffin y Reed.

Tres días más tarde, el 14 de febrero, el octogésimo quinto día desde que dejaran el lugar del naufragio, Owen Chase, Benjamin Lawrence y Thomas Nickerson se comieron lo último que quedaba de Isaac Cole. Una semana viviendo de carne humana, sumada a la mayor ración diaria de galleta, les había devuelto las fuerzas y de nuevo podían manejar la espadilla. Pero aunque habían recuperado las fuerzas, también sufrían mucho dolor. Como si no hubiera suficiente con los furúnculos que cubrían su piel, los brazos y las piernas empezaron a hincharse de manera espantosa. Esta acumulación de líquido es lo que se llama «edema» y es un síntoma común de la inanición.

Varios días de vientos del oeste les habían llevado a unas trescientas millas de las islas de Más Afuera y Juan Fernández. Si hacían un promedio de unas sesenta millas diarias, tal vez llegarían a un lugar seguro al cabo de otros cinco días. Por desgracia, sólo les quedaba galleta para tres días.

«El momento era crítico —escribió Chase—. Teníamos depositadas todas nuestras esperanzas en la brisa; y, trémulos y temerosos, esperábamos su avance y la terrible evolución de nuestro destino.» Dejaron de pensar en el futuro, convencidos de que después de dos meses y medio de sufrimiento estaban a punto de morir casi a las puertas de la salvación.

Aquella noche, Owen Chase se acostó para dormir, «casi indiferente a la idea de si alguna vez volvería a ver la luz». Soñó que veía un barco, a sólo unas millas, y aunque «forzaba todos sus músculos para llegar a él, el barco se perdía en la distancia y no volvía nunca». Chase se despertó «casi abrumado por el frenesí que se había adueñado de mí mientras dormía, y atormentado por las crueldades de una imaginación enferma y decepcionada».

Al día siguiente, a primera hora de la tarde, Chase vio una nube espesa al noreste, señal segura de tierra. Debía de ser la isla de Más Afuera; al menos eso fue lo que Chase dijo a Lawrence y Nickerson. Les aseguró que estarían en tierra firme al cabo de dos días. Al principio sus compañeros eran reacios a creerle. Poco a poco, sin embargo, después de «asegurarles repetidamente que las condiciones parecían favorables, sus ánimos adquirieron un grado de versatilidad que era verdaderamente asombroso». El viento siguió favoreciéndoles toda la noche, y con las velas perfectamente orientadas y un hombre encargándose de la espadilla, el pequeño bote alcanzó la mayor velocidad del viaje.

A la mañana siguiente, la nube seguía delante de ellos. Al parecer, faltaban sólo unos días para que terminase su calvario. Sin embargo, para Thomas Nickerson, de quince años, la tensión resultó superior a sus fuerzas. Después de achicar la embarcación, se tumbó en el suelo, se tapó con el pedazo de lona cubierta de moho como si fuera un sudario y dijo a sus compañeros que «deseaba morir inmediatamente».

«Vi que se había dado por vencido —escribió Chase— e intenté decirle unas cuantas palabras de consuelo y aliento.» Pero todos los argumentos que tan bien habían servido al primer oficial no lograron penetrar en el pesimismo de Nickerson. «Una expresión fija de desaliento decidido y desolado se pintó en su rostro —escribió Chase—. Permaneció en silencio durante un rato, hosco y triste [...] y enseguida me di cuenta de que la frialdad de la muerte empezaba a cernirse rápidamente sobre él.»

Chase pensó que era obvio que algún tipo de demencia se había apoderado del chico. Habiendo visto cómo Isaac Cole era presa de una locura parecida, Chase no pudo por menos de preguntarse si todos ellos iban a sucumbir a la tentación de la desesperanza. «Había en su actitud una seriedad súbita e inexplicable —escribió— que me alarmó y me hizo temer que una debilidad o una confusión parecida pudiera adueñarse inesperadamente de mí y privarme a la vez del juicio y de la vida. Tanto si se le había contagiado la carne contaminada de Cole como si no, Chase sentía también los inicios de una pulsión de muerte tan negros y palpables como la nube en forma de columna que tenían delante.

A las siete de la mañana del día siguiente, 18 de febrero, Chase dormía en el fondo de la embarcación. Benjamin Lawrence se encontraba de pie junto a la espadilla. Durante toda la terrible experiencia, el arponero de veintiún años había dado muestras de una fortaleza notable. Él era quien, dos meses antes, se había ofrecido voluntariamente para nadar por debajo de la embarcación y reparar una tabla suelta. Mientras observaba cómo Peterson, Cole y ahora Nickerson perdían el deseo de seguir viviendo, había hecho todo lo posible para aferrarse a la esperanza.

Era algo que había aprendido a hacer su familia, a la que agobiaban las preocupaciones. Su abuelo, George Lawrence, se había casado con Judith Coffin, hija de un comerciante adinerado. Durante muchos años los Lawrence habían formado parte de la élite cuáquera de la isla, pero cuando Benjamin vino al mundo su abuelo había sufrido varios reveses económicos. El orgulloso anciano decidió mudarse a Alexandria, Virginia, donde, según dijo a un conocido, podía «descender a una esfera humilde entre desconocidos, en vez de [...] quedarse en un lugar donde todo le recordaba su prosperidad perdida». Cuando Benjamin tenía diez años, su padre murió durante un viaje a Alexandria y dejó a su esposa con siete hijos que mantener.

Lawrence tenía guardado en el bolsillo el trozo de cordel en el que había estado trabajando desde que partieran del lugar del naufragio. El cordel ya medía cerca de treinta centímetros de longitud. Se apoyó en la espadilla y oteó el horizonte.

—¡Vela a la vista! —exclamó.

Chase se levantó inmediatamente. Apenas visible en el horizonte había una mancha de color marrón claro que Lawrence había tomado por una vela. Chase miró fijamente durante unos instantes llenos de ansiedad y poco a poco fue dándose cuenta de que, en efecto, era una vela: el juanete de un barco, a unos once kilómetros de distancia.

«Creo que no es posible —escribió Chase— hacerse una idea exacta de los sentimientos intensos y puros, y de las emociones, no menos puras, de alegría y gratitud que embargaron mi mente en aquella ocasión.»

Al cabo de pocos segundos hasta Nickerson se encontraba de pie y mirando con ojos excitados hacia adelante.

Lo que ahora estaba por ver era si conseguirían dar alcance al barco, que era mucho más grande. Se encontraba varias millas a sotavento, lo cual representaba una ventaja para el bote, y navegaba ligeramente hacia el norte de su posición, por lo que tal vez cortaría su línea de navegación. ¿Lograría la ballenera llegar al punto de intersección aproximadamente al mismo tiempo que el barco? Lo único que podía hacer Chase era rezar para pedir que su pesadilla no se hiciera realidad y el barco salvador no se les escapara. «En aquel momento —escribió Chase— sentí un impulso violento e inexplicable que me empujaba a volar directamente hacia él.»

Durante las tres horas siguientes tuvo lugar una carrera desesperada. La destartalada y vieja ballenera navegaba con una velocidad de entre cuatro y seis nudos bajo la brisa del noroeste, rozando apenas las olas. Delante de ellos el velamen del barco seguía asomando por el lejano horizonte, mostrando con atroz lentitud no sólo los juanetes sino también las gavias de debajo y, finalmente, la vela mayor y la vela trinquete. Se dijeron que sí, que darían alcance al barco.

En el tope del barco no había ningún vigía, pero al cabo de un rato alguien que estaba en cubierta los vio acercarse a barlovento por detrás. Chase y sus hombres, tensos y fascinados, observaron cómo unas figuras que parecían hormigas iban de un lado para otro del barco, afanosamente, tomando rizos. Poco a poco la ballenera fue acortando la distancia y el casco del mercante surgió del mar ante ellos, cada vez más grande, hasta que Chase pudo leer su nombre. Se llamaba *Indian* y llevaba matrícula de Londres.

Chase oyó un grito y con ojos vidriosos y enrojecidos vio que en el alcázar había una figura con una trompeta, instrumento parecido al megáfono que servía para hablar a distancia. Era un oficial del *Indian* y preguntaba quiénes eran. Chase echó mano de todas sus fuerzas para hacerse oír. Pero se le trabó la lengua reseca al tratar de pronunciar las palabras: «*Essex...* barco ballenero... Nantucket».

En las narraciones de los supervivientes de naufragios abundan los casos de capitanes que se negaron a recoger náufragos. A veces era porque los oficiales no querían compartir sus provisiones, que ya eran escasas; otras veces porque temían que los supervivientes tuvieran alguna enfermedad contagiosa. Pero al explicar Chase que eran supervivientes de un naufragio, el capitán del *Indian* insistió en que se acercaran al costado del barco.

Al tratar de subir a bordo, Chase, Lawrence y Nickerson descubrieron que no tenían las fuerzas necesarias para ello. Los tres hombres alzaron la vista para mirar a la tripulación, con los ojos muy abiertos y enormes en los oscuros huecos de sus cráneos. La piel denudada y llagada colgaba de sus esqueletos como trapos infectos. Al mirar hacia abajo desde el alcázar, el capitán William Crozier rompió a llorar ante lo que Chase llamó «la más deplorable y conmovedora visión del sufrimiento y la desdicha».

Los marineros ingleses subieron a los hombres desde su embarcación y los llevaron al camarote del capitán. Crozier ordenó al cocinero que les sirviera un poco de alimento civilizado, el primero que comían desde hacía tiempo: budín de tapioca. La tapioca se elabora con la raíz de la mandioca y es un alimento con muchas calorías, fácil de digerir y rico en las proteínas y los hidratos de carbono que sus cuerpos necesitaban.

El salvamento tuvo lugar a 33° 45' de latitud sur y 81° 3' de longitud oeste. Era el octogésimo noveno día desde que Chase y sus hombres dejaran el *Essex*, y al mediodía lograron avistar la isla de Más Afuera. Chase había logrado cruzar más de dos mil quinientas millas de océano con asombrosa precisión. Aunque a veces no habían podido gobernar el bote a causa de la debilidad, se las habían arreglado para llegar casi hasta su lugar de destino. El *Indian* tardaría sólo unos días en arribar al puerto chileno de Valparaíso.

Atada con un cable, el barco llevaba a remolque la ballenera que tan bien había servido a los hombres de Nantucket. El capitán Crozier albergaba la esperanza de vender la vieja embarcación en Valparaíso y crear un fondo para socorrer a los hombres. Pero en la noche siguiente hubo una tormenta y la ballenera, en la que no había nadie por primera vez desde hacía tres meses, se perdió.

Más de trescientas millas al sur, Pollard y Ramsdell continuaban navegando. Durante los cinco días siguientes avanzaron hacia el este, hasta que el 23 de febrero, el nonagésimo cuarto día desde que dejaran los restos del naufragio, se encontraron cerca de la isla de Santa María, justo enfrente de la costa chilena. Más de un año antes, esta isla había sido la primera recalada del *Essex* después de doblar el cabo de Hornos. Pollard y Ramsdell estaban a punto de completar un círculo irregular cuyo diámetro era de más de tres mil millas.

Habían pasado doce días desde la muerte de Barzillai Ray y hacía ya mucho tiempo que se habían comido el último trocito de su carne. Ahora los dos hombres hambrientos abrían los huesos de sus compañeros —golpeándolos contra la piedra del fondo del bote y rompiéndolos con la hachuela— y se comían la médula, que contenía la grasa que tan desesperadamente necesitaban sus cuerpos.

Pollard recordaría más tarde estos «días de horror y desesperación». Ambos estaban tan débiles que apenas podían alzar las manos. Cada dos por tres perdían el conocimiento y volvían a recuperarlo. No es infrecuente que los náufragos que llevan muchos días en el mar y han sufrido tanto física como emocionalmente caigan en lo que se ha llamado «una especie de confabulación colectiva», en la cual los supervivientes existen en un mundo de fantasía compartido. Entre las alucinaciones puede haber reconfortantes escenas domésticas; quizá, en el caso de Pollard y Ramsdell, un soleado día de junio en las tierras comunales de Nantucket durante el festival del esquileo de las ovejas. A veces los supervivientes se encuentran conversando con personas ya fallecidas, compañeros de a bordo y parientes, ya que pierden toda noción del tiempo.

Para Pollard y Ramsdell lo que se convirtió en una obsesión fueron los huesos, dádivas de los hombres a los que habían conocido y apreciado. Se llenaron los bolsillos con huesos de los dedos; chupaban la dulce médula de las costillas y los huesos de los muslos. Y seguían navegando mientras la rosa de los vientos oscilaba hacia el este.

De pronto oyeron un sonido: hombres que gritaban y luego silencio, al tiempo que unas sombras caían sobre ellos, y luego el murmullo del viento en las velas y el crujir de las perchas y el aparejo. Alzaron los ojos y había rostros.

De los veintiún hombres que formaban la tripulación del *Dauphin*, por lo menos tres —Dimon Peters, Asnonkeets y Joseph Squibb— eran wampanoag de cabo Cod y Martha's Vineyard. De niños les habían enseñado una leyenda sobre el descubrimiento de Nantucket que contaba cómo, mucho antes de la llegada de los europeos, un águila enorme apareció sobre un poblado de cabo Cod. El águila descendía del cielo y se llevaba a algún niño atrapado entre sus garras, luego desaparecía sobre las aguas situadas al sur. Finalmente, los habitantes del poblado pidieron a un gigante bonachón llamado Maushop que averiguase adónde se llevaba el águila a sus niños. Maushop se puso en marcha hacia el sur, caminando por el agua hasta que llegó a una isla que nunca había visto. Después de buscar por toda la isla, encontró los huesos de los niños amontonados debajo de un árbol grande.

La mañana del 23 de febrero, la tripulación del *Dauphin* hizo un descubrimiento parecido. Al mirar hacia abajo desde un agitado bosque de perchas y velas, los marineros vieron a dos hombres en una ballenera llena de huesos.

Los dos hombres también eran poco más que huesos, y la historia que circularía de barco en barco durante los meses siguientes afirmaba que los habían «encontrado chupando los huesos de sus compañeros de rancho y se resistieron a que se los quitaran». El capitán del *Dauphin*, Zimri Coffin, ordenó a sus hombres que arriaran un bote y subieran al barco a los dos supervivientes. Al igual que Chase, Lawrence y Nickerson antes que ellos, Pollard y Ramsdell estaban demasiado débiles para tenerse en pie y tuvieron que subirlos hasta la cubierta del barco ballenero. Como dijo un testigo, ambos hombres estaban «muy graves» cuando los subieron a bordo. Pero después de que les dieran un poco de comida, Pollard se recuperó de manera asombrosa.

Alrededor de las cinco de aquella tarde, el *Dauphin* hizo señales al barco ballenero *Diana*, de Nueva York. El capitán del *Diana*, Aaron Paddack, que estaba cerca del final de un provechoso viaje, cenó con el capitán Coffin. También cenó con ellos George Pollard Jr., excapitán del *Essex*.

Al igual que muchos supervivientes, Pollard sentía un deseo irrefrenable y desesperado de contar su historia. Justo igual que el descarnado y enloquecido viejo marinero del poema de Coleridge, que contaba todos los terribles detalles al invitado a la boda, también Pollard se lo contó todo a los dos hombres: cómo su barco había sido atacado «de manera sumamente deliberada» por un gran cachalote; cómo se habían dirigido hacia el sur en las balleneras; cómo su bote había sido atacado una vez más, en esta ocasión por «un pez desconocido»; y cómo habían encontrado una isla donde unos «cuantos pájaros y peces eran el único sustento». Les dijo que tres hombres se habían quedado en la isla. Les contó cómo los demás habían zarpado con rumbo a la isla de Pascua y cómo Matthew Joy había sido el primero en morir. Les contó cómo la embarcación de Joy se había separado de las otras durante la noche y cómo, en rápida sucesión, cuatro negros «se convirtieron en alimento para el resto». Luego contó cómo, después de separarse de la embarcación del segundo oficial, él y su tripulación «se vieron obligados a afrontar la deplorable necesidad de echar suertes». Les contó cómo le había tocado a Owen Coffin, «que con compostura y resignación se sometió a su destino». Finalmente les habló de la muerte de Barzillai Ray y dijo que él y Ramsdell seguían vivos gracias a su cuerpo.

Horas después, de vuelta ya en el *Diana*, el capitán Paddack puso por escrito todo lo que acababa de oír y dijo que la crónica de Pollard era «la narración más angustiante que ha llegado a mi conocimiento». Lo que aún estaba por ver era cómo afectaría a los supervivientes tras la dura experiencia vivida.

13

EL REGRESO

El 25 de febrero de 1821, Chase, Lawrence y Nickerson llegaron a Valparaíso, la ciudad que tenía el mayor puerto de Chile y se alzaba en una empinada colina orientada al norte en la otra orilla de una amplia bahía. En cualquier otro momento, la historia del *Essex* hubiera cautivado a la ciudad. Pero en febrero y marzo de aquel año los habitantes de Valparaíso permanecían en vilo esperando noticias del norte. Las fuerzas revolucionarias, que ya habían logrado que Chile se independizara de España, se disponían a atacar a los realistas de Lima. Lo que acaparaba el interés de Valparaíso era lo que ocurría en Perú, por lo que la llegada de unos cuantos náufragos norteamericanos no llamó la atención. Gracias a ello, los supervivientes del *Essex* pudieron recuperarse en relativa privacidad.

Desde el primer momento, Chase y sus hombres reconocieron sin disimulo que habían recurrido al canibalismo. El día de su llegada, el encargado de llevar el registro oficial de entradas y salidas de barcos del puerto anotó con total naturalidad que el capitán del *Indian* había recogido a tres hombres que «sobrevivieron con un poco de agua y galleta [...] y con un compañero que murió y que se comieron en el plazo de ocho días».

La fragata norteamericana *Constellation* se encontraba anclada en Valparaíso y el cónsul norteamericano en funciones, Henry Hill, se encargó de que Chase, Lawrence y Nickerson fueran llevados a ella. Aunque había transcurrido una semana desde su salvamento, los supervivientes todavía presentaban un aspecto impresionante. «Su aspecto [...] era verdaderamente lamentable —escribió el comodoro Charles Goodwin Ridgely, comandante de la *Constellation*—, los huesos se salen de la piel, las piernas y los pies han encogido mucho y toda la superficie de sus cuerpos es una llaga.» Ridgely puso a los tres hombres bajo los cuidados de su cirujano, el doctor Leonard Osborn, que supervisó su recuperación en la enfermería de la fragata, situada en las profundidades de la parte de proa de la tercera cubierta. Puede que el lugar fuera caluroso y mal ventilado, pero para tres hombres que habían pasado ochenta y nueve días consecutivos al cielo raso suponía una comodidad maravillosa.

Los sufrimientos de Chase y sus hombres conmovieron tan hondamente a los tripulantes de la *Constellation* que cada uno de los marineros donó un dólar para ayudarles. Al sumar esta cantidad al dinero que se recolectó entre los residentes norteamericanos y británicos de Valparaíso, los supervivientes del *Essex* dispusieron de más de quinientos dólares para sufragar los gastos de su convalecencia.

Pero sus sufrimientos aún no habían terminado. Como los participantes en el experimento de Minnesota descubrieron en 1945, el período de recuperación fue una verdadera tortura. Después de tres meses, los voluntarios de Minnesota aún no habían recuperado su peso normal, pese a que algunos de ellos consumían más de cinco mil calorías diarias. Comían hasta que en su estómago no cabía nada más, pero seguían teniendo hambre. Muchos continuarían comiendo entre horas. Hasta después de seis meses de sobrealimentación no recuperaron los cuerpos que tenían en otro tiempo.

Los supervivientes del *Essex* estaban mucho peor que los voluntarios del experimento de Minnesota. El incremento de las cantidades de comida causaba dificultades a sus sistemas digestivos después de tres meses de ayuno, problema que también tuvo el capitán David Harrison del *Peggy* en 1765. Sus salvadores dieron a Harrison un poco de caldo de pollo. Habían pasado treinta y siete días desde la última vez que evacuara los intestinos, y poco después de beber parte del caldo le sobrevino un atroz dolor abdominal. «Me sentí [...] aliviado por fin —escribió Harrison— al expulsar un pedazo duro que tendría el tamaño de un huevo de gallina, y disfruté de una tranquilidad del cuerpo, a pesar de todos mis trastornos, que no había experimentado en absoluto durante unas cuantas semanas.»

Al día siguiente de su llegada a Valparaíso, Chase y sus hombres recibieron una visita del gobernador, que había oído rumores según los cuales no eran los supervivientes de un naufragio, sino que habían matado al capitán del *Essex* en un sangriento motín. «Porque se rumoreaba —escribió Nickerson— que habíamos hecho algo malo.» La historia que le contó Chase tranquilizó al gobernador lo suficiente para permitir que los de Nantucket circularan libremente por la ciudad en cuanto estuvieron en condiciones de hacerlo.

Una semana y media después, el 9 de marzo, llegó a Valparaíso el barco ballenero *Hero*, de Nantucket. Mientras despedazaban un cachalote en la isla Santa María, unos piratas españoles atacaron al *Hero*: capturaron al capitán y al grumete en tierra, encerraron al resto de la tripulación bajo cubierta y saquearon el barco. El arribo de un navío a puerto asustó a los saqueadores, que abandonaron el *Hero*. Obed Starbuck, su primer oficial, pudo entonces derribar la puerta del camarote y tomar de nuevo el timón del barco, seguidamente dio la orden de zarpar. Aunque los piratas estuvieron a punto de dar alcance al ballenero en su huida, los hombres de Nantucket lograron llegar a lugar seguro.

Por muy dramático que fuese este relato, el *Hero* traía una noticia aún más sensacional. Con el oficial Starbuck haciendo las veces de capitán, el *Hero* había encontrado tres barcos balleneros que navegaban juntos: el *Dauphin*, el *Diana* y el *Two Brothers*. El capitán Zimri Coffin, del *Dauphin*, dijo a Starbuck que llevaba a bordo al capitán del *Essex* y a otro miembro de la tripulación. Poco después, Pollard y Ramsdell fueron trasladados al *Two Brothers*, que se dirigía a Valparaíso.

Llegó al puerto el 17 de marzo. Los cinco supervivientes se habían visto por última vez la noche del 12 de enero, cuando sus embarcaciones se separaron en medio de una terrible tormenta más de dos mil millas mar adentro. Desde entonces, habían muerto dos de los tripulantes de Chase, cuatro de Pollard y tres de Joy (cuyo bote estaba en aquel momento bajo el mando de Hendricks) antes de que la del segundo oficial y los tres hombres que quedaban desapareciera. Sólo los naturales de Nantucket habían salido vivos de las balleneras de Pollard y Chase.

Todos habían sufrido horriblemente, pero Pollard y

Ramsdell —a los que habían encontrado sujetando con fuerza los huesos de sus compañeros muertos— eran los que más se habían acercado al desmoronamiento psíquico total. De la angustia que experimentaron estos dos hombres, la de Pollard fue tal vez la mayor. Un año y medio antes, su tía le había confiado el cuidado y la protección de su hijo mayor, Owen. Pollard no sólo había presidido la ejecución de su sobrino, sino que había comido su carne, con lo cual había participado en lo que un historiador del canibalismo en el mar ha llamado el tabú del «incesto gastronómico». Pollard había dado muestras de una resistencia notable inmediatamente después de su salvamento, pero la necesidad apremiante de contar su historia casi le había matado. Poco después de aquella primera noche sufrió una recaída. Cuando el capitán William Coffin, del ballenero *Eagle* de Nantucket, se ofreció a llevar a los supervivientes del *Essex* a casa, se determinó que Pollard estaba demasiado débil para un viaje que suponía doblar el cabo de Hornos. El 23 de marzo, Chase, Lawrence, Nickerson y Ramsdell partieron con destino a Nantucket después de despedirse de su capitán. En mayo, tras dos meses de recuperación y reflexión solitaria, Pollard les siguió en el barco ballenero *Two Brothers*.

Mientras tanto, el capitán Ridgely, comandante de la *Constellation*, había tomado medidas para recoger a Chappel, Weeks y Wright de la isla de Ducie (allí le dijeron que estaban). Poco antes había llegado a Valparaíso el *Surry*, un barco mercante que procedía de Australia y en el que estaban cargando unas nueve mil quinientas fanegas de trigo. Su capitán, Thomas Raine, accedió a hacer escala en Ducie al regresar a Sydney y recoger a los tres marineros del *Essex*, suponiendo, claro, que todavía estuviesen vivos.

El *Surry* zarpó de América del Sur el 10 de marzo. El capitán Raine y su tripulación llegaron a la isla de Ducie antes de que transcurriera un mes, pero se encontraron con que el minúsculo atolón coralino estaba deshabitado. En la orilla había tantos nidos de pájaros que era imposible andar sin pisar los huevos. Raine concluyó que nadie había visitado aquel collar de coral desde hacía mucho tiempo.

Estudió su guía de navegación y se preguntó si los oficiales del *Essex* habían confundido un islote situado a setenta millas al oeste con la isla de Ducie. Unos cuantos días después, el 9 de abril, avistaron la isla de Henderson. Se acercaron a ella desde el este y luego siguieron la costa hacia el norte. Al doblar un cabo rocoso, encontraron una «espaciosa bahía» al oeste. Raine ordenó a uno de sus hombres que disparase un arma de fuego.

En aquel momento, Chappel, Weeks y Wright acababan de sentarse a comer un pájaro tropical. Exceptuando algunas bayas y mariscos, los pájaros y los huevos eran la única comida que quedaba en la isla de Henderson. Los cangrejos de tierra habían desaparecido. Unos cuantos meses antes, los hombres habían conseguido capturar cinco tortugas de mar, pero cuando terminaron de comerse la primera, la carne de las otras cuatro ya se había estropeado. Durante los cuatro últimos meses, había resultado sumamente difícil encontrar pájaros tropicales, así que el que iban a comerse ahora representaba un gran banquete para ellos. Pero la comida no era su mayor preocupación. Lo que necesitaban todavía más imperiosamente era agua.

Desde el día en que sus diecisiete compañeros zarparon con destino a la isla de Pascua, el manantial de agua dulce nunca había vuelto a quedar por encima de la línea de la marea. Al bajar ésta, podían ver cómo el agua dulce subía burbujeando desde la roca hasta la superficie del océano, pero durante el resto del tiempo que pasaron en la isla de Henderson el manantial siempre había estado cubierto por el agua salada.

Presa de desesperación, Chappel, Weeks y Wright cavaron varios pozos pero no consiguieron encontrar agua subterránea. Cuando llovía recogían ávidamente el agua que se acumulaba en los huecos de las rocas cercanas. Tenían la lengua hinchada y los labios agrietados por culpa de la deshidratación. Después de cinco días sin agua, chuparon a regañadientes la sangre de un pájaro tropical pero se sintieron «muy trastornados» a causa de ello. Mientras buscaban agua en las grietas y las cuevas, encontraron los restos de ocho náufragos no identificados, cuyo destino temieron que no tardaría en ser el suyo. Los esqueletos yacían uno al lado de otro como si aquellos hombres hubieran decidido echarse y morir juntos, en silencio. En el caso de Chappel, que había sido el más alocado e irresponsable de los tripulantes del *Essex*, aquel espectáculo contribuyó a cambiar su vida. A partir de aquel día, tendría puestas sus esperanzas en Dios. «Encontraba la religión no sólo útil —escribió más adelante—, sino absolutamente necesaria para poder sobrellevar las tribulaciones.»

Cuando Chappel, Weeks y Wright, que estaban agachados alrededor del pájaro tropical, oyeron un estampido lejano, supusieron que era un trueno, pero uno de ellos decidió bajar a la playa y echar un vistazo. Más adelante contaría lo que había sucedido al ver el barco: «El pobre hombre —dijo uno de los tripulantes del *Surry*— estaba tan abrumado por las emociones que se desperta- ron en su pecho al ver el barco, que no pudo ir a dar la gozosa noticia a sus compañeros». Finalmente, sin em- bargo, los otros dos también sintieron curiosidad y se reunieron con él en la playa.

Grandes olas rompían sobre la cornisa de coral que rodeaba la isla. Varias veces la tripulación del *Surry* inten- tó enviar un bote a la orilla, pero resultaba demasiado peligroso. Los tres desesperados náufragos se hallaban de pie en la playa, cada vez más temerosos de que sus salva- dores decidieran abandonarles. Finalmente, Chappel, el más fuerte de los tres y el único que sabía nadar, se zam- bulló en el mar. Sus brazos no eran más que piel y huesos, pero con la adrenalina fluyendo por sus venas llegó a la lancha y le ayudaron a subir a bordo.

Los tripulantes del *Surry* se pusieron a hablar de lo que había que hacer a continuación. Quizá tendrían que volver al día siguiente para recoger a los otros dos hom- bres. Pero Chappel se negó a abandonar a sus compañe- ros ni siquiera temporalmente. Con una soga atada alre- dedor de la cintura, se zambulló en el agua y nadó hasta la playa pasando por encima del coral. De uno en uno, los tres fueron subidos a bordo del bote. El coral les produjo muchos cortes y magulladuras, pero todos lograron lle- gar vivos al *Surry*.

El capitán Raine juzgó que los tres hubieran muerto de haber pasado otro mes en la isla. Sus ropas eran sim- ples harapos; entre los tres tenían un solo par de pantalo- nes. Uno de ellos había logrado conservar su certificado de marinero, en el cual constaban los días que habían pa- sado en la isla de Henderson. Dijeron a Raine que el capi- tán Pollard había dejado varias cartas en una caja clavada en un árbol, y al día siguiente Raine pudo desembarcar en la isla y recuperar las cartas.

Los únicos tripulantes del *Essex* que faltaban eran los tres hombres —Obed Hendricks, Joseph West y William Bond— del bote del segundo oficial, que se había separado del de Pollard la noche del 29 de enero. Al cabo de unos meses, mucho después de que el capitán Raine registrara la isla de Ducie, el atolón situado al este de la isla de Henderson, otro barco hizo escala allí. La tripulación descubrió una ballenera que el mar había depositado en la orilla quebradiza, con cuatro esqueletos dentro. En 1825 el capitán de la Armada británica Frederick William Beechey, que visitó ambas islas, la de Ducie y la de Henderson, pensó que la fantasmal embarcación llena de huesos tenía que ver con la ballenera del *Essex* que se había perdido. Si aquélla era en verdad la ballenera del segundo oficial y los esqueletos pertenecían a Hendricks, West, Bond y tal vez Isaiah Sheppard, el último de la tripulación en morir antes de separarse de Pollard, entonces había navegado a la deriva más de mil millas y finalmente se había detenido a menos de un día de navegación del lugar de donde partiera el 27 de diciembre de 1820.

En el bienio de 1820-1821, mientras los botes del *Essex* navegaban pertinazmente hacia el este bajo un sol achicharrante, sus parientes de Nantucket padecían uno de los inviernos más fríos de la historia de la isla. El día en que las tres balleneras zarparon de la isla de Henderson, Obed Macy, historiador de Nantucket, anotó en su diario que el puerto estaba cubierto de un «hielo que parece gachas». El 7 de enero el puerto estaba helado por completo. Por el norte, el hielo se extendía hacia el continente hasta donde llegaba la vista. Las existencias de alimentos y en especial las de leña ya eran peligrosamente escasas. Cerca de dos metros de nieve cubrían las regiones más alejadas de la isla e impedían que las ovejas se alimentaran de hierba. Macy calculó que hasta la mitad de las ovejas de Nantucket, unas nueve mil, habría muerto cuando llegase la primavera.

El 13 de enero, seis hombres de Martha's Vineyard que se encontraban atrapados en Nantucket y deseaban desesperadamente reunirse con sus familias, botaron una ballenera desde la orilla del sur, donde el oleaje había mantenido un pasillo abierto en el océano. El viento era moderado aquel día y la gente veía con optimismo las probabilidades de que llegaran a casa sanos y salvos. No se sabe si llegaron o no. El 25 de enero la temperatura descendió hasta alcanzar los 12 grados bajo cero, la más baja registrada en la historia de la isla. «Muchas personas, especialmente los ancianos —escribió Macy—, no se encontraban bien ni en la cama.»

Cuatro hombres pasaron a engrosar el servicio de vigilancia nocturna de la población. Puesto que casi todos los habitantes de la isla permanecían apiñados en los viejos edificios de madera, que estaban muy cerca unos de otros y cuyas chimeneas ardían noche y día, el riesgo de que se declarara un «incendio desastroso», como dijo Macy, era muy grande. Contribuía a aumentar el peligro la cantidad insólitamente grande de aceite de esperma que se guardaba en los almacenes de la población aquel invierno. Macy señaló que los comerciantes habían tomado «todas las precauciones necesarias para preservarlo [el aceite] del fuego».

Finalmente, a principios de febrero, la temperatura subió sobre los cero grados y empezó a llover. «El hielo y la nieve se funden rápidamente —escribió Macy—, lo cual parece animar y dar vida a negocios de todo tipo. Los barcos y los hombres que se han visto retenidos aquí durante algunas semanas empiezan a moverse, con algunas perspectivas de verse liberados de la prisión. Las personas que ansían tanto irse están desencallando el buque correo [del hielo].» La mañana del 4 de febrero, el buque correo zarpó de Nantucket con «los mayores paquetes de correo que jamás salieron de aquí de una sola vez». El 17 de febrero, el día anterior al salvamento de Chase, llegaron varios mercantes con cargamentos de maíz, arándanos, heno, carne fresca de cerdo, buey, pavo, sidra, pescado seco y manzanas. La crisis había pasado.

Las familias de los tripulantes del *Essex* no tuvieron ningún motivo para preocuparse durante el invierno y la primavera. Las cartas enviadas desde la isla de Charles, en las Galápagos, a finales de octubre, no llegarían a Nantucket antes de febrero o marzo. Describirían un típico viaje de pesca de ballenas que llegaba a su ecuador, con grandes esperanzas de que una temporada productiva en la pesquería de Alta Mar les permitiera volver a casa en el verano de 1822.

Lo que la gente de Nantucket no sabía era que desde finales de febrero, una especie de oleada de horror había estado sacudiendo el mundo de los pescadores de cetáceos a medida que la historia del *Essex* pasaba de un barco a otro, llegaba gradualmente al otro lado del cabo de Hornos y subía por el Atlántico en dirección a Nantucket.

En la cresta de esta ola iba el *Eagle*, con Chase, Lawrence, Nickerson y Ramsdell a bordo. Antes de la arribada del *Eagle*, sin embargo, llegó a Nantucket una carta que hablaba del desastre.

La estafeta de correos de la población estaba en Main Street, y en cuanto llegó la carta fue leída ante una gran multitud. Frederick Sanford, nacido en la isla, era contemporáneo de los tres adolescentes de Nantucket que iban en el *Essex* y nunca olvidaría lo que vio y oyó aquel día. Sanford recordó que la carta hablaba de «sus sufrimientos en los botes, de comerse unos a otros, ¡y algunos de ellos eran mis antiguos compañeros de la escuela!». A pesar de la reputación de estoicismo cuáquero de Nantucket, la gente reunida ante la estafeta de correos no podía ocultar sus emociones. «Todo el mundo se sintió abrumado por la lectura [de la carta] —escribió Sanford— y [lloró] por las calles.»

La verdad es que la carta contenía una crónica incompleta del desastre. A Pollard y Ramsdell los habían salvado casi una semana más tarde que a la tripulación de Chase, pero su relato —transmitido de un barco ballenero a otro— fue el primero en llegar a Nantucket. La carta mencionaba a los tres hombres que se habían quedado en la isla, pero no permitía albergar muchas esperanzas de que hubiera otros supervivientes. Se daba por sentado que Pollard y Ramsdell eran los únicos nativos de Nantucket que seguían vivos.

El 11 de junio, el *Eagle* llegó a la barra de Nantucket. «Mi familia había recibido la más angustiante descripción de nuestro naufragio —escribió Chase— y me daba por perdido.» Pero de pie al lado de Ramsdell no estaba George Pollard; en su lugar había tres fantasmas: Owen Chase, Benjamin Lawrence y Thomas Nickerson. El asombro y luego las lágrimas de alegría pronto sucedieron a las lágrimas de pena. «Mi inesperada aparición

—recordó Chase— fue recibida con las mayores muestras de agradecimiento a un caritativo Creador que me había guiado a través de las tinieblas, las tribulaciones y la muerte, una vez más hasta el seno de mi país y mis amigos.»

Chase descubrió que era padre de una hija de catorce meses, Phebe Ann. Para la esposa de Chase, Peggy, fue una imagen abrumadora: el marido al que había dado por muerto con la hija de mejillas mofletudas en sus brazos todavía descarnados y cubiertos de costras.

La comunidad de Nantucket también se sintió abrumada. Obed Macy, el meticuloso cronista de la historia de Nantucket, optó por no mencionar el desastre en su diario. Aunque pronto aparecieron artículos sobre el *Essex* en el *New Bedford Mercury*, el nuevo periódico de Nantucket, el *Inquirer* no escribió sobre el desastre aquel verano. Era como si las gentes de Nantucket se negaran a formarse una opinión definitiva sobre el asunto antes de tener la oportunidad de oír al capitán del *Essex*, George Pollard, Jr.

Tendrían que esperar casi dos meses, hasta el 5 de agosto, día en que Pollard regresó a la isla a bordo del *Two Brothers*. El primero en avistar el barco ballenero fue el vigía apostado en la torre de la iglesia congregacionalista. La noticia se propagó por los callejones y entró en las tabernas y los almacenes y las atarazanas de los cordeleros, y salió a los muelles mientras iba congregándose una multitud que empezó a andar en dirección al acantilado que bordeaba la orilla norte. Desde allí podían ver el barco negro y viejo, sobrecargado de aceite, con las velas recogidas, anclado en la barra de Nantucket. Con sus 222 toneladas, el *Two Brothers* era más pequeño que el *Essex*, y después de que se llevaran parte del aceite, cruzó la barra durante la pleamar y se dirigió a la boca del puerto. La multitud volvió a los muelles. Pronto hubo allí más de mil quinientas personas llenas de expectación.

La llegada de un barco ballenero —cualquier barco ballenero— era lo que un hijo de Nantucket llamó «un acontecimiento para la mayoría de nosotros». Era el medio por el que las personas recibían noticias de sus seres queridos: los hijos, maridos, padres, tíos y amigos cuyo lugar de trabajo estaba en el otro lado del mundo. Dado que nadie sabía qué noticias podía traer, los isleños que acudían a recibir un barco ballenero tendían a ocultar su ansia y su angustia bajo un barniz de solemnidad. «Sentimos una singular mezcla de alegría y dolor en tales ocasiones —confesó el mismo hijo de Nantucket—. No sabemos si reír o llorar. En todos los casos, nuestra emoción es muy contenida. No nos atrevemos a expresarla en voz alta para que no chirríe en los oídos de alguien que haya visto en el barco un presagio funesto. Estamos dispuestos a guardar silencio. Y, pese a ello, sentimos un impulso irresistible de expresar nuestros sentimientos.»

Por esta razón, al pisar Pollard el muelle, rodeado de más de mil caras conocidas, reinaba en el lugar un silencio absoluto que destrozaba los nervios. Frederick Sanford, el viejo compañero de escuela de Nickerson y Ramsdell, diría más adelante que los reunidos en el muelle formaban una «multitud silenciosa, sobrecogida». Cuando Pollard echó a andar en dirección a su casa, la gente se apartó para dejarle pasar. Nadie dijo una sola palabra.

Se reconocía de forma general que la responsabilidad del capitán de un barco ballenero era una carga mucho más pesada que la de un capitán de la Marina mercante. Además de doblar el cabo de Hornos dos veces, una en el viaje de ida y otra en el de vuelta, debía enseñar a una tripulación inexperta el peligroso arte de matar ballenas y extraer su grasa para transformarla en aceite. Y luego tenía que responder ante los armadores de su barco, que esperaban que volviera con la bodega llena de aceite. No era de extrañar, pues, que la paga de un capitán ballenero fuese, por término medio, el triple de la del capitán de un barco mercante.

Como oficial a bordo del *Essex*, George Pollard sólo había conocido triunfos; como capitán, sólo desastres. Dado que un pescador de ballenas cobraba una porción de lo recaudado al terminar el viaje, Pollard, al igual que todos los demás supervivientes, no recibió nada a cambio de dos años de desdicha y penalidades.

El capitán Amasa Delano sabía lo que representaba volver a casa después de un viaje infructuoso. «Hay que reconocer que nunca vi mi país natal con tan poco placer como al regresar a él después del desastroso final de mis esfuerzos y esperanzas —escribió Delano en 1817, al hacer la crónica de sus numerosos viajes al Pacífico—. La orilla, a la que hubiera saltado con alegría, estaba cubierta de pesimismo y tristeza ante mi mirada baja y mi espíritu herido... Observaba atentamente para captar cualquier síntoma de desdén o de piedad afectada que pudiera aparecer en la conducta o los saludos de mis conocidos en tierra.»

Inevitablemente, los armadores del *Essex*, Gideon Folger y Paul Macy, sometieron a Pollard a una larga entrevista, angustioso trámite durante el cual a un capitán novato le hubiera costado no dar la impresión de estar a la defensiva. «Es indiscutiblemente cierto que el hombre pobre y decepcionado se muestra con frecuencia demasiado celoso en este asunto —escribió Delano—, y hace una interpretación errónea e injusta de una conducta que no es ni codiciosa ni cruel.» Pero Pollard no debía responder sólo ante los armadores del *Essex*. También debía hacerlo ante un miembro de su propia familia, la madre de Owen Coffin.

Nancy Bunker Coffin, de cuarenta y tres años, era tía de Pollard y, por tanto, hermana de su madre, Tamar, de cincuenta y siete años. Al casarse, Nancy había emparentado con una de las familias más antiguas y más orgullosas de Nantucket, una familia que descendía de Tristram Coffin, el patriarca del primer asentamiento inglés en la isla en el siglo XVII. El suegro de Nancy, Hezekiah Coffin, había sido el capitán de uno de los barcos que habían tomado parte en la Boston Tea Party* en 1773. Hezekiah se había distinguido, según una leyenda de la familia, por ser «el primero en arrojar té al puerto de Boston». La familia poseía un retrato en miniatura de Hezekiah. Tenía los ojos muy separados, la nariz afilada y una sonrisa dulce, levemente turbada.

Aunque su hijo, Hezekiah Jr., era cuáquero de nacimiento, había sido repudiado al casarse con Nancy Bunker, que no lo era, en 1799. Luego, en 1812, cuando

* El 16 de diciembre de 1773, un grupo de colonos disfrazados de pieles rojas abordó tres barcos británicos anclados en el puerto de Boston y arrojó al mar el cargamento de té que transportaban. Fue un acto de protesta contra los impuestos británicos y contra el monopolio de que gozaba la Compañía de las Indias Orientales. *(N. del t.)*

Owen Coffin tenía diez años, Hezekiah Jr. «pidió perdón» oficialmente y tanto él como Nancy se convirtieron en miembros de la North Meeting House de Broad Street.

En aquel día de agosto de 1821, cuando George Pollard apareció en su puerta, el compromiso de Nancy con su fe adoptiva hubiese superado la prueba más severa posible. «Llevaba el terrible mensaje a la madre tal y como lo hubiera deseado su hijo», escribió Nickerson. Nancy Coffin no se lo tomó bien. No podía soportar la idea de que el hombre a quien había confiado el cuidado de su hijo de diecisiete años viviera como consecuencia de la muerte del muchacho; era demasiado para ella. «Casi se puso frenética al pensarlo —escribió Nickerson—, y he oído decir que nunca fue capaz de asumir la supervivencia del capitán.»

El veredicto de la comunidad fue menos severo. La ley no escrita del mar consideraba que echar suertes era permisible en una situación en la que estuviera en juego la supervivencia. «Nadie pensó que el capitán Pollard hubiera actuado injustamente en tan difícil trance», escribió Nickerson. Aunque en esta ocasión no lo echaron a suertes, un caso comparable de canibalismo sacudió a los habitantes de Montevideo, en Uruguay, durante el año 1972. El calvario empezó cuando un avión que transportaba a un equipo de rugby local a Santiago de Chile se estrelló en las nieves de los Andes. Hasta su salvamento diez semanas después, los dieciséis supervivientes se alimentaron de los cadáveres congelados de los pasajeros que habían muerto en el accidente. Justamente igual que había ocurrido en Nantucket más de ciento cincuenta años antes, los montevideanos no criticaron el comportamiento de los jóvenes. Poco después de su regreso, el arzobispo de Montevideo declaró que por tratarse de una cuestión de supervivencia, no eran culpables, y añadió: «Siempre es necesario comer lo que esté a mano, pese a la repugnancia que pueda provocar».

No hay ninguna prueba de que los líderes religiosos de Nantucket se sintieran empujados a hablar en defensa de los supervivientes del *Essex*. El hecho, sin embargo, es que por más que estuviera justificado, el canibalismo era, y sigue siendo, lo que un estudioso ha llamado una «vergüenza cultural», un acto tan turbador que es inevitable que a la gente en general le resulte más difícil de aceptar que a los supervivientes que recurrieron a él.

Pollard, por su parte, no permitió que el horror que había vivido en la ballenera le derrotase, y en relación al desastre mostraba una sinceridad y una franqueza que le sostendrían durante toda la vida. El capitán George Worth, del *Two Brothers*, quedó tan impresionado por la integridad del excapitán del *Essex* durante los dos meses y medio del viaje de vuelta desde Valparaíso que recomendó a Pollard como sustituto suyo. Al poco de su regreso, los armadores del *Two Brothers* ofrecieron oficialmente a Pollard el mando del barco.

Cuando Pollard volvió a Nantucket, Owen Chase ya había empezado a trabajar en un libro sobre el desastre. Chase había llevado un diario de sus vicisitudes en los botes. Parece ser que también había obtenido una copia de la carta que escribió el capitán del *Diana*, Aaron Paddack, la noche después de que Pollard le contara su historia, que le proporcionó información sobre lo sucedido en los otros dos botes al separarse el 12 de enero. Pero Owen Chase era pescador de ballenas y no escritor. «No parece que la narración la escribiera él mismo —apuntaría Herman Melville en su propio ejemplar del libro de Chase—. Se advierten en ella indicios obvios de que se la escribió alguien; pero, al mismo tiempo, todo hace pensar que se llevó a cabo de forma cuidadosa y concienzuda siguiendo el dictado de Owen.»

Chase se había criado con un chico que, en lugar de embarcarse para el Pacífico, había estudiado en la Universidad de Harvard. William Coffin Jr. tenía veintitrés años y era hijo de un próspero comerciante de aceite de ballena que además había sido primer jefe de la estafeta de correos de Nantucket. Al terminar la carrera en Harvard, William Coffin Jr. había estudiado Medicina durante una breve temporada, y luego, según dijo un amigo, se dedicó a «otras actividades más afines a su entusiasmo por la literatura». Años después, haría de «negro» y escribiría la historia de Nantucket de Obed Macy, que fue muy elogiada; también hay indicios de que ayudó a escribir una crónica del popular motín del *Globe*. Sin embargo, parece que su carrera de escritor empezó con la narración del desastre del *Essex*.

Coffin era la persona ideal para trabajar con Chase. Además de ser culto y un escritor consumado, era buen conocedor de Nantucket y también de la pesca de la ballena. Al tener la misma edad que Chase, comprendía al joven primer oficial y esta comprensión, como señaló Melville, hace que el relato parezca «escrito por Owen en persona». Los dos hombres trabajaron rápidamente y bien compenetrados. A comienzos del otoño, el manuscrito estaba terminado. El 22 de noviembre, casi exactamente un año después del hundimiento, el libro publicado llegó a las librerías de Nantucket.

En una nota dirigida al lector, Chase afirma que, habiéndolo perdido todo en el naufragio, necesitaba desesperadamente ganar un poco de dinero para mantener a su joven familia. «La esperanza de obtener alguna remuneración —escribió Chase— entregando al mundo una breve historia de mis sufrimientos debe constituir, por tanto, mi llamada a la atención pública.» Pero también tenía otros motivos. Escribir la narración le ofreció la oportunidad de presentarse de forma tan positiva como era posible.

La crónica de Chase se centra necesariamente en lo que sucedió en su propio bote. Sin embargo, la mayoría de las muertes —nueve de once— ocurrieron en las otras dos balleneras, y la descripción que de ellas hace Chase se limita a un breve resumen al final de su narración. Sería difícil para cualquier persona que leyera sólo el libro de Chase apreciar toda la magnitud del desastre. En particular, Chase no comenta en ninguna parte el hecho de que, de los primeros seis hombres que murieron, cinco eran negros. Chase escamotea muchos de los aspectos más turbadores y problemáticos del desastre, y de esta manera transforma la historia del *Essex* en un cuento personal de sufrimiento y triunfo.

Es al hablar de las decisiones que se tomaron antes del difícil viaje en las balleneras cuando el primer oficial se muestra más interesado. Opta por no mencionar que fue él quien, junto con Matthew Joy, instó al capitán Pollard a seguir adelante después de zozobrar en la corriente del Golfo pese a que habían perdido varias balleneras. Además, tal como presenta las cosas, parece que la decisión de navegar hacia América del Sur hubiera sido acordada mutuamente desde el primer momento, cuando, según Nickerson, al principio Pollard había propuesto que se dirigieran a las islas de la Sociedad. Y lo más importante: Chase pone cuidado en ocultar que tuvo la oportunidad de asestar una lanzada al cachalote después del primer ataque, hecho que no se sabría hasta la publicación del relato de Nickerson ciento sesenta y tres años más tarde.

No cabe duda de que los demás supervivientes nacidos en Nantucket, y en particular el capitán Pollard, opinaron que el relato del primer oficial no reflejaba como era debido sus respectivas versiones de la historia. (Herman Melville diría más adelante que Pollard se había sentido impulsado a escribir, «o hacer que [escribieran] bajo su propio nombre, su propia versión de la historia», narración que no ha salido a la luz.) Pero los compañeros de Chase no fueron los únicos que se sintieron desairados al publicarse el relato de lo ocurrido en el *Essex*. Como comentaría Ralph Waldo Emerson durante una visita a la isla en 1847, los nativos de Nantucket son «muy sensibles a todo lo que deshonra a la isla porque perjudica el valor de las acciones y empobrece a la compañía». Lo último que querían que se expusiera ante los ojos de la nación y del mundo era una crónica detallada de cómo algunos de los hombres y los muchachos de la isla se habían visto obligados a recurrir al canibalismo. La narración de Chase no se andaba con chiquitas en este sentido y empleaba dos signos de exclamación al hablar de la primera propuesta de comerse a Isaac Cole. Muchos opinaban que, por difíciles que fueran sus circunstancias, un hombre no debía tratar de enriquecerse con una narración sensacionalista de los sufrimientos de su propia gente. Es significativo que el siguiente viaje de Chase no fuera en un barco ballenero de Nantucket. En diciembre de aquel año se trasladó a New Bedford, de donde zarpó como primer oficial del *Florida*, un barco ballenero en cuya tripulación no había ni un solo nativo de Nantucket. Aunque su familia se quedó en la isla, Chase tardaría once años en navegar en un barco de su puerto natal.

George Pollard, sin embargo, recibió el voto de confianza definitivo. El 26 de noviembre de 1821, poco más de tres meses después de regresar a Nantucket y sólo unos cuantos días después de que se publicara la narración de Chase, zarpó con rumbo al Pacífico en calidad de capitán del *Two Brothers*. Pero quizá la muestra de aprobación más extraordinaria que recibió Pollard fue la de dos miembros de su tripulación. Porque Pollard no era el único hombre del *Essex* que se encontraba a bordo del *Two Brothers*; otros dos habían decidido servir bajo sus órdenes de nuevo. Uno era Thomas Nickerson. El otro era Charles Ramsdell, el chico que había pasado noventa y cuatro días en una ballenera con él. Si había alguien que conociese bien al capitán Pollard, ése era Charles Ramsdell.

14

LAS CONSECUENCIAS

George Pollard se adaptó al mando de su segundo barco con un optimismo notable si se tiene en cuenta lo que había sucedido en el primero. En el invierno de 1822 dobló sin contratiempos el cabo de Hornos a bordo del *Two Brothers*, puso proa a la costa occidental de América del Sur y aprovisionó el barco en el puerto peruano de Paita. A mediados de agosto, el *Two Brothers* alcanzó la goleta de la Armada norteamericana *Waterwitch*. A bordo de ésta iba un guardia marina de veinticuatro años llamado Charles Wilkes. Dio la casualidad de que el día antes Wilkes había acabado de leer la narración de Chase sobre el desastre del *Essex*. Preguntó al capitán del *Two Brothers* si era pariente del famoso George Pollard de Nantucket. Pollard dijo que sí, que era él. «Aquello me causó una gran impresión», dijo Wilkes muchos años después.

Aunque Wilkes ya había leído la narración publicada, Pollard insistió en contarle al joven guardia marina su propia versión de la historia. «Cabía esperar que algún aspecto de su anterior viaje se reflejara en su forma de comportarse o en su conversación —escribió Wilkes—, pero no era así; se mostró alegre y muy modesto en su relato.» El guardia marina juzgó que Pollard era «un héroe que ni tan sólo pensaba que los obstáculos que había vencido hubieran aplastado a noventa y nueve de cien hombres».

Pero Wilkes observó por lo menos un indicio de que Pollard no había salido de la terrible experiencia totalmente indemne. Algo insólito llamó la atención del guardia marina en el camarote del capitán. En el techo estaban clavadas muchas redes llenas de provisiones, principalmente patatas y verduras frescas. Al capitán Pollard, el hombre que había estado a punto de morir de hambre hacía sólo un año, le bastaba ahora con alargar la mano por encima de la cabeza para tomar algo que comer. Wilkes preguntó a Pollard cómo se atrevía a navegar de nuevo después de todo lo que había sufrido. «Comentó sencillamente —escribió Wilkes— que un antiguo proverbio afirmaba que un rayo no caía dos veces en el mismo lugar.» Pero en el caso del capitán Pollard, sí cayó.

En febrero de 1823, el *Two Brothers* y otro ballenero de Nantucket, el *Martha*, navegaban juntos hacia el oeste en busca de una nueva pesquera. En los pocos años transcurridos desde el comienzo del anterior viaje de Pollard, muchas cosas habían cambiado en la pesca de la ballena en el Pacífico. Poco después de la apertura de la pesquería de Alta Mar en 1819, algunos barcos balleneros de Nantucket habían hecho escala por primera vez en la isla de Oahu, en las Hawái. Aquel mismo año, Frederick Coffin, capitán del *Syren*, reivindicó el descubrimiento de la rica pesquería de Japón. Todo el Pacífico, no sólo sus costas oriental y occidental, se había convertido en el dominio de los pescadores de ballenas de Nantucket.

El *Two Brothers* y el *Martha* se encontraban varios centenares de millas al oeste de las islas Hawái, camino de la pesquería de Japón, cuando se levantó viento. Pollard ordenó a sus hombres que tomaran rizos. Llovía mucho y resultaba difícil gobernar el *Two Brothers* en el mar embravecido. El *Martha* era el más rápido de los dos balleneros, y al caer la noche, el vigía del *Two Brothers* apenas podía verlo desde el tope.

Navegaban más o menos en la latitud de los bajíos de la Fragata Francesa, un mortal laberinto de rocas y arrecifes de coral situado al noroeste de las islas Hawái, pero tanto Pollard como el capitán John Pease del *Martha* creían que el peligro quedaba muy al oeste. Desde su anterior viaje, Pollard había aprendido a determinar la longitud de su barco por medio de la observación lunar. Sin embargo, debido a que el cielo estaba nublado, llevaba más de diez días sin poder hacer una lunar, así que tenía que fiarse de la estima para determinar la posición de su barco.

El viento era tan fuerte que habían descolgado las balleneras de los pescantes y las habían atado a la cubierta. Aquella noche uno de los oficiales comentó que «el agua parecía más blanca que de costumbre en los costados». Thomas Nickerson se disponía a bajar en busca de una chaqueta cuando observó que Pollard estaba de pie junto a la barandilla del barco, mirando el mar con expresión preocupada.

Mientras Nickerson se encontraba bajo cubierta, el barco chocó con algo y se oyó un «terrible estrépito», y el joven se vio arrojado al suelo. Nickerson supuso que habían chocado con otro barco. «Imaginad mi asombro —escribió— al encontrarnos rodeados de rompientes que parecían altos como montañas, mientras el barco escoraba y daba unos bandazos tan violentos que uno apenas podía permanecer en pie.» El barco había chocado contra un arrecife de coral y acabaría rompiéndose en pedazos. «El capitán Pollard parecía asombrado por la escena que tenía ante sus ojos», recordó Nickerson.

El primer oficial, Eben Gardner, se precipitó hacia el rompiente. Ordenó a los marineros que empezaran a cortar los palos con la esperanza de salvar el barco. Al darse cuenta de la probabilidad de que las perchas cayesen sobre las balleneras atadas a la cubierta y las destrozasen, Pollard volvió en sí. Ordenó a la tripulación que dejase las hachas y empezara a preparar los botes. «De haber cortado los palos en aquel momento —escribió Nickerson—, probablemente [yo] haría de figurante en este cuento en lugar de contarlo.»

Pero cuando los hombres empezaron a subir a los dos botes, Pollard ya había vuelto a sumirse en el mismo estado de desesperación hipnótica. «Sus facultades de razonamiento se habían esfumado», recordó Nickerson, y el capitán no parecía dispuesto a abandonar el barco. Las olas amenazaban con arrojar los botes contra el casco mientras los hombres rogaban a su capitán que se pusiera a salvo. «El capitán Pollard subió a regañadientes al bote —escribió Nickerson—, justamente cuando se disponían a separarse del barco.»

Nickerson, que a sus diecisiete años había sido ascendido a arponero, se encontraba de pie junto a la espadilla cuando una ola enorme cayó sobre la embarcación y le arrojó al mar. Uno de los oficiales le alargó la pala del remo de popa. Nickerson se agarró a ella y le subieron nuevamente a bordo.

Las dos balleneras se separaron rápidamente en la oscuridad. «Nuestro bote parecía estar rodeado de rompientes —recordó Nickerson— y tuvimos que remar entre ellos durante toda la noche porque no podíamos ver ninguna salida.» Por la mañana vieron un barco anclado al socaire de una roca de unos quince metros de altura. Resultó ser el *Martha*, que se había librado por un pelo de chocar con la roca durante la noche. Al poco, los tripulantes de ambas balleneras se encontraron a bordo del *Martha* y éste se puso en marcha hacia Oahu.

Dos meses después, en el puerto de Raiatea, una de las islas de la Sociedad, un misionero llamado George Bennet embarcó en el bergantín norteamericano *Pearl*, que se dirigía a Boston. Entre los pasajeros se hallaba George Pollard. El capitán, de treinta y un años, había cambiado mucho desde que hablara con Charles Wilkes hacía menos de un año. Su alegría de antes había desaparecido. Sin embargo, anclado el barco en el puerto de una isla que él y sus hombres habían evitado una vez porque temían erróneamente que en ella hubiera caníbales, insistió en contar a Bennet la historia del *Essex*, sin ahorrarle los detalles penosos. Esta vez, cuando llegó el momento de describir la ejecución de Owen Coffin, se interrumpió.

—Pero ¡no puedo contarle nada más! —dijo a Bennet—. La cabeza se me llena de fuego al recordarlo. Apenas sé qué decir.

Pollard terminó la conversación relatando cómo recientemente había perdido su segundo barco ballenero en un bajío cerca de las islas Hawái. Luego, en un «tono de abatimiento que jamás olvidaría quien lo hubiese oído», según dijo Bennet, Pollard confesó:

—Ahora estoy totalmente acabado. Ningún armador

volverá a confiarme un barco ballenero, porque todos dirán que soy un hombre con mala suerte.

Como predijo Pollard, su carrera de pescador de ballenas había terminado. La gente de Nantucket, que se había apresurado a apoyarle después del hundimiento del *Essex*, ahora le volvió la espalda. Se había convertido en un Jonás, un capitán condenado dos veces a quien nadie se atrevía a dar una tercera oportunidad. Después de volver con su esposa, Mary, Pollard hizo un solo viaje en un barco mercante que zarpó de Nueva York. «Pero como no le gustaba aquel negocio —escribió Nickerson—, volvió a su domicilio de Nantucket.» Se hizo vigilante nocturno, el escalón más bajo de la sociedad de la isla.

Un rumor inquietante empezó a correr por las calles de la población, un rumor que todavía circulaba por Nantucket casi cien años más tarde. Los chismosos afirmaban que no había sido Owen Coffin quien había sacado el papel más corto, sino George Pollard. Sólo entonces su joven primo, ya cerca de la muerte y convencido de que no llegaría a la mañana siguiente, se había ofrecido a ocupar el lugar del capitán, e incluso había insistido en ello. Si el rumor era verdad, Pollard no sólo tenía mala suerte sino que era un cobarde, y el destino le había descubierto.

La palabra inglesa *pollard* tiene dos significados. Un *pollard* es un animal como, por ejemplo, un buey, una cabra o un carnero, que ha perdido sus cuernos. Pero *pollard* es también un término que emplean los jardineros y que significa «desmochar». Desmochar un árbol es cortar sus ramas para que salgan numerosos brotes. La mala suerte había desmochado a George Pollard, cortando sus posibilidades, pero, como si la operación le hubiese reforzado, creó una vida feliz y llena de sentido para sí mismo y para su esposa en su ciudad natal.

George y Mary Pollard nunca tendrían hijos propios, pero podría decirse que presidían la familia más numerosa de Nantucket. Como vigilante nocturno de la población, Pollard era el encargado de hacer cumplir el toque de queda a las nueve, lo que le obligaba a tratar con casi todas las personas jóvenes de la isla. En lugar de convertirse en un hombre adusto y amargado, como cabía esperar, se le conocía por su carácter optimista, incluso alegre. Joseph Warren Phinney formaba parte de la extensa familia de los Pollard. Al morir la madre y el padre de Phinney, éste se trasladó a Nantucket para vivir con sus abuelos. La primera esposa de su padre era hermana de Mary Pollard, y en sus últimos años Phinney dejó una descripción de George Pollard.

«Era un hombre gordo y bajo —recordó Phinney—, alegre, amante de las cosas buenas de la vida.» Phinney recordaba con afecto cómo Mary Pollard hacía que su esposo se tendiera sobre la mesa de la cocina y le tomaba las medidas para un nuevo par de pantalones. En lugar de un arpón, el expescador de ballenas recorría las calles «portando bajo el brazo una larga pértiga de nogal americano que tenía un garfio de hierro en la punta». La pértiga no sólo le permitía ajustar los faroles del pueblo, que eran de aceite de ballena, sino que era útil para persuadir a los niños a volver a casa antes del toque de queda. Pollard se tomaba sus obligaciones tan en serio que le llamaban, según Phinney, el «sabueso» del pueblo, un detective espabilado que conocía los detalles íntimos de una isla cuya población crecería de siete mil a diez mil personas durante los dos decenios siguientes.

Phinney, como todos los demás habitantes de Nantucket, conocía la historia del *Essex* e incluso había oído los rumores según los cuales «un muchacho había sustituido al hombre al que le había tocado morir». Para Phinney y todas las demás personas que realmente conocían a Pollard, era imposible que «este hombre» pudiera haber sido George Pollard. (Según la versión del rumor que oyó Phinney, el hombre cuyo lugar ocupó Owen Coffin «tenía esposa e hijos de corta edad» y, como sabía todo el mundo, los Pollard no tenían hijos.)

Corría otro rumor sobre el capitán Pollard. Afirmaba que un forastero que acababa de llegar le preguntó inocentemente si alguna vez había conocido a un hombre que se llamaba Owen Coffin. «¿Que si le conozco? —dicen que respondió—. ¡Vaya, pero si me lo zampé!»

Los amigos de Pollard tampoco daban crédito a esta historia. Sabían que era incapaz de burlarse del recuerdo de los hombres que habían muerto en las balleneras del *Essex*. Aunque había conseguido superar la tragedia, nunca dejaba de honrar a los que se habían quedado atrás. «Una vez al año —recordó Phinney—, en el aniversario del hundimiento del *Essex*, se encerraba bajo llave en su habitación y ayunaba.»

Como pescador de ballenas, Owen Chase gozaría del éxito que se le había escapado a George Pollard. Su vida personal, sin embargo, resultó menos afortunada.

El primer viaje de Chase después del naufragio del *Essex*, como primer oficial a bordo del barco ballenero *Florida* de New Bedford, duró menos de dos años y consiguió obtener dos mil barriles de aceite. Cuando volvió a Nantucket en 1823, se encontró con una segunda hija,

Lydia, que empezaba a dar sus primeros pasos detrás de su hermana mayor, Phebe Ann, que pronto cumpliría cuatro años. Chase optó por quedarse en la isla para el nacimiento de su siguiente hijo, un varón al que dieron el nombre de William Henry. La esposa de Owen, Peggy, no se recuperó del parto y murió antes de que transcurrieran dos semanas. Owen se convirtió en un viudo de veintisiete años con tres hijos que cuidar.

En el otoño y el invierno de 1824-1825 conoció a una mujer con la que ya compartía un vínculo especial. Nancy Slade Joy era la viuda de Matthew Joy, segundo oficial del *Essex*. Nancy y Matthew llevaban casados dos años cuando el esposo zarpó por última vez. En junio de 1825, nueve meses después de la muerte de Peggy Chase, la viuda y el viudo se casaron y Nancy se convirtió en la madrastra de los tres hijos de Owen. Dos semanas después, compró una casa de su padre en los alrededores de la «Hilera del Capitán» de Orange Street. A principios de agosto, Chase zarpó con destino a New Bedford, donde tomó el mando de su primer barco, el *Winslow*. Contaba veintiocho años, la misma edad que tenía Pollard cuando le nombraron capitán del *Essex*.

El *Winslow* era un barco ballenero pequeño y llevaba sólo quince hombres. El 20 de julio de 1827, después de un viaje de casi dos años, regresó a New Bedford con 1.440 barriles de aceite. Chase volvió a Nantucket, pagó los 500 dólares de la hipoteca de su casa y regresó a New Bedford antes de la segunda semana de agosto. Cabe imaginar cuáles serían las emociones de Nancy Chase, que había vivido con su esposo durante menos de dos meses en el verano de 1825, al enterarse de que Owen emprendería casi inmediatamente un segundo viaje en el *Winslow*.

Poco después de zarpar, el *Winslow* sufrió desperfectos a causa de una tremenda tormenta y volvió con dificultad a New Bedford en octubre para que lo reparasen. Los armadores decidieron aprovechar la oportunidad para ampliar el barco a 263 toneladas, lo cual permitió a Chase pasar nueve meses con su esposa y sus tres hijos en Nantucket. Volvió a hacerse a la mar en julio de 1828, llenó su recién modificado barco en dos años y volvió a la isla en el verano de 1830.

Naturalmente, resulta tentadora la idea de ver en la carrera de Chase después del *Essex* un deseo de venganza parecido al de Ahab. Aunque Chase no estuviera motivado por el deseo de encontrar y matar al cachalote que había hundido al *Essex*, otros pescadores de ballenas decían que era así, apoyándose en un débil testimonio.

En 1834, diecisiete años antes de la publicación de *Moby Dick*, el poeta y ensayista Ralph Waldo Emerson viajó en coche con un marinero que le habló de una ballena (blanca por más señas) conocida por atacar las balleneras con sus fauces. El marinero afirmó que en New Bedford habían armado un barco ballenero llamado *Winslow* o *Essex*, no estaba seguro de cuál de los dos nombres, para matar al animal, y que éste había sido despachado finalmente ante la costa de América del Sur. Uno no puede por menos de preguntarse si lo que oyó Emerson fue un relato confuso de cómo Owen Chase, el nuevo capitán del *Winslow* y ex primer oficial del *Essex*, consiguió vengarse del cachalote que le había causado tantas penalidades y dolor.

Sea como fuere, el destierro profesional de Nantucket que sufrió Chase, y que duró casi un decenio, terminó poco después de regresar de su segundo viaje completo en calidad de capitán del *Winslow*. A la edad de treinta y tres años le ofrecieron el mando del que sería uno de los mayores barcos balleneros de Nantucket. Hasta entonces, casi todos los barcos de la isla se construían en el continente, en sitios tales como Rochester y Hannover, Massachusetts. Pero la pesca del cachalote había traído una enorme oleada de riqueza a la isla. Los márgenes de beneficios eran ahora lo bastante elevados como para que se considerase posible construir un barco ballenero en el astillero de Brant Point de la isla, aunque todos los materiales tuvieron que transportarse desde la otra orilla del estrecho de Nantucket. Durante los dos años siguientes, el barco ballenero *Charles Carroll*, de 376 toneladas y clavazón de cobre, fue tomando forma bajo la experta mirada de Chase, y con una inversión de 625 dólares se le dio una trigésima segunda parte del barco.

El primer viaje de Chase como capitán del *Charles Carroll* fue un éxito económico. Después de tres años y medio, volvió en marzo de 1836 con 2.610 barriles de aceite, casi el doble que en su primer viaje como capitán a bordo del *Winslow*. Pero el coste personal del viaje fue muy elevado. Nueve meses después de que su esposo se fuera de la isla, Nancy Chase dio a luz una hija, Adeline. Unas cuantas semanas más tarde, Nancy murió. Esperando a su padre en el muelle, en la primavera de 1836, se encontraban Phebe Ann, de casi dieciséis años; Lydia, de trece; William Henry, de once, y Adeline, de dos y medio, una niña que no recordaba a su madre y nunca había visto a su padre.

Chase volvió a casarse cuando aún no llevaba un mes en casa. Eunice Chadwick contaba sólo veintisiete años y ahora tenía cuatro hijastros que cuidar. A finales de agosto, después de menos de cinco meses de matrimonio, decía adiós a su nuevo esposo agitando la mano. Iba a ser el último viaje de Chase como capitán ballenero. Tenía cuarenta años y, si todo iba bien, podría retirarse a su casa de Orange Street.

Durante este período también se encontraba en el Pacífico un joven cuya carrera de ballenero acababa de empezar. Herman Melville se enroló por primera vez en 1840 como marinero del barco ballenero *Acushnet*, de Nantucket. En el Pacífico, con motivo de un encuentro con otro barco, conoció a un nativo de Nantucket llamado William Henry Chase, el hijo adolescente de Owen. Melville ya había oído historias sobre el *Essex* de labios de los marineros del *Acushnet* e interrogó detenidamente al muchacho sobre las experiencias de su padre. Al día siguiente, William sacó de su baúl un ejemplar de la narración de Owen sobre el *Essex* y se lo prestó a Melville. «La lectura de esta historia portentosa sobre el mar sin tierra —recordó Melville—, y tan cerca de la latitud misma del naufragio, surtió un efecto sorprendente en mí.»

Más adelante, al encontrarse con otro barco ballenero, Melville vio fugazmente a un capitán de Nantucket que, según le dijeron, era nada menos que Owen Chase. «Era un hombre corpulento, fuerte y bien hecho —escribiría posteriormente Melville en las últimas páginas de su propio ejemplar de la narración de Chase—, más bien alto; a juzgar por su apariencia, contaba más de cuarenta y cinco años; de rostro bien parecido para ser yanqui, con expresión de gran rectitud y valor sereno y discreto. Todo su aspecto me impresionó agradablemente. Me parece que era el pescador de ballenas que causaba mejor impresión de cuantos he visto en mi vida.» Aunque parece que Melville confundió a otro capitán ballenero con Chase, su descripción se parece notablemente a un retrato de Owen Chase que se conserva. Muestra un rostro lleno de confianza en sí mismo, casi arrogante, el de un hombre que se siente completamente a sus anchas con la responsabilidad del mando. Pero la seguridad profesional de Chase no le preparó para la noticia que oiría hacia la mitad de su último viaje.

Dieciséis meses después de que su marido zarpara a bordo del *Charles Carroll*, Eunice Chase, la tercera esposa de Owen Chase, dio a luz un hijo, Charles Frederick. Alguien contaría a Herman Melville cómo había recibido la noticia Chase, e inevitablemente el futuro autor de *Moby Dick* compararía la difícil situación del ex primer oficial del *Essex* con la de George Pollard. «La desdichada pertinacia de la mala suerte que perseguía al capitán Pollard, con su segundo naufragio desastroso y definitivo, perseguía también al pobre Owen —escribió Melville—, aunque tardó un poco más en darle alcance la segunda vez.» Melville oyó decir que Chase había recibido cartas «que le informaban de la segura infidelidad de su esposa [...]. También nos dijeron que esta noticia había afectado mucho a Chase, que se sumió en la más honda melancolía».

Sólo unos cuantos días después de regresar a Nantucket en el invierno de 1840, Chase presentó una demanda de divorcio. El 7 de julio le fue concedido el divorcio y Chase recibió la tutela de Charles Frederick. Dos meses más tarde, Chase se casó por cuarta vez, con Susan Coffin Gwinn. De los anteriores veintiún años, sólo había pasado cinco en casa. Ahora permanecería en Nantucket durante el resto de su vida.

Los otros supervivientes del *Essex* también volvieron al mar. Después de que les llevaran a Oahu tras el naufragio del *Two Brothers*, Thomas Nickerson y Charles Ramsdell pronto encontraron trabajo en otros barcos balleneros. En la década de 1840, Ramsdell fue capitán del *General Jackson*, de Bristol, Rhode Island; se casaría dos veces y tendría seis hijos. Nickerson acabó cansándose de la vida de pescador de ballenas, se hizo capitán de la Marina mercante y se mudó a Brooklyn, Nueva York, donde él y su esposa Margaret vivieron durante varios años. No tuvieron hijos.

Benjamin Lawrence fue capitán de los barcos balleneros *Dromo* y *Huron*, este último de Hudson, Nueva York, la ciudad natal del segundo oficial del *Essex*, Matthew Joy. Lawrence tuvo siete hijos, uno de los cuales moriría en el mar. A principios de la década de 1840, Lawrence, al igual que Chase, se retiró del negocio ballenero y compró una granja pequeña en Siasconset, en el extremo oriental de la isla de Nantucket.

Menos se sabe sobre los tres hombres que no eran de Nantucket y que fueron recogidos de la isla de Henderson. Los dos nativos del cabo Cod, Seth Weeks y William Wright, continuaron formando parte de la tripulación del *Surry*, y viajaron por el Pacífico hasta que llegaron a Inglaterra y volvieron a Estados Unidos. Wright se perdió en el mar en medio de un huracán cerca de las Indias Occidentales. Weeks acabó retirándose al cabo Cod y vivió más tiempo que todos los demás supervivientes del *Essex*.

El inglés Thomas Chappel regresó a Londres en junio de 1823. Allí colaboró en la redacción de un opúsculo religioso que extraía todas las lecciones espirituales posibles de la historia del desastre del *Essex*. Más adelante, Nickerson oyó decir que el inglés había muerto a causa de las fiebres que asolaban la isla de Timor.

Aunque la gente siguió chismorreando sobre el *Essex* hasta bien entrado el siglo xx, no era un tema del que un nativo de Nantucket hablara con franqueza. Cuando le hacían preguntas sobre el desastre, la hija de Benjamin Lawrence contestaba: «No mencionamos eso en Nantucket».

No era sólo porque los hombres hubiesen recurrido al canibalismo. A la gente de Nantucket también le resultaba difícil explicar por qué los cuatro primeros hombres que se comieron los supervivientes eran afroamericanos. Lo que hacía que este asunto fuese especialmente delicado en Nantucket era la reputación de baluarte abolicionista de la isla, que, según el poeta John Greenleaf Whittier, era «un refugio de los libres». En vez del *Essex*, los cuáqueros de Nantucket preferían hablar de cómo la creciente comunidad negra, que vivía al sur de la población y era conocida por el nombre de Nueva Guinea, participaba en la próspera economía ballenera.

En 1830, el capitán Obed Starbuck y su tripulación, que era negra en su práctica totalidad, regresaron después de un viaje de sólo catorce meses y medio con 2.280 barriles de aceite. Un titular del *Nantucket Inquirer* anunció: «EL MAYOR VIAJE QUE JAMÁS SE HAYA HECHO». La animación era tan grande que los marineros negros desfilaron por Main Street llevando con orgullo sus arpones y lanzas al hombro. Menos de diez años después, un esclavo fugitivo que vivía en New Bedford fue invitado a hablar en un mitin abolicionista que se celebró en la biblioteca Atheneum de la isla. El afroamericano se llamaba Frederick Douglass y en Nantucket habló por primera vez ante un público blanco. Éste era el legado que la jerarquía cuáquera quería que recordase el mundo y no los turbadores acontecimientos relacionados con el *Essex*.

Por lo menos durante un tiempo, la gente que no era de la isla pareció haberse olvidado de la tragedia. En 1824, Samuel Comstock se puso a la cabeza de la tripulación del barco ballenero *Globe*, de Nantucket, en un sangriento motín, y la atención pública se desvió del *Essex*. Diez años más tarde, sin embargo, con la publicación de un artículo sobre el naufragio en la *North American Review*, el caso del *Essex* volvió a despertar interés. Durante los dos decenios siguientes aparecieron numerosas crónicas del desastre. Una de las versiones más influyentes se incluyó en un popular libro de texto, *The Eclectic Fourth Reader*, de William H. McGuffey. En el futuro sería difícil criarse en Estados Unidos sin aprender alguna versión de la historia del *Essex*.

En 1834, Ralph Waldo Emerson escribió en su diario acerca de la conversación con el marinero sobre la ballena blanca y el *Essex*. Al visitar Nantucket en 1847, Emerson conoció al capitán Pollard y, en una carta a su joven hija, que estaba en su casa de Concord, Massachusetts, describió el hundimiento del *Essex*: «Vieron que un cachalote grande se dirigía a toda velocidad hacia el barco: en un momento golpeó el barco con terrible fuerza, rompiendo varias tablas y abriendo una vía de agua; luego se alejó un poco y volvió rápidamente, con el agua totalmente blanca a causa de la violencia de sus movimientos, y asestó un segundo golpe tremendo al barco».

En 1837, Edgar Allan Poe utilizó los aspectos más morbosos de la crónica de Chase en su libro *Las aventuras de Arthur Gordon Pym*. Echan suertes, se comen hombres y un marinero muere en medio de horribles convulsiones. Decenios antes de que la partida de Donner se encontrara aislada por la nieve en las estribaciones de las sierras, el *Essex* proporcionó un escandaloso cuento de canibalismo al público norteamericano.

Pero sería Herman Meville quien utilizaría de forma más memorable la historia del barco ballenero. *Moby Dick* contiene varias referencias detalladas al ataque del cachalote contra el *Essex*, pero es la culminación del relato la parte que se inspira más en la narración de Chase: «Toda ella rezumaba rencor, rápida venganza, malicia eterna», escribe Melville sobre el ataque de la ballena blanca contra el *Pequod*. Después del golpe, el cachalote, justo como describe Chase en su crónica, se zambulle debajo del barco y recorre «tembloroso su quilla de un extremo a otro». Pero en vez de atacar por segunda vez al barco que ya se hunde, *Moby Dick* dirige su atención a la ballenera del capitán Ahab.

Moby Dick resultó una decepción tanto crítica como económica, y en 1852, un año después de publicarse, Melville visitó finalmente Nantucket. Viajó a la isla en julio con su suegro, el juez Lemuel Shaw, el mismo que había concedido el divorcio a Owen Chase doce años antes. Al igual que Emerson antes que él, Melville no buscó a Chase, que ahora era un capitán ballenero retirado que vivía de los réditos de sus inversiones, sino a George Pollard, el humilde vigilante nocturno.

Parece ser que Melville se alojó en la Ocean House, en la esquina de las calles Centre y Broad, cruzando diagonalmente la calle desde la casa donde George y Mary Pollard habían vivido durante décadas. Más adelante, Melville, refiriéndose al capitán del *Essex*, escribió: «Para los isleños era un don nadie [...] para mí, el hombre más impresionante, aunque sencillísimo, incluso humilde, con el que jamás me haya encontrado».

En años venideros, la vida profesional de Melville como novelista seguiría el mismo camino que la carrera de Pollard como ballenero. Como no había público para sus libros, el autor de *Moby Dick* tuvo que aceptar un empleo de inspector de aduanas en los muelles de Nueva York. Aunque dejó de escribir novelas, continuó escribiendo poesía, en particular un poema largo y sombrío titulado *Clarel*, en el cual hay un personaje basado en Pollard. Después de dos viajes desastrosos, el excapitán se convierte en «guardia nocturno en el muelle / vigilando los fardos hasta la mañana / haga buen o mal tiempo». Melville sentía una fuerte afinidad con el capitán del *Essex*, y su descripción del viejo marinero se basa tanto en sí mismo como en el hombre al que conoció en las calles de Nantucket:

Nunca sonreía;
le llamaban, y venía; no con espíritu
avinagrado, sino humilde y resignado:
paciente era, a nadie se resistía;
a menudo sobre algún secreto con tristeza meditaba.

En 1835, cuando Obed Macy, con la ayuda de William Coffin Jr., publicó su *History of Nantucket*, New Bedford había eclipsado a Nantucket como principal puerto ballenero de Estados Unidos. La barra de Nantucket, que había sido una simple molestia en los primeros tiempos de la pesca de la ballena en el Pacífico, se había convertido en un grave obstáculo para la prosperidad. Los barcos balleneros eran ahora tan grandes que ya no podían cruzar la barra sin descargar antes, por medio de barcazas, casi todo lo que llevaban, operación que requería tiempo y resultaba cara. En 1842, Peter Folger Ewer diseñó y construyó dos «camellos» de cerca de cuarenta y dos metros: dos gigantescas secciones acopladas de madera que formaban una especie de dique flotante capaz de transportar un barco ballenero totalmente cargado al otro lado de la barra. Pero lo cierto es que la profundidad de su puerto daba a New Bedford una ventaja inigualable que se complementaba con su proximidad al nuevo sistema ferroviario, que un número cada vez mayor de comerciantes empleaba para enviar su aceite al mercado.

Pero los habitantes de Nantucket también tuvieron la culpa de la crisis que el negocio ballenero sufriría en la isla en el decenio de 1840. Mientras los balleneros de New Bedford, New London y Sag Harbor abrían nuevas pesqueras en el Pacífico Norte, los de Nantucket se empecinaron en seguir pescando en las que tan provechosas habían sido para ellos en anteriores decenios, pero que ya estaban agotadas desde hacía mucho tiempo.

También en la isla había problemas. El cuaquerismo, que en otro tiempo había sido la fuerza cultural y espiritual que impulsaba a la comunidad, se dividió en varias sectas que reñían unas con otras. Durante los decenios de 1830 y 1840 había en la isla más *meeting houses* que nunca, pero el número total de cuáqueros de Nantucket disminuía cada año. Al suavizarse las restricciones que imponía el cuaquerismo, la gente de Nantucket quedó en libertad para hacer ostentación de la riqueza que antes se sentía obligada a ocultar. Main Street se llenó de elegantes casas de ladrillo y gigantescas mansiones de estilo griego construidas con madera que, según Melville, eran monumentos a las riquezas que los isleños habían «arponeado y arrastrado hasta aquí desde el fondo del mar». Aunque desde hacía varios años la cantidad de aceite que se obtenía anualmente venía disminuyendo de forma ininterrumpida, al empezar el verano de 1846 en las calles de Nantucket se veían pocas cosas que dieran motivo para preocuparse. Entonces, a las once de una calurosa noche de julio, alguien gritó la temida palabra:

—¡Fuego!

El verano había sido uno de los más secos que se recordaban. Los edificios de madera estaban tan resecos como la yesca. En pocos minutos las llamas se habían propagado desde una fábrica de sombreros de Main Street hasta una estructura colindante. En aquel tiempo Nantucket carecía de cuerpo de bomberos municipal y, en su lugar, dependía de retenes organizados por iniciativa privada. Mientras el fuego subía por Main Street con alarmante rapidez, los propietarios de las casas empezaron a solicitar los servicios de los retenes con el fin de proteger sus domicilios. En vez de trabajar juntos como una unidad coordinada, los retenes se dispersaron en diferentes direcciones, lo cual permitió que el incendio fuera en aumento hasta resultar incontrolable.

El inmenso flujo de calor que subía hacia el cielo creó veloces corrientes de viento que barrieron las calles estrechas y propagaron el fuego en todas direcciones. Trozos de madera en llamas volaban por los aires y caían sobre casas que se habían considerado seguras. Tratando de contener el incendio, se dinamitaron algunas casas y las explosiones aumentaron el terror y la confusión. El domicilio de Owen Chase en Orange Street quedaba al sur de la población y se libró del fuego, pero la casa de Pollard en Centre Street se hallaba directamente en el camino de las llamas. De manera milagrosa, las corrientes de convección, que parecían un tornado, desviaron el fuego hacia el este, en dirección al puerto, antes de que alcanzara la casa del vigilante nocturno. El hogar de Pollard se salvó, aunque el fuego destruyó todas las casas del lado oriental de la calle.

El fuego no tardó en llegar a los muelles. Nubes de humo negro salían de los almacenes de aceite, que a los pocos segundos estallaron en llamas. Los toneles empezaron a hacer explosión y un río de fuego líquido barrió los muelles y se precipitó en el agua. Un retén de bomberos había conducido su vehículo hasta el bajío del fondeadero y arrojaba agua de mar a los muelles. Los hombres se percataron tardíamente de que una mancha de aceite en llamas los tenía rodeados. Su única opción era zambullirse y nadar por debajo de la superficie para salvar la vida. El fuego destruyó la bomba de incendios, que era de madera, pero todos los hombres lograron ponerse a salvo.

Al día siguiente, más de una tercera parte de la población —y casi todo el distrito comercial— amaneció convertida en un yermo calcinado. Pero eran los muelles la parte que más había sufrido. El aceite de esperma había ardido con tanta virulencia que ni siquiera quedaban cenizas. La gente decía que el leviatán finalmente había logrado vengarse.

La población se reconstruyó rápidamente y esta vez se utilizaron en gran parte ladrillos. Las gentes de Nantucket intentaban tranquilizarse diciendo que el inquietante descenso del negocio ballenero era sólo temporal. Luego, al cabo de dos años justos, en 1848, se descubrió oro en California. Centenares de nativos de Nantucket se rindieron al señuelo de la riqueza fácil en el Oeste. Abandonaron su oficio de balleneros y embarcaron con rumbo a San Francisco, abarrotando los mismos barcos en los que otrora habían perseguido al poderoso cachalote. El Golden Gate se convirtió en el cementerio de incontables barcos balleneros de Nantucket que se pudrían en las marismas después de que los abandonaran sus tripulaciones.

Mucho antes de que Edwin Drake encontrara petróleo en Titusville, Pensilvania, en 1859, el futuro económico de Nantucket había quedado decidido. Durante los veinte años siguientes, la población de la isla pasaría de diez mil a tres mil almas. «Nantucket tiene ahora un aspecto de "cadáver" como pocas poblaciones de Nueva Inglaterra poseen —escribió un visitante—. Las casas muestran una elegancia desvaída [...] los habitantes tienen expresión soñadora, como si vivieran en los recuerdos del pasado.» Aunque la pesca del cachalote continuaría en New Bedford hasta la década de 1920, la isla cuyo nombre había sido sinónimo de ella en otro tiempo había dejado de ser un puerto ballenero activo sólo cuarenta años después de la partida del *Essex*. El 16 de noviembre de 1869, el último barco ballenero de Nantucket, el *Oak*, salió del puerto para no volver nunca.

El número de cachalotes que había en el mundo demostró una resistencia notable ante lo que Melville llamó «un estrago tan despiadado». Se calcula que los balleneros de Nantucket y sus hermanos yanquis capturaron más de 225.000 cachalotes entre 1804 y 1876. En 1837, el mejor año del siglo en lo que se refería a la matanza de cetáceos, los balleneros norteamericanos se cobraron 6.767 cachalotes. (Como inquietante punto de comparación, en 1964, el año culminante de la moderna pesca de cetáceos, se mataron 29.255 cachalotes.) Algunos estudiosos creen que al empezar la década de 1860, los pescadores de cetáceos ya habían reducido el número total de cachalotes del mundo en un 75 por ciento; otros afirman que la disminución fue sólo de entre el 8 y el 18 por ciento. Sea cual sea la cifra que más se acerque a la verdad, a los cachalotes les ha ido mejor que a otros cetáceos grandes de los que caza el hombre. En nuestros días hay entre un millón y medio y dos millones de cachalotes, lo cual significa que son los cetáceos que más abundan en el mundo.

En 1845, los pescadores de cetáceos aún confiaban en que no había ningún peligro de que disminuyese el número de cachalotes. Sí hacían comentarios, sin embargo, sobre cómo había cambiado su comportamiento. «Realmente se han vuelto más inquietos —escribió un observador—, o, como dicen algunos pescadores, "más asustadizos" y, en consecuencia, no tan fáciles de capturar.» Al igual que el cachalote que había atacado al *Essex*, un número creciente de ellos luchaba para defenderse.

En 1835, la tripulación del barco ballenero inglés *Pusie Hall* tuvo que emprender la retirada ante el ataque de lo que dio en llamar un «cachalote guerrero». Después de ahuyentar a cuatro botes balleneros, el animal los persiguió hasta el barco. Los hombres le arrojaron varias lanzas «antes de conseguir que se retirara». En 1836, el *Lydia*, un barco ballenero de Nantucket, fue atacado y hundido por un cachalote, y lo mismo le ocurrió al *Two Generals* unos cuantos años después. En 1850, el *Pocahontas*, de Martha's Vineyard, fue embestido por un cachalote, pero logró llegar a puerto para que lo reparasen. Luego, en 1851, el año en que se publicó *Moby Dick*, un cachalote atacó a un barco ballenero en las mismas aguas donde otro había hundido al *Essex* treinta y un años antes.

El *Ann Alexander*, un barco ballenero de New Bedford, se hallaba bajo el mando de uno de los capitanes más avezados del Pacífico, John DeBlois. En una carta que envió al armador del barco, DeBlois se jactaba de haber matado a todos los cachalotes a los que había clavado un arpón. Pero en agosto de 1851, justo al sur del ecuador y a unas quinientas millas al este de las Galápagos, el capitán De-Blois se encontró con la horma de su zapato.

Era un macho grande y solitario al que DeBlois llamó «¡un tipo noble!». Arriaron dos balleneras y comenzó la lucha. Casi inmediatamente el cachalote se lanzó detrás del bote del oficial. «En un instante [el bote] quedó aplastado como si fuera de papel por sus poderosas fauces», escribió DeBlois. Después de salvar a la tripulación del primer oficial, el segundo oficial se unió a DeBlois a bordo de otra ballenera. Se repartieron los hombres entre los dos y reanudaron la persecución. Casi de inmediato, sin embargo, el cachalote atacó la embarcación del oficial y la destruyó en pocos instantes. DeBlois tuvo que interrumpir la persecución, recoger a los tripulantes dispersos y volver al *Ann Alexander*.

DeBlois dijo que a esas alturas «se me había subido la sangre a la cabeza y estaba totalmente decidido a atrapar a aquel cachalote, a toda costa». De pie en la proa del barco con una lanza en la mano, el capitán dijo al timonel adónde debía dirigirse. El cachalote, según escribió De-Blois, era un «animal taimado» que les permitía acercarse y se alejaba a toda prisa antes de que el capitán pudiera arrojar su arma.

De repente el cachalote se hundió, luego dio media vuelta y volvió a salir sólo unos metros por delante del barco. DeBlois arrojó la lanza, pero era demasiado tarde. La inmensa cabeza del animal golpeó la proa del barco y DeBlois cayó al suelo. Convencido de que el animal había abierto un agujero en el casco del *Ann Alexander*, el capitán bajó corriendo a comprobar los desperfectos, pero no había ninguna vía de agua.

DeBlois ordenó a sus hombres que arriaran otro bote. El oficial puso objeciones e insistió en que sería un suicidio. Como ya faltaba poco para anochecer, DeBlois decidió de mala gana esperar hasta la mañana. «Justo en el momento en que daba estas órdenes —recordó el capitán—, vi algo que me pareció una sombra.» Era el cachalote avanzando a toda velocidad hacia el *Ann Alexander*. Asestó al barco «un golpe terrible —escribió DeBlois— que hizo que se estremeciera de proa a popa».

Antes de bajar a inspeccionar los desperfectos, pudo oír el agua que entraba en la bodega. El capitán corrió a su camarote en busca de los instrumentos de navegación que necesitarían en las balleneras. Mientras los oficiales preparaban las dos embarcaciones que quedaban, De-Blois bajó una vez más, pero el camarote estaba tan lleno de agua que tuvo que nadar para no ahogarse. Cuando volvió a cubierta, las dos balleneras ya se habían apartado del barco impulsadas por los remos. El capitán saltó desde la barandilla y nadó hasta la embarcación del primer oficial.

Casi inmediatamente, según DeBlois, los marineros empezaron «a reprenderme, diciendo: «"¡Oh, capitán, has arriesgado demasiado nuestras vidas!" "Muchachos —contesté—, por el amor de Dios, ¡no me echéis la culpa! Ansiabais atrapar ese cachalote tanto como yo, y no tenía la menor idea de que iba a suceder algo así"».

Por la mañana volvieron al barco naufragado. Al trepar por el costado, DeBlois vio «las señales de los dientes [del cachalote] en el cobre [...]. El agujero era justo del tamaño de la cabeza del cetáceo». Mientras DeBlois cortaba los palos para enderezar el barco, la campana de éste continuó sonando con el movimiento rítmico del mar. «Jamás llegó a mis oídos sonido más lúgubre —recordó—. Era como si estuviese tocando a muerto por nosotros.»

El barco estaba sumergido casi por completo, y las olas rompían por encima de la cabeza del capitán. Finalmente el primer oficial se reunió con él y los dos trataron de abrir un agujero en la cubierta para sacar algunas provisiones y agua dulce. Al mediodía, aproximadamente la mitad de la tripulación de veinticuatro hombres ya se había armado de valor y había subido al barco para buscar provisiones. Varios hombres habían empezado a quejarse y decían que tenían que partir inmediatamente para las islas Marquesas, dos mil millas al oeste. DeBlois ordenó a la tripulación que se reuniera junto a la barandilla del barco y les preguntó «si querían que les aconsejara». La mayoría de ellos asintió con la cabeza. Aunque sabía que no era lo que querían oír, les dijo que no había provisiones suficientes para llegar a las Marquesas. En vez de ello, debían dirigir sus embarcaciones (que estaban provistas de orza) hacia el norte, en dirección al ecuador, donde tal vez les avistaría algún barco que llevase rumbo a California. Los hombres accedieron de mala gana. Antes de ponerse en marcha, DeBlois cogió un clavo y grabó un mensaje en el coronamiento del barco: «Salvadnos; nosotros, pobres almas, hemos subido a dos botes y nos dirigimos al norte navegando de bolina».

El primer oficial llevaba doce hombres en su bote; el capitán, trece. La tripulación quería permanecer junta, pero DeBlois impuso su voluntad una vez más.

—No —dijo—, mi intención es que uno de los botes se adelante, si navega con más rapidez, y que el otro siga el mismo rumbo, de modo que si recogen al primero, pongamos que a unas mil millas del segundo, sus salvadores puedan acudir en busca de éste también.

«Nuestra despedida fue un espectáculo solemne —escribió—, el mayor que jamás se haya visto. No esperábamos volver a pisar tierra, y los hombres fuertes que habían arrostrado toda suerte de peligros rompieron a llorar como chiquillos.» La embarcación del primer oficial pronto se adelantó. No tardaron los hombres de DeBlois en «pedir comida a gritos». Llevaban veinticuatro horas sin comer ni beber nada. Pero el capitán opinó que era demasiado pronto para empezar a comer las pocas provisiones que tenían. «Llenaban mi pensamiento todas las historias de naufragios que me habían contado —recordó—, historias que hablaban de hombres que a menudo se habían visto obligados a comerse los cuerpos de sus compañeros, empujados por el hambre.» Pensó en el *Essex*, por supuesto, y en cómo algunos de sus tripulantes habían decidido echar suertes. «Imágenes de este tipo bastaban para volverte loco —escribió— al pensar que te esperaba la misma experiencia terrible.»

Al atardecer, DeBlois subió a la popa de su ballenera para echar una última mirada antes de que se hiciera de noche. A lo lejos, delante de la embarcación del primer oficial, vio la vela de un barco. «Traté de gritar: "¡Barco a la vista!" —recordó—, pero no pude pronunciar ni una palabra.» Al caer la noche, toda la tripulación se encontraba a salvo a bordo del barco ballenero *Nantucket*.

Cinco meses después, la tripulación del *Rebecca Simms* logró dar muerte al cachalote que hundió al *Ann Alexander*. Para entonces el macho parecía «viejo, cansado y enfermo». Tenía arpones y lanzas retorcidos en los costados y se encontraron astillas enormes incrustadas

315

en su cabeza. El animal produjo entre setenta y ochenta barriles de aceite.

Cuando Herman Melville recibió la noticia del hundimiento del *Ann Alexander*, no pudo evitar preguntarse si al escribir su novela basada en el *Essex* no habría invocado místicamente la reaparición de un cachalote que atacaba a los barcos. «¡Oh, dioses! —escribió a un amigo—. Qué testimonio es este cetáceo del *Ann Alexander* [...]. Me pregunto si mi arte malvado ha hecho que resucitara este monstruo.»

Nantucket, otrora la capital ballenera del mundo, no era más que una población fantasma cuando los supervivientes del desastre del *Essex* empezaron a fallecer. Charles Ramsdell fue el primero de los de Nantucket en morir, en 1866. Durante toda su vida se le conoció por su reticencia con respecto al *Essex*, en parte, según supuso un isleño, debido a su papel de verdugo de Owen Coffin.

La vejez no trató bien a Owen Chase. Nunca se libró del recuerdo de sus sufrimientos en una embarcación abierta, y en sus últimos años empezó a esconder comida en el desván de su casa de Orange Street. En 1868 ya le consideraban «demente». Los dolores de cabeza que le atormentaban desde la terrible prueba se habían vuelto insoportables. Apretaba con fuerza la mano de un celador y decía entre sollozos: «Oh, mi cabeza, mi cabeza». La muerte puso fin al sufrimiento de Chase en 1869.

George Pollard siguió al ex primer oficial un año después. La nota necrológica no olvidó señalar que Pollard era conocido en la isla por algo más que por haber sido el capitán del *Essex*: «Durante más de cuarenta años ha residido de forma permanente entre nosotros; y deja como legado el historial de un hombre bueno y honorable».

En la década de 1870, Thomas Nickerson regresó a Nantucket y se instaló en una casa de North Water Street, no lejos de donde estaban enterrados sus padres en el cementerio viejo del norte. En lugar de perseguir cachalotes, la gente de Nantucket iba ahora detrás de los visitantes veraniegos, y Nickerson adquirió la reputación de ser uno de los más importantes propietarios de casas de huéspedes de la isla. Uno de sus huéspedes fue el escritor Leon Lewis, que, después de que Nickerson le hablara del *Essex*, le propuso colaborar en un libro sobre el desastre.

Nickerson había hablado con Charles Ramsdell de sus experiencias en la ballenera con Pollard; también había hablado con Seth Weeks, en el cabo Cod, de su estancia en la isla de Henderson. En consecuencia, el relato de Nickerson proporciona datos que no estuvieron a disposición de Chase. También incluye detalles importantes sobre el viaje antes del ataque del cachalote. Pero Nickerson, al igual que Chase antes que él, no tenía escrúpulos en modificar su crónica con el fin de que se adaptara a sus propósitos. No quería que se le recordase como caníbal y por ello afirma que los hombres que iban en el bote de Chase no se comieron el cuerpo de Isaac Cole. Insisten que, en vez de ello, «lo que nos permitió sobrevivir hasta que nos rescataron» fue el pan adicional que les proporcionó la muerte de Cole y de Peterson. También optó por no contar cómo, hacia el final del calvario, de pronto decidió que le había llegado el turno de morir.

En abril de 1879 murió Benjamin Lawrence, el último superviviente de entre los compañeros de Nickerson en la embarcación del primer oficial. Durante toda su vida, Lawrence había guardado el trozo de cordel que había hecho a bordo de la ballenera. En algún momento, el cordel pasó a manos de Alexander Starbuck, el nativo de

Nantucket que había asumido el papel de historiador de la isla que antes desempeñara Obed Macy. En 1914, Starbuck donaría el trozo de cordel, enrollado cuatro veces para formar un minúsculo rollo y enmarcado, a la Nantucket Historical Association. Dentro del círculo de cordel había una inscripción que decía: «Estuvieron en la embarcación 93 días».

Dieciocho años antes, en 1896, la Nantucket Historical Association había recibido otra donación relacionada con el *Essex*. Después de que el barco se hundiera en noviembre de 1820, se encontró flotando cerca del lugar del naufragio un pequeño cofre de veinticinco por cincuenta centímetros. El cofre estaba forrado de cuero con clavos de latón y puede que el capitán Pollard lo utilizase para guardar los papeles del barco. Lo recogió la tripulación de un barco que pasaba por allí y fue vendido a John Taber, un pescador de ballenas que se dirigía a su casa de Providence, Rhode Island. En 1896, la hija de Taber, que se había mudado a Garrettsville, Ohio, decidió que el lugar donde debía estar el cofre era Nantucket y lo donó a la asociación histórica.

Era lo único que quedaba del barco ballenero *Essex*: un cofre maltrecho y un deshilachado trozo de bramante.

EPÍLOGO

HUESOS

A primera hora de la mañana del 30 de diciembre de
1997, Edie Ray, coordinadora del Nantucket Marine
Mammal Stranding Team, recibió una llamada telefónica.
Había aparecido una ballena varada en el extremo oriental de la isla, en Siasconset, a poca distancia de una extensión de arena llamada Codfish Park. De la parte superior
de la cabeza de la ballena salía un chorro: todavía estaba
viva. A los pocos momentos, Ray enfilaba con su coche
Milestone Road, una recta de asfalto, de unos once kilómetros de longitud, que comunica la población de Nantucket con el extremo oriental de la isla. Hacía muchísimo frío y había tormenta, y ráfagas de viento helado
azotaban el automóvil.

Ray sabía que el mar estaría muy agitado en Codfish
Park. Durante el último decenio, las tormentas invernales
habían erosionado casi cuarenta y cinco metros de aquel
extremo de la isla. Olas que alcanzaban hasta Portugal,
más de cuatro mil ochocientos kilómetros al este, batían
con regularidad la playa, y en sólo seis años el mar había

319

movido, derribado o arrastrado dieciséis casas. Esta vez, sin embargo, las olas habían traído algo consigo.

Ray pronto vio al animal, una enorme masa negra, cerca de la orilla septentrional de Codfish Park. Era un cachalote, un cetáceo que casi nunca se ve en aquellas aguas, varado en un banco de arena a unos ciento cuarenta metros de la playa. Su cabeza cuadrada apuntaba a la orilla y era aporreada por las olas, y a cada golpe la cola se movía hacia adelante. El animal respiraba con dificultad debido al oleaje.

Luego se comprobaría que, mucho antes de que el cachalote quedase varado en Nantucket, se había roto varias costillas en una colisión, ya fuera con un barco o con otro cachalote. Enfermo, débil y desorientado, aquel macho adulto de catorce metros de longitud —la mitad de la que tenía el cachalote que hundió al *Essex*— carecía de fuerzas para luchar y liberarse de los rompientes. Para Ray era un espectáculo penoso. Había aprendido a ayudar a los mamíferos embarrancados, entre ellos los delfines piloto y las focas, y ella y sus compañeros del equipo se veían ahora impotentes al intentar ayudar a aquel animal gigantesco.

Empezó a correr por la isla la noticia de que el mar había arrojado un cachalote vivo a la playa en Codfish Park. A primera hora de la tarde ya se había congregado una multitud, a pesar del gélido tiempo invernal. Muchos espectadores se disgustaron al ver que no se hacía nada para ayudar al cachalote. Ahora eran visibles las laceraciones que tenía alrededor de la boca y los ojos, y la sangre enturbiaba el agua. Ray y otros explicaron que debido al fuerte oleaje y al tamaño del cachalote, no se podía hacer nada salvo mirar.

Por la tarde llegaron en avión desde Boston miembros del acuario New England, que se encargaba de los casos de cetáceos que quedan varados en alguna parte de las más de dos mil quinientas millas de costa de la región. Al subir la marea, el cachalote pudo liberarse del banco de arena, pero las olas lo devolvieron a él. Cada vez que conseguía liberarse, la corriente lo empujaba hacia el sur, y la multitud, que a menudo lo alentaba con sus gritos, lo seguía a lo largo de la playa. Justo antes de ponerse el sol, el cachalote se escapó finalmente de los rompientes y nadó hacia aguas abiertas. Ray y varios miembros del acuario New England subieron rápidamente al coche y se dirigieron a Tom Never's Head, un acantilado que quedaba al sur, en la dirección en que nadaba el cachalote la última vez que lo vieron. Lograron verlo fugazmente varias veces, pero al final lo perdieron de vista debido a la creciente oscuridad.

Al día siguiente, 31 de diciembre, encontraron al cachalote varado en Low Beach, entre Codfish Park y Tom Never's Head. El viento había amainado y miembros del Stranding Team y del acuario pudieron acercarse a él, que todavía estaba vivo, aunque a duras penas. Al mediodía ya había muerto.

El museo Nantucket Whaling, instalado en una antigua fábrica de bujías de esperma, ya contaba con una de las mayores colecciones de aperos para la pesca del cachalote, dientes de cachalote tallados y artefactos de los mares del Sur que había en el mundo. Incluso tenía el esqueleto de un rorcual que el mar había depositado en la playa en la década de 1960. Añadir el esqueleto de un cachalote —la especie que había dado fama a la isla— proporcionaría al museo la última atracción que le faltaba. Pero más importante resultaba el hecho de que un esqueleto de cachalote permitiría a la gente de Nantucket apreciar de primera mano el poderío y la gracia del cachalote, rendir homenaje al animal a cuya matanza habían dedicado sus vidas sus antepasados.

El 2 de enero, un grupo de científicos, muchos de ellos del acuario New England, empezaron a practicar una necropsia: midieron y fotografiaron el cadáver y recogieron muestras de sangre y de tejidos que más tarde les ayudarían a determinar qué había padecido el cetáceo. Pronto se hizo evidente que el animal se estaba descomponiendo mucho más rápidamente de lo previsto, lo cual era una indicación de lo enfermo que estaba antes de morir. Utilizando bisturís, fórceps y cuchillos grandes, los científicos extrajeron muestras de los pulmones, los tres estómagos, el corazón, cuyo tamaño era el de una bola para jugar a los bolos, el hígado, el bazo y los oídos, que tenían más o menos el tamaño de un puño humano, situados en la parte posterior de la cabeza.

Mientras un grupo trabajaba en la sección media del cachalote, un miembro del acuario New England se montó encima de él. Con un instrumento japonés de mango largo que se empleaba para extraer la grasa, hizo un corte experimental de un metro ochenta aproximadamente en la cavidad intestinal, lo cual provocó un surtidor de sangre que le hizo caer al suelo y empapó a los demás. Durante varios minutos, salieron por la incisión intestinos que parecían sogas y burbujeaban. Aunque el cachalote llevaba muerto varios días y la temperatura en el exterior era de bastantes grados bajo cero, el cuerpo envuelto en grasa echaba vapor bajo el frío aire de enero.

La necropsia finalizó antes de las tres de la tarde. Ahora había que emprender la tarea de extraer del esqueleto más de cuarenta toneladas de grasa, carne y tripas, todo ello en estado de putrefacción. A estas alturas, Jeremy

Slavitz y Rick Morcom, dos miembros de la Nantucket Historical Association, que es la propietaria y conservadora del museo de la isla dedicado a la pesca de la ballena, ya se encontraban enfrascados en el asunto. Morcom preguntó a su jefe si podía prestarle algunos de los instrumentos de la colección del museo. Después de una rápida inspección, decidió que lo que necesitaba era una faca de abordaje, una pala cortante y una pala de hueso. Pronto las herramientas, cuyas hojas aparecían deslucidas debido al paso del tiempo, volvieron a estar afiladas y relucientes.

Aunque los hombres de Nantucket disponían ahora de los instrumentos ideales, el trabajo resultó agotador e hizo que todos se dieran cuenta del esfuerzo que la pesca de la ballena había requerido en el siglo XIX. La grasa no sólo era difícil de cortar, incluso con los instrumentos más afilados, sino que también pesaba mucho. Un simple pedazo de unos cuarenta centímetros cuadrados y unos veinte centímetros de espesor pesaba hasta ciento ochenta kilos. Tanto Morcom como Slavitz coincidieron en afirmar que el hedor era indescriptible. Les lloraban los ojos constantemente. Sentían náuseas mientras trabajaban. Todas las noches dejaban la ropa fuera de casa y finalmente, cuando terminaron de cortar, la tiraron. Incluso después de darse largas duchas, seguían notando el hedor de la carne putrefacta. Una noche, la esposa de Morcom, sabiendo que éste se había pasado un día de fiesta trabajando del amanecer al anochecer, le preparó un bistec grande, pero el olor de la carne al freírse le provocó náuseas. Ahora sabía de sobra que un cachalote no era un pez, sino un mamífero.

El 3 de enero hicieron una punción en la bulbosa cabeza del cachalote y de ella brotó el espermaceti. Morcom recordó que al principio era «tan claro como el vodka»; luego, debido al contacto con el aire, el líquido se convirtió mágicamente en una sustancia turbia que casi parecía cera. En pocas horas llenaron todos los cubos y barriles que tenían y aún faltaba extraer centenares de litros. Dio la casualidad de que un pescador de la isla tenía su chinchorro en la parte de atrás de su camioneta y lo ofreció como receptáculo para la esperma. El chinchorro no tardó en estar lleno de aceite hasta el borde. Finalmente recogieron alrededor de trescientos ochenta litros de espermaceti y, según sus cálculos, dejaron otros tantos en la playa.

Al terminar el día, habían separado la mayor parte de la carne y la grasa del esqueleto y habían tirado los despojos en un agujero que cavaron en la playa a la vez que guardaron temporalmente los huesos debajo de una tela embreada. En sólo tres días habían hecho un trabajo que en el caso de otras ballenas varadas en la playa había requerido hasta tres semanas.

Los huesos se enterraron finalmente en un foso cuya ubicación no se dio a conocer. La mandíbula y sus valiosos dientes se enterraron en el patio posterior de la casa de Morcom, pero sólo después de que su esposa y sus hijos jurasen que guardarían el secreto. Aconsejados por diversos expertos en la materia, los de Nantucket decidieron construir jaulas para los huesos y colocarlas en el puerto cuando llegase la primavera, pensando que los animales marinos que se alimentan de carroña se comerían la carne que quedara en los huesos y los dejarían limpios. El día después del Día de la Madre, Morcom, Slavitz y otros desenterraron los huesos, que olían tan mal, cuando no peor, como al enterrarlos en enero. Metieron los huesos en las jaulas y sumergieron éstas en las aguas del puerto, cerca de Brant Point. Eran aguas relativamente tranquilas donde toda suerte de animales devoradores, desde cangrejos hasta peces, podían comer sin que les molestasen. Exceptuando algunas lapas, los huesos estaban limpios cuando los sacaron del agua seis meses más tarde.

Hoy día los huesos están en un cobertizo donde se guardan artefactos de la Nantucket Historical Association. En el centro de una sala donde hay objetos curiosos, como, por ejemplo, un trineo antiguo y la primera máquina de coser que llegó a Nantucket, se hallan las piezas de color blanco grisáceo del esqueleto del cachalote: la espoleta de la mandíbula, los discos de la espina dorsal, las voluminosas costillas y los huesos de las aletas, que parecían dedos. El hueso que es, con mucho, el más grande —el cráneo— se encuentra en el exterior, instalado en su propio remolque para embarcaciones.

Los huesos están empapados de aceite. Un esqueleto de cachalote expuesto en la Universidad de Harvard desde hace un siglo todavía rezuma grasa. Morcom, que es el encargado de utilería y ahora se ocupa también de los cachalotes, está bañando los huesos del cachalote de Nantucket en hidróxido amónico y peróxido de hidrógeno, mezcla que extrae el aceite. La Nantucket Historical Association ya tiene terminados los planos para construir un nuevo museo cuya atracción principal será el esqueleto de cachalote.

La isla ha cambiado mucho en los últimos decenios. Lo que una generación antes era un decrépito pueblo de pescadores con un pasado famoso y unos cuantos turistas en julio y agosto se ha convertido en un floreciente lugar de veraneo. Después de un siglo de abandono, se ha restaurado el centro de Nantucket. Sin embargo, en lugar de velerías, colmados y barberías, ahora los edificios albergan galerías de arte, boutiques de ropa de diseño y tiendas de camisetas de manga corta, todo lo cual hubiera horrorizado a los buenos y grises cuáqueros de la época de la pesca de la ballena. La última tanda de millonarios de Nantucket desdeñó la elegancia de la adoquinada Main Street y construyó sus «casas trofeo» junto a la playa. La gente todavía sube a la torre de la iglesia congregacionalista para contemplar la vista que se divisa desde ella, pero en vez de otear el horizonte en busca de barcos balleneros cargados de aceite, los turistas —que han pagado dos dólares para sudar al subir los noventa y cuatro escalones que llevan al campanario— contemplan los veloces transbordadores que traen bandadas de visitantes domingueros desde el cabo Cod.

En el apogeo de su influencia, hace más de ciento cincuenta años, Nantucket había llevado la nueva nación hacia su destino como potencia mundial. «Dejad que Estados Unidos añada México a Texas, que reúna Cuba y Canadá —escribió Melville en *Moby Dick*—; dejad que los ingleses se enseñoreen de toda la India y planten al sol sus banderas ondeantes; dos tercios de este globo terráqueo pertenecen a las gentes de Nantucket.» Pero si en otro tiempo los habitantes de la isla se aventuraron a ir hasta los rincones más lejanos del mundo, hoy parece que el mundo haya venido a Nantucket. No es la pesca del cachalote lo que atrae a los turistas a la isla, desde luego, sino la romántica glorificación de la pesca de la ballena; la misma clase de mitos que los lugares históricamente importantes de toda Norteamérica han aprendido a limpiar y lustrar para sacar provecho económico de ellos. Sin embargo, a pesar del circo (algunos la han llamado parque temático) que es la moderna Nantucket, la historia del *Essex* es demasiado turbadora, demasiado compleja para encajar cómodamente en un folleto de la cámara de comercio.

A diferencia, pongamos por caso, de sir Ernest Schackleton y sus hombres, que se embarcaron en una aventura peligrosa y luego tuvieron la buena suerte de vivir una fantasía eduardiana de camaradería masculina y heroísmo, el capitán Pollard y su tripulación sencillamente trataban de ganarse la vida cuando el desastre se abatió sobre ellos encarnado en un cachalote de casi veintiséis metros. Después hicieron cuanto pudieron, cometiendo errores inevitables. Si bien los instintos del capitán Pollard eran buenos, no tenía la fuerza de carácter necesaria para imponer su voluntad a sus dos jóvenes oficiales. En vez de navegar hasta Tahití y evitar el peligro, emprendieron un viaje imposible y vagaron por el acuoso desierto del Pacífico hasta que murieron la mayoría de ellos. Al igual que la partida de Donner, los hombres del *Essex* hubieran podido evitar el desastre, pero eso no empequeñece la magnitud de sus sufrimientos, ni su valentía y su extraordinaria disciplina.

Algunos han alabado a los oficiales del *Essex* por sus habilidades de navegantes, pero lo que asombra todavía más fueron sus cualidades como marineros, la capacidad de mantener sus pequeños botes a flote y navegar por el océano durante tres meses. El capitán Bligh y sus hombres llegaron casi tan lejos, pero ellos tuvieron la posibilidad de seguir la costa de Australia y una hilera de islas, además de vientos favorables. El viaje de Bligh duró cuarenta y ocho días; el de los botes del *Essex*, casi el doble.

Desde el principio los hombres de Nantucket que formaban parte de la tripulación tomaron medidas para prestarse unos a otros el máximo apoyo posible sin comprometer ostensiblemente la seguridad de los demás. Aunque parece que las raciones se repartieron de forma equitativa, fue como si los de Nantucket vivieran en una burbuja protectora mientras los tripulantes que no eran de la isla, primero los negros y luego los blancos, iban cayendo hasta que los isleños, en el caso de la tripulación de Pollard, no tuvieron más remedio que comerse a los suyos. El desastre del *Essex* no es un relato de aventuras. Es una tragedia que además resulta ser una de las historias verdaderas más grandes que jamás se hayan contado.

Todavía se encuentran en las calles de Nantucket indicios del desastre y de los hombres que sobrevivieron a él. Hace ya mucho tiempo que la casa de ripias rojas del capitán Pollard en Centre Street se convirtió en una tienda de objetos de regalo. En una esquina del edificio una placa pequeña reza: «Construida por el capitán William Brock en 1760. Propiedad, más adelante, del capitán George Pollard Júnior, del barco ballenero *Essex*. Herman Melville habló con el capitán Pollard, cuyo relato fue la base de *Moby Dick*». En una época en que la mayoría de las casas históricas de la isla han sido remozadas varias veces, el domicilio de Owen Chase sigue siendo una de las últimas casas de Orange Street que no han cambiado, y su cornisa de color verde oscuro y sus tablas manchadas por el agua evocan la sombría inquietud de los últimos años del capitán. La casa de huéspedes donde en otro tiempo Thomas Nickerson entretuvo a sus invitados contándoles relatos sobre el *Essex* todavía se alza en North Water Street y es uno de los numerosos edificios que en la actualidad están asociados con un gran hotel.

El museo Whaling dedica una pequeña exposición a la historia del barco que fue hundido por un cachalote. Hay un rol del penúltimo viaje del *Essex* en el que aparecen las firmas de George Pollard, Owen Chase, Obed Hendricks, Benjamin Lawrence y Thomas Chappel. Se conserva también el libro de entradas y salidas del puerto, de Obed Macy, en el cual el comerciante e historiador tomó nota de los detalles económicos de la venta del aceite del *Essex* en 1819. Por alguna razón, el cofre que encontraron flotando en el Pacífico después del hundimiento no está expuesto. El único recuerdo personal de la tragedia, que probablemente se usó porque ocupa tan poco espacio en el abarrotado museo, es el pedacito de cordel de Benjamin Lawrence.

Pero lo que evoca con más fuerza la tragedia del barco ballenero *Essex* es el recién adquirido esqueleto de cachalote, que rezuma aceite en el cobertizo de la Nantucket Historical Association. Incluso después de que terminara su calvario, Pollard y Ramsdell siguieron aferrándose con fiereza a los huesos de sus camaradas muertos, aquellos huesos nutritivos que les habían salvado la vida. Y hoy día los nativos de Nantucket también se aferran a unos huesos que les recuerdan de forma tangible una época en que la isla se dedicaba al negocio de transformar cachalotes en dinero.

En *Moby Dick*, Ismael afirma haber visto un esqueleto de cachalote montado en un palmeral de una isla del Pacífico Sur. «¡Cuán vano y estúpido —dice— que el hombre, medroso y provinciano, trate de comprender correctamente al portentoso cachalote por el simple procedimiento de escudriñar su esqueleto, muerto y reducido!

[...]. Sólo en medio de los mayores peligros; sólo al alcance de los coletazos de sus airadas aletas; sólo en el mar profundo e inmenso, cabe ver cómo es realmente el cachalote con toda su investidura, pletórica de vida.» Pero, como tuvieron ocasión de comprobar los supervivientes del *Essex*, una vez se ha llegado al final y la esperanza, la pasión y la fuerza de voluntad se han agotado por completo, puede que los huesos sean lo único que queda.

NOTAS

Para aquellos que quieran saber más sobre el desastre del *Essex* no hay mejor recurso que Thomas Farel Heffernan, *Stove by a Whale: Owen Chase and the «Essex»*. Además del texto completo de la narración de Chase, el libro de Heffernan incluye (con la notable excepción del relato de Nickerson) todas las que escribieron otros supervivientes. Los capítulos que Heffernan dedica al análisis son modelos de rigor erudito y amenidad e incluyen comentarios sobre lo que fue de los supervivientes y cómo se difundió la historia del *Essex*. Edouard Stackpole, en su folleto *The Loss of the «Essex», Sunk by a Whale in Mid-Ocean*, hace un útil resumen de la terrible experiencia, y lo mismo cabe decir del capítulo que dedica al desastre en *The Sea-Hunters*, libro importante para todo el que quiera saber más sobre Nantucket y la pesca de la ballena. La introducción de Stackpole en Thomas Nickerson, *The Loss of the Ship «Essex» Sunk by a Whale*, publicada por la Nantucket Historical Association (NHA), también es esencial. Existe actualmente una nueva edición del relato de Nickerson publicada por Penguin. La novela de Henry Carlisle *The Jonah Man* trata de forma fascinante el desastre del *Essex*. Aunque Carlisle se toma libertades de novelista en el caso de algunos hechos (presenta a Pollard, por ejemplo, como hijo de un agricultor cuando el hijo de un pequeño propietario era Chase), proporciona una crónica convincente tanto del calvario de los supervivientes como de la comunidad de Nantucket.

Las colecciones de la NHA contienen numerosos documentos relativos al *Essex*. Además del «libro de entradas y salidas del puerto» de Obed Macy, en el cual anotó el precio de venta del aceite después de que el barco regresara en abril de 1819 y cómo se repartió el dinero entre los armadores y la tripulación, hay documentos que detallan las provisiones sobrantes que se vendieron en subasta aquel mes, junto con los costes de las reparaciones que se hicieron en América del Sur. Los documentos de la colección de Edouard Stackpole que están en poder de la NHA permiten recrear en parte la composición de las tripulaciones del *Essex* antes de su último viaje.

También me gustaría llamar la atención del lector sobre las obras de dos balleneros convertidos en escritores a los que no se dio la importancia que merecían. Debido a que solía criticar a los balleneros cuáqueros de Nantucket, los historiadores de la isla prácticamente han hecho caso omiso de William Comstock. Sin embargo, sus obras *A Voyage to the Pacific, Descriptive of the Customs, Usages, and Sufferings on Board of Nantucket Whale-Ships* y *Life of Samuel Comstock* (hermano de William y tristemente célebre líder del motín del *Globe*) contienen algunas de las mejores descripciones que existen de la pesca de la ballena a comienzos del siglo XIX. William Hussey Macy fue uno de los balleneros más perspicaces y elocuentes que jamás haya dado Nantucket. Por desgracia, el libro de Macy, *There She Blows!*, ha caído en el olvido, pese a que varios autores posteriores y muy leídos lo utilizaron como fuente de información. Aunque al principio se promocionó como libro para niños, la obra de Macy es mucho más que eso y hace una crónica detallada y vivida del ingreso de un chico tanto en la ciudad de Nantucket como en la vida a bordo de un barco ballenero.

Prólogo: 23 de febrero de 1821 (pp. 9-15)

Mi relato del salvamento de la segunda ballenera del *Essex* se basa en gran parte en la descripción que contiene el poema de 220 estrofas de Charles Murphey publicado en 1877, un ejemplar del cual está en la NHA. Murphey era el tercer oficial del *Dauphin* y cuenta cómo se avistó la ballenera a sotavento antes de que el *Dauphin* se acercara a ella para determinar su identidad. El diario del comodoro Charles Goodwin Ridgely deja constancia de que los dos supervivientes del *Essex* se hallaban «en un estado de lo más lamentable, no podían moverse cuando los encontraron chupando los huesos de sus compañeros de rancho, de los que se resistían a desprenderse» (citado en Heffernan, p. 99). Para una crónica del descubrimiento del manuscrito de Thomas Nickerson, véanse el prólogo de Edouard Stackpole en la edición del relato que la NHA publicó en 1984 (p. 7) y Bruce Chadwick, «The Sinking of the *Essex*», en *Sail*. Una breve biografía de Leon Lewis aparece en el volumen 2 de Albert Johansen, *The House of Beadle and Adams*, pp. 183-186. El poema de Charles Philbrick sobre el *Essex*, «A Travail Past», se encuentra en *Nobody Laughs, Nobody Cries,* pp. 111-127.

1. Nantucket (pp. 19-54)

Los comentarios de Thomas Nickerson proceden de su manuscrito original hológrafo *The Loss of the Ship «Essex» Sunk by a Whale* (NHA, colección 106, carpeta 1). En algunos casos la ortografía y la puntuación se han modificado para que la prosa de Nickerson sea más accesible para un público actual.

Según Walter Folger Jr., uno de los armadores del *Essex*, un total de «setenta y siete barcos y bajeles de Nantucket se dedicaban a la pesca de cetáceos en 1819» tanto en el océano Atlántico como en el Pacífico, con setenta y cinco barcos en el Pacífico sólo en 1820 (NHA, colección 118, carpeta 71). En «A Journal of the most remarkable events commenced and kept by Obed Macy» (NHA, colección 96, diario 3, 13 de noviembre de 1814-27 de abril de 1822), Macy (que hizo de censista de la población en agosto de 1820) deja constancia de que en la isla vivían 7.266 personas.

Josiah Quincy compara Nantucket con Salem en 1801 (Crosby, p. 114). Joseph Sansom detalla el aspecto de la zona portuaria de Nantucket en 1811 (Crosby, p. 140); otra buena descripción de los muelles se encuentra en William H. Macy, *There She Blows!*, pp. 12-15, 19-21. William Comstock, *Voyage to the Pacific*, pp. 6-7, describe un viaje durante la misma época que el *Essex*. La parte que habla de los jóvenes de Nantucket en la zona portuaria es de Macy, p. 20.

Las especificaciones del *Essex* se indican en su registro original de 1799 y aseguran que tiene «dos cubiertas y tres palos y que su eslora es de veintiséis metros y setenta centímetros; su manga, de siete metros y sesenta y dos centímetros; su calado, de tres metros y ochenta centímetros; que desplaza doscientas treinta y ocho toneladas; y que es un barco de popa cuadrada: no tiene galería ni mascarón de proa» (en Heffernan, p. 10). En una lista de barcos de Nantucket que navegaban en 1815, se dice que el *Essex* zarpó de la isla el 13 de julio, con Daniel Russell como capitán, George Pollard Jr. como segundo oficial, y Owen Chase como miembro de la tripulación; regresó el 27 de noviembre de 1816, y volvió a zarpar el 8 de junio de 1817 (NHA, colección 335, carpeta 976). El rol de la tripulación completa correspondiente al viaje de 1817 se encuentra en NHA, colección 15, carpeta 57.

En su inestimable *Nantucket Scrap-Basket* (que debe mucho a William H. Macy, *There She Blows!*), William F. Macy proporciona esta definición de un *walk*: «Plataforma elevada en el tejado de muchas casas antiguas de Nantucket, desde la cual se contemplaba el mar. Nunca la llamaron *widow's walk, captain's walk* ni *whale walk*, como a menudo se escribe hoy (1916), sino siempre sencillamente *the walk*. Escritores y demás, sírvanse tomar nota». Obed Macy menciona el cometa en su diario el 7 y el 14 de julio de 1819. El *New Bedford Mercury* habla del cometa en sus ediciones del 9 y el 23 de julio. Se menciona a uno de los armadores del *Essex* en relación con el cometa en una carta (fechada el 16 de julio) de un colaborador de Plymouth. «El señor Walter Folger, de Nantucket, ha estado aquí esta semana presente en el juzgado, en calidad de testigo, y ha continuado aquí sus observaciones del cometa, que había empezado en su casa. Trajo consigo un sextante y un pequeño telescopio.» La serpiente de mar se menciona en las ediciones del 18 de junio y el 6 de agosto del *Mercury*. Hablo de la remisión de deudas por medio del trabajo entre los indios en Nantucket en *Abram's Eyes,* pp. 157-160. Véase también Daniel

Vicker, «The First Whalemen of Nantucket», *William and Mary Quarterly*.

Para el discurso de Burke sobre la pesca de cetáceos por los norteamericanos, véase mi «"Every Wave is a Fortune": Nantucket Island and the Making of an American Icon» en *New England Quarterly*. Al empezar su descripción de un viaje de pesca en un barco ballenero de Nantucket, William Comstock hace un comentario mordaz sobre cómo las islas fomentan una actitud cultural sin igual: «Se dice que las islas son semilleros de genialidad, afirmación que se vería corroborada de forma maravillosa si pudiéramos probar que Grecia y Roma fueron en otro tiempo dos acogedoras y aisladas parcelitas de tierra situadas en medio del mar Mediterráneo; y Alemania, una resurrección de la inactiva Atlántida. Más bien me inclino a atribuir esta opinión al desmesurado patriotismo de nuestro vecino John Bull,* cuya isla bañada por el mar produjo cosas mejores de lo que el resto del mundo puede permitirse; aunque quizá Norteamérica puede igualarla en rayos y truenos» (*Voyage to the Pacific*, p. 3). Ralph Waldo Emerson estuvo en Nantucket en 1847; también deja constancia en su diario de «un fuerte sentimiento nacional» (vol. X, p. 63) en la isla.

En su *History*, Obed Macy habla de la profecía sobre la pesca de la ballena y la aparición de Ichabod Paddock (p. 45), de Hussey, dando muerte al primer cachalote (p. 48) y de la exhibición de un cachalote muerto en la zona portuaria de Nantucket en 1810 (p. 151). J. Hector St. John de Crèvecoeur calificó Nantucket de banco de arena fertilizado con aceite en *Letters from an American Farmer*, p. 142. Para una crónica de la llegada del cuaque-

---

* Personificación del pueblo inglés en general. *(N. del t.)*

rismo a Nantucket, véase mi *Away Off Shore,* pp. 78-87 y también Robert Leach y Peter Gow, *Quaker Nantucket,* pp. 13-30. El poema de Peleg Folger se cita en *History,* de Obed Macy, pp. 279-281.

Welcome Greene fue el cuáquero que visitó Nantucket en 1821 e hizo el comentario desdeñoso sobre el estado de las calles y observó el uso de tablones de popa como vallas. Joseph Sanson escribió sobre los nombres que se daban a las calles de la población (Crosby, p. 142). La comparación de la comunidad con una familia por parte de Walter Folger se encuentra en Crosby, p. 97; los comentarios de Obed Macy sobre la «consanguinidad» de la gente de Nantucket están en su *History,* p. 66. Para una descripción más detallada del centro de Nantucket, véase mi *Away Off Shore,* pp. 7-10; véase también Edouard Stackpole, *Rambling Through the Streets and Lanes of Nantucket.* Según un artículo publicado en el *Nantucket Inquirer and Mirror* (14 de febrero de 1931), un total de 134 capitanes de barco han vivido en Orange Street.

En 1807, James Freeman comentó que «no más de la mitad de los varones y dos tercios de las mujeres que asisten a las reuniones cuáqueras son miembros de la sociedad» (Crosby, p. 132). Charles Murphey (el mismo hombre que estaba en el *Dauphin* cuando descubrieron la embarcación del *Essex*) escribió el poema que trata sobre mirar a las mujeres durante una reunión de cuáqueros; está en su diario de un viaje en el barco *Maria* (1832-1836), en microfilm en la NHA. En el mismo poema Murphey habla de estar «con muchachas paseando por las colinas de los molinos». El nativo de Nantucket William Coffin, padre del hombre que probablemente hizo de «negro» y escribió la narración de Owen Chase sobre el *Essex*, habla de cuán raramente se alejaba de la población en 1793 (NHA, colección 150, carpeta 78).

Walter Folger dice que los niños de Nantucket aprendían frases de los wampanoag relativas a la pesca de la ballena «en cuanto pueden hablar» (Crosby, p. 97); la anécdota sobre el chico que arponeó al gato de la familia está en William F. Macy, *Scrap-Basket*, p. 23; sobre la sociedad secreta de mujeres de Nantucket, véase Joseph Hart, *Miriam Coffin*, donde afirma: «La hija de un pescador de cetáceos pierde casta y se degrada a ojos de sus conocidos si une su destino al de un hombre de tierra» (p. 251). Aunque el poema que empieza «Muerte a los que viven» ya era de uso común mucho antes, aparece en una serie de brindis pronunciados en un banquete para celebrar el viaje del *Loper* en 1830 (*Nantucket Inquirer*, 25 de septiembre). Las estadísticas relativas a las viudas y los huérfanos de padre aparecen en Edward Byers, *Nation of Nantucket*, p. 257. Las inscripciones en las lápidas sepulcrales de los padres de Nickerson constan en la NHA, colección 115, caja II. Todos los datos genealógicos referentes a tripulantes del *Essex* que eran de Nantucket proceden de la recién informatizada Eliza Bamey Genealogy de la NHA; la información sobre los Nickerson procede de *The Nickerson Family* (Nickerson Family Association, 1974).

En *Letters from an American Farmer*, Crèvecoeur menciona las «esposas superiores» de Nantucket y sus «incesantes visitas» (p. 157), así como su consumo de opio (p. 160) y los efectos del matrimonio (p. 158). Los comentarios de Lucretia Mott sobre la socialización de los esposos y las esposas en Nantucket están en Margaret Hope Bacon, *Valiant Friend*, p. 17. El diario de Eliza Brock que contiene la «Canción de la muchacha de Nantucket» está en la NHA; llevó el diario durante un viaje de pesca de ballenas que hizo con su esposo desde mayo de 1853 hasta 1856. Hablo de la validez de los comentarios de Crèvecoeur sobre el uso de opio en «The Nantucket Sequence in Crèvecoeur's *Letters from an American Farmer*», en la *New England Quarterly*. Para comentarios sobre los «él está en casa», véase mi *Away Off Shore*, p. 257; para una crónica del descubrimiento de un «él está en casa» en Nantucket, véase Thomas Congdon, «Mrs. Coffin's Consolation», en *Forbes FYI*.

Crèvecoeur dice: «Me sorprendió mucho el olor desagradable que percibí en muchas partes de la ciudad; lo causa el aceite de ballena y es inevitable; la pulcritud peculiar de esta gente no puede eliminarlo ni evitarlo» (p. 111). Al parecer, el olor procedía del aceite de ballena franca y no del aceite de esperma; véase Clifford Ashley, *The Yankee Whaler*, p. 56. En su narración del desastre del *Essex*, Owen Chase afirma que se reparó toda la obra muerta del barco antes de que zarpara en el verano de 1819. William H. Macy describe cómo en el puerto de Nantucket estaban forrando barcos con cobre (p. 14). Sobre la vida útil de un barco ballenero, véase Davis y otros, *In Pursuit of Leviathan*, p. 240. Roger Hambidge, constructor naval en Mystic Seaport, me habló del fenómeno de la enfermedad del hierro en los barcos balleneros y afirmó que la vida útil de un barco era de unos veinte años. El análisis estadístico que aparece en Davis y otros (p. 231) corroboró su afirmación. Las preocupaciones de Obed Macy sobre el estado de los barcos balleneros constan en una anotación que hizo en su diario en enero de 1822. En una lista de barcos de Nantucket y sus armadores de 1820 aparece la Gideon Folger & Sons como propietaria tanto del *Essex* como del *Aurora* (NHA, colección 335, carpeta 976).

William Comstock hace el comentario despectivo sobre los cuáqueros de Nantucket en *The Life of Samuel Comstock,* pp. 39-40, donde también habla de la tendencia de los armadores a aprovisionar de manera insuficiente sus barcos (p. 73). Davis y otros han calculado el rendimiento de las inversiones que los consignatarios solían recibir en New Bedford (*In Pursuit of Leviathan,* p. 411); los armadores de Nantucket en 1819, año de gran prosperidad, sin duda obtenían unos beneficios parecidos, cuando no más elevados. La descripción de los malos tiempos económicos en el continente está en el *New Bedford Mercury* (4 de junio de 1819), que cita un artículo del *Baltimore Federal Republican.* Las idas y venidas de la flota ballenera de Nantucket pueden seguirse en Alexander Starbuck, *History of Nantucket,* pp. 428-433.

William H. Macy habla de la «gran plaza de Nantucket» (p. 15) y de cómo los chicos de la isla se mofaban de los manos verdes (p. 21). F. Macy define el concepto de «verlos pasar»; también define *foopaw* (p. 126), *rantum scoot* (p. 134), *manavelins* (p. 131) y el modismo que se usaba para describir a una persona bizca (p. 121). William Comstock habla de la costumbre de sacar punta a trozos de madera y su significado en Nantucket (*Voyage to the Pacific,* p. 68). Más de cincuenta años antes, Crèvecoeur comentó la necesidad casi compulsiva de sacar punta a trozos de madera que se observaba en los hombres de Nantucket: «Nunca están ociosos. Aunque vayan al mercado, que es (si se me permite decirlo) el café de la población, ya sea para hacer negocios o para conversar con sus amigos, siempre tienen un trozo de cedro en las manos, y mientras hablan, instintivamente se dedican, por así decirlo, a convertirlo en algo útil, ya se trate de tapones para sus toneles de aceite u otros artículos de provecho» (p. 156). Joseph Sansom cuenta que en la isla todo el mundo usaba expresiones marineras (Crosby, p. 143). Una muestra de la singular pronunciación de la gente de Nantucket aparece en «Vocabulary of English Words, with the corresponding terms as used by the Whalemen», en *The Life of Samuel Comstock*, p. 57.

El manos verdes Addison Pratt asegura que fue examinado por el armador y el capitán (p. 12); William H. Macy señala que los armadores y los capitanes juzgaban a los hombres por sus ojos y su complexión (p. 19). William Comstock habla de manos verdes cuya ignorancia les empujaba a insistir en que les pagaran el quiñón más largo posible (*Voyage to the Pacific*, pp. 11-12). William H. Macy dice que los capitanes novatos ocupaban el lugar más bajo en la jerarquía a la hora de buscar una tripulación (p. 19).

He utilizado las fechas que proporciona Nickerson para calcular cuándo se hizo flotar el *Essex* por encima de la barra de Nantucket. Pratt hace una descripción detallada de las operaciones de carga de un barco ballenero de Nantucket durante este período (p. 13). Según Richard Henry Dana, «la ración normal, en los barcos mercantes, es de dos kilos y tres cuartos de pan a la semana, y casi tres litros de agua, y poco más de medio kilo de carne de buey, o medio kilo de carne de cerdo, diarios por hombre» (*The Seaman's Friend*, p. 135). William H. Macy comenta que un barco ballenero siempre estaba lleno, ya fuera de provisiones o de aceite (pp. 33-34).

Es difícil determinar con exactitud cuántas balleneras llevaba el *Essex* al empezar el viaje, ya que Nickerson y Chase parecen discrepar sobre esto. Había por lo menos dos de recambio; Comstock indica que no era raro que un barco de esa época llevara tres balleneras de recambio.

«Dos botes de recambio, colocados en un pescante por encima de la cabeza, daban sombra al alcázar, mientras otro, colocado en unas perchas que sobresalían de la popa, podía utilizarse en cuanto se diera la orden» (*Voyage to the Pacific*, p. 14).

Pratt afirma que tomó un paquebote de Boston a Nantucket (p. 11). Según James y Lois Horton, en aquel tiempo había en Boston tres comunidades afroamericanas: la sección «negra» de Beacon Hill en West Boston (donde se encuentra ahora el Museum of Afro-American History); al norte, en la zona que ahora ocupa el Massachusetts General Hospital; y cerca de los muelles del North End. Los Horton dicen que el North End «había sido en otro tiempo el mayor vecindario negro de la ciudad», pero en 1830 estaba perdiendo terreno ante las otras zonas (pp. 4-5). En Dana, *Two Years Before the Mast*, hay un cocinero negro cuya esposa vive en Robinson's Alley (entre las calles Hanover y Unity), en el North End (pp. 179-180). Para un breve comentario sobre la igualdad relativa de que disfrutaban los negros a bordo, véase W. Jeffrey Bolster, *Black Jacks*, pp. 1-6. James Freeman manifiesta que en 1807 los negros habían sustituido a los indios como mano de obra en los barcos balleneros de Nantucket (Crosby, p. 135). Comstock habla del duro trato que se dispensaba a los afroamericanos en *The Life of Samuel Comstock*, pp. 37-38. William H. Macy afirma que era frecuente hablar de «el negrero» para referirse al paquebote que transportaba manos verdes de Nueva York a Nantucket (pp. 9 y 17).

William H. Macy define *gam* como «visita de cumplido y conversación. En un principio este término se aplicaba a una manada de ballenas y no cabe duda de que su uso por parte de los balleneros se derivaba de esa fuente.

Cuando dos barcos balleneros se cruzaban en el mar, a menudo se ponían en facha y los capitanes se hacían visitas durante el tiempo que los barcos permanecían juntos. En ciertas circunstancias este privilegio también se concedía a las tripulaciones» (p. 126). Al empezar su viaje, el narrador manos verdes de *There She Blows!*, de William H. Macy, siente «ese orgullo de mi hogar flotante que brota dentro de mí y que todo marinero siente en relación con su barco» (p. 36). Según Ashley, el colchón de un marinero, relleno de cascabillo de maíz o de paja, recibía el nombre de «desayuno de burro» (p. 54). El 16 de agosto de 1819 (cuatro días después de que el *Essex* zarpara de Nantucket), Obed Macy dejó escrito: «Los saltamontes han destruido la mayor parte de los nabos»; también los menciona en septiembre. La información referente al *Chili* procede de Starbuck (p. 432).

2. Zozobra (pp. 55-77)

La carta que los armadores del *Essex* escribieron al capitán Daniel Russell se guarda en la NHA. El matrimonio de George Pollard y Mary Riddell (17 de junio de 1819) está registrado en los archivos de la South Congregational (actualmente Unitarian) Church de Nantucket, como lo están también los matrimonios de Owen Chase (el primer oficial del *Essex*) y Peggy Gardner (el 28 de abril de 1819) y el de Matthew Joy (segundo oficial) y Nancy Slade (7 de agosto de 1817). Curiosamente, el ministro cobró 2 dólares por el matrimonio de Joy, 1,50 dólares por el de Chase, y 1,25 dólares por el de Pollard.

Para una descripción de cómo se repartían las obligaciones entre los oficiales de un barco al levar anclas, véase

Richard Henry Dana, *Seaman's Friend*, pp. 139-140. La información sobre el aspecto del capitán Pollard procede de Joseph Warren Phinney, «Nantucket, Far Away and Long Ago», en *Historic Nantucket* (p. 29), con notas de su nieta Diana Taylor Brown, a quien estoy agradecido por proporcionarme una copia del manuscrito original de Phinney. El retrato de Owen Chase se basa en información que se encuentra en el rol de tripulantes del *Florida* (su primer barco después del *Essex*): «metro setenta y siete de estatura, tez oscura y pelo castaño» (Heffernan, p. 120). En el Nantucket Registry of Deeds Grantee Book 22 (p. 262), el padre de Owen Chase, Judah, consta como «agricultor». Los comentarios de Owen Chase sobre el número de viajes que se requería para llegar a comandante proceden de su narración, al igual que todas las citas posteriores que se le atribuyen. Si bien Chase afirmó que se requerían sólo dos viajes para ser capitán, los datos de que disponemos inducen a pensar que cuatro solía ser el número mínimo de viajes (Stuart Frank, comunicación personal, 25 de octubre de 1999). Clifford Ashley, en *The Yankee Whaler*, describe el uso de un molinete de ballenero (pp. 49-50), y lo mismo hace Falconer en su *Marine Dictionary*.

Reuben Delano, en *The Wanderings and Adventures of Reuben Delano*, habla del cambio radical que se producía entre los oficiales una vez que un barco ballenero de Nantucket abandonaba la isla (p. 14). William Comstock define *spit-fire* en *The Life of Samuel Comstock*, p. 71; también cuenta cómo los hombres de Nantucket permanecían juntos a bordo de un barco ballenero (p. 37). William H. Macy describe la competencia entre los oficiales al llegar el momento de elegir las tripulaciones de las balleneras (p. 39); también especula la posibilidad de que

Noé fuera el primer capitán que dirigió la palabra a su tripulación (p. 40). Los comentarios de Pratt sobre relegar a los negros al castillo de proa de un barco ballenero de Nantucket están en *Journals*, pp. 14-15. Richard Henry Dana menciona su preferencia por el castillo de proa en *Two Years Before the Mast*, p. 95. W. Jeffrey Bolster comenta la costumbre de «contar historias» y otras actividades en el castillo de proa en *Black Jacks*, pp. 88-89.

William H. Macy describe la cura contra el mareo que era común entre los hombres de Nantucket (p. 19). Doy las gracias a Don Russell, descendiente del capitán del *Essex* Daniel Russell, que me habló de una tradición familiar relativa a esta misma cura. Según Ashley, los vigías se colocaban dentro de aros instalados en el trinquete y el mastelerillo hasta la altura del pecho por encima de las crucetas (p. 49). Sin embargo, en este período relativamente temprano de la pesca de la ballena, no hay indicios de que se instalasen aros en los palos de los barcos balleneros de Nantucket. En *Voyage to the Pacific*, Comstock escribe: «El capitán hizo dos crucetas que se colocaron encima del cuello de los mastelerillos, una en el trinquete y otra en el mayor. En cada uno de ellos se apostó un hombre que debía otear el mar en busca de ballenas y era relevado cada dos horas. Uno de los arponeros permanecía constantemente con el hombre apostado en la cruceta del mastelerillo mayor, de manera que mientras uno vigilaba, el otro dormía disimuladamente» (p. 20).

Mis comentarios sobre las alas y la zozobra se basan en gran parte en la valiosa obra de John Harland *Seamanship in the Age of Sail*. Según Harland, el peligro de que un botalón de ala se sumergiera en el agua existía incluso en el caso de un ala de juanete. La guía para marineros que Darcy Lever publicó en 1819 hace una descripción detallada e ilustrada de cómo se aferran las alas (pp. 82-83); también tiene una sección titulada «A Ship on Her Beam Ends» (pp. 96-97). La carta de la corriente del golfo que confeccionó Benjamin Franklin se encuentra en Everett Crosby, *Nantucket in Print*, pp. 88-89. Según Harland, al arriar las velas, «se empezaba por la más alta y pesada de las velas, preferentemente antes de que el turbión golpease el barco. Las alas (en particular la de juanete y la inferior) [...] corrían especial peligro si el turbión pillaba al barco desprevenido» (p. 222). El dicho de los oficiales de la Marina británica relativo a los turbiones está en Harland (p. 221), donde se encuentran también las otras fuentes citadas.

Harland comenta lo que sucede cuando un barco se escora tanto que es imposible que vuelva a enderezarse. «Con ángulos mayores, el brazo de adrizamiento aumenta rápidamente hasta alrededor de 45 grados, después de lo cual disminuye y, al alcanzar cierto ángulo crítico, desaparece» (p. 43). En su diccionario náutico, Falconer da esta definición de «escorarse»: «Se dice que un barco se escora cuando se inclina mucho sobre un costado, de tal manera que sus baos se acercan a una posición vertical; por ende, se dice que una persona está escorada cuando está en las últimas». Addison Pratt cuenta el caso de un barco que zozobró a la altura del cabo de Hornos: «Un fuerte turbión nos hizo zozobrar y el barco se escoró mucho. Se ordenó a toda la tripulación que disminuyera vela, ya que las cubiertas [...] estaban en posición casi perpendicular, y en los imbornales el agua alcanzaba hasta la rodilla. Para llegar a la proa y a la popa teníamos que agarrarnos a la barandilla, el barco cabeceaba mucho y la noche era muy oscura» (p. 17). Doy las gracias a Chuck Gieg, que compartió conmigo su experiencia personal de una zozobra en el buque escuela *Albatross* en la década de 1960 (la premisa de la película *White Squall*). Harland comenta los peligros de un barco que navega hacia atrás (pp. 70 y 222).

3. La primera sangre (pp. 78-99)

Es posible que el cónsul norteamericano en Maio, en las islas de Cabo Verde, conociera al segundo oficial del *Essex*. Tanto Ferdinand Gardner como Matthew Joy pertenecían a familias de Nantucket que se habían trasladado a Hudson, Nueva York, donde, por extraño que parezca, los pescadores de Nantucket habían fundado un puerto ballenero después de la revolución.

Mi descripción de la pesca de cetáceos se basa en numerosas fuentes, pero principalmente en William H. Macy, Clifford Ashley, Willits Ansel en su *The Whaleboat*, y la abundante información reunida en el manual «Whaleboat Handbook» que utiliza el personal de demostración de Mystic Seaport Whaleboat. Mi agradecimiento a Mary K. Bercaw por facilitarme dicho manual. La descripción de cómo «se animaba» la tripulación al avistarse un cetáceo procede de Charles Nordhoff, *Whaling and Fishing*, p. 100. Ansel habla del papel de los diferentes remeros (p. 26) y las velocidades relativas de una ballenera y un cachalote (pp. 16-17). Ashley afirma que había tripulaciones de balleneras empeñadas en «pescar para alcanzar la gloria»: «Hacían carreras y maniobraban para conseguir una posición, y se sabe que en casos en que llegaban a la meta casi a la par, con los botes apretujándose en el flanco de un cachalote, se obstruían el paso deliberadamente; lanzaban arpones por encima de sus res-

347

pectivos botes, con lo cual ponían en peligro tanto los botes como la vida de todos los interesados, y luego se alejaban alegremente, agitando las manos o burlándose de sus camaradas poco afortunados que se agitaban en el agua» (p. 110). Comstock repite las exhortaciones del oficial a la tripulación de su ballenera en *Voyage to the Pacific*, pp. 23-24. En «Behavior of the Sperm Whale», Caldwell, Caldwell y Rice cuentan que un ballenero comentó que el chorro de una ballena tenía un olor «fétido» y causaba escozor en la piel de un hombre (p. 699). Ansel cuenta el caso de un arponero novato que, según Charles Beetle, se desmayó ante la perspectiva de arponear una ballena (p. 21).

Según Clifford Ashley, que participó en un viaje de pesca de cetáceos a comienzos del siglo xx, los cachalotes eran capaces de arrastrar una ballenera a una velocidad de hasta veinticinco millas por hora. Y añade: «He ido en motoras rápidas a más de cuarenta y cinco millas por hora y me ha parecido aburrido después de dar un paseo en trineo de Nantucket» (p. 80).

Francis Olmsted describe el uso de una pala para inutilizar a un cachalote que huía (p. 22). La pala tenía un cable atado en el extremo que permitía al oficial recuperarla cada vez que la arrojaba (Ashley, p. 87). Caldwell y otros mencionan la existencia de cachalotes moribundos que vomitaban «pedazos de calamar grandes como balleneras» (p. 700). La reacción horrorizada de Enoch Cloud ante la muerte de un cachalote ocurrió durante un viaje en la década de 1850 y aparece en *Enoch's Voyage*, p. 53. Ansel dice que los cachalotes muertos se remolcaban de la cabeza hasta el barco (p. 23).

En su *History*, Obed Macy describe paso a paso la operación de cortar un cetáceo en pedazos (incluida la cabeza) y hervirlo (pp. 220-224). Según Clifford Ashley, las primeras tarimas desde las que se cortaba el cetáceo eran «tablones cortos que se instalaban en la proa y la popa y colgaban por los lados, uno por delante y otro por detrás de la pasarela» (*The Yankee Whaler*, p. 97). Charles Nordhoff nos da una idea de lo grasienta que podía quedar la cubierta de un barco ballenero: «El aceite corre de un lado a otro mientras el barco se mece perezosamente en el mar, y la forma de locomoción más segura consiste en deslizarse sobre los fondillos de los pantalones» (p. 129); Nordhoff también describe el hedor del humo que producía la operación de fundir la grasa. Davis y otros hablan del ámbar gris (*In Pursuit of Leviathan*, pp. 29-30). Según Obed Macy, «generalmente, el ámbar gris se descubre pinchando los intestinos con una pértiga larga» (p. 224). Aunque los pescadores de cachalotes pronto serían los pioneros del arte popular de tallar figuras de marfil al labrar imágenes en dientes de cachalote, es muy poco probable que en 1819 la tripulación del *Essex* guardase los dientes de los cachalotes que capturaba (Stuart Frank, comunicación personal, julio de 1999). J. Ross Browne comenta el «aspecto infernal» de un barco ballenero de noche (p. 63). William H. Macy describe la «ropa apropiada para la operación de fundir la grasa» (p. 80).

Richard Henry Dana cuenta cómo puede empeorar la moral de una tripulación en *Two Years Before the Mast*, p. 94. Para un comentario de las diferencias entre la comida que se servía en el camarote y la que se servía en el castillo de proa, véase Sandra Oliver, *Saltwater Foodways*, pp. 97-99 y 113. Oliver proporciona la información sobre la ingesta media de calorías por parte de un marinero en el siglo XIX (p. 94). Moses Morrell era el manos verdes que lamentó su inanición gradual a bordo de un barco ballenero de Nantucket; su diario está en la NHA. Aunque pueda parecer que Pollard reaccionó de forma exagerada a las quejas de sus hombres sobre la comida, no fue nada en comparación con la respuesta del capitán Worth a bordo del *Globe*: «Cuando algún hombre se quejaba al capitán Worth de que padecía hambre, le decía que comiese aros de hierro; y varias veces hizo callar a los que se quejaban metiéndoles pernos de bomba en la boca» (*Life of Samuel Comstock*, p. 73).

4. Los restos del fuego (pp. 100-119)

El capitán Bligh abandonó su intento de doblar el cabo de Hornos después de treinta días (el tiempo que tardó el barco ballenero *Essex* en doblar dicho cabo); la decisión fue tomada en condiciones dificilísimas según indica claramente sir John Barrow: «El barco empezó a crujir y era necesario achicarlo cada hora; en las cubiertas había tantas vías de agua que el comandante tuvo que ceder el gran camarote a quienes tenían la litera mojada» (p. 41). David Porter habla de doblar el cabo de Hornos en su *Journal*, p. 84. Aunque el *Beaver* fue el primer barco ballenero de Nantucket en entrar en el Pacífico, el *Emilia*, un barco británico bajo el mando del capitán James Shield, fue el primer barco ballenero en doblar el cabo de Hornos en 1788 (Slevin, p. 52).

Las palabras del capitán Swain sobre la escasez de ballenas se citan en Edouard Stackpole, *The Sea-Hunters*, p. 266. Obed Macy mencionó la necesidad de una nueva pesquera de ballenas el 28 de septiembre de 1819; su diario también revela que seguía atentamente la situación política de América del Sur.

Robert McNally dice que los pescadores de ballenas veían estos animales como una «tina de grasa» en *So Remorseless a Havoc*, p. 172. Charles Nordhoff se refiere al placer con que los viejos pescadores de ballenas fundían la grasa (p. 131), a la vez que William H. Macy confiesa que la tarea de hervir la grasa les hacía pensar en el hogar (p. 87). La relación de los acontecimientos que ocurrieron en Nantucket en diciembre de 1819 procede del diario de Obed Macy. William H. Macy dio fe de cuánto tiempo tardaba la correspondencia en llegar al Pacífico: «Las noticias de casa, incluso las de un año antes, eran muy bien recibidas; a la vez que la llegada de un barco ballenero que llevaba cinco o seis meses navegando era una verdadera suerte» (p. 154). Para una crónica del descubrimiento de la pesquería de Alta Mar, véase Stackpole (pp. 266-267).

Al hablar de las delicias de Atacames (pp. 161-163), Francis Olmsted hace una interesante descripción de una capilla: «A los lados del altar, las gotas de las velas de esperma usadas en el oficio parecían las estalactitas de alguna caverna subterránea» (p. 171).

Que yo sepa, ésta es la primera vez que se publica el nombre del desertor, Henry Dewitt. Consta en un rol de tripulantes que, al parecer, data de poco después de que Pollard emprendiera su siguiente viaje en el otoño de 1821 (Pollard aparece como capitán del *Two Brothers*). En la lista figura la totalidad de los veinte tripulantes del *Essex* que se conocían anteriormente más «Henry De Wit: fugitivo» (NHA, colección 64, Álbum de Recortes 20). Al hablar del número de guardianes a bordo del *Beaver* en 1791, Clifford Ashley afirma que «dos hombres no hubieran sido suficientes» para un barco de 240 toneladas (p. 60).

William H. Macy deja constancia de la pronunciación singular de las Galápagos (p. 167). La crónica que hace Colnett de sus exploraciones en el Pacífico incluye un diagrama sobre cómo cortar un cachalote que Obed Macy utilizaría en su *History*; Colnett dice que las Galápagos eran un criadero de cachalotes (*A Voyage to... the South Pacific Ocean*, p. 147). Mi resumen de las observaciones de la sociedad de los cachalotes que hizo Hal Whitehead proceden de sus artículos «Social Females and Roving Males» y «The Behavior of Mature Male Sperm Whales on the Galapagos Islands Breeding Grounds». Whitehead no vio cachalotes copulando en las pesqueras de las Galápagos. «Que nunca presenciáramos la cópula no es extraño —escribe—. Aunque hay noticias de cachalotes a los que se ha visto copulando, estas noticias son pocas, un tanto contradictorias y no siempre convincentes» (p. 696). Whitehead cita una descripción que hizo A. A. Berzin de un macho que se acercaba a una hembra desde abajo (p. 694).

La reparación de una vía de agua en el *Aurora* se describe en Stackpole, *The Sea-Hunters*, pp. 305-306. Según Reginald Hegarty, «los tornillos resistentes al agua no podían penetrar en el metal, pero si se arrancaba sin querer un pedacito de cobre, toda una sección del revestimiento no tardaba en estar tan llena de agujeros que se desprendía, llevándose más cobre consigo. La tablazón quedaba entonces al descubierto y en poco tiempo una sección de la misma perdía resistencia» (p. 60). Para una descripción exhaustiva de cómo se reparaban las vías de agua en los barcos de madera, véase Harland (pp. 303-304).

La descripción de las Galápagos que hace Herman Melville aparece en *The Encantadas*, p. 126. Sobre la fría temperatura corporal de la tortuga, véase Charles

Townsend, «The Galapagos Tortoises», p. 93; Townsend también habla de *Port Royal Tom*, p. 86. Para un resumen de la historia de la estafeta de correos de la isla de Charles, véase Slevin, «The Galapagos Islands», pp. 108-111. Charles Townsend deja constancia de que «las tortugas de la isla de Charles fueron exterminadas muy pronto» (p. 89).

5. El ataque (pp. 120-139)

Describo la extensión del océano Pacífico basándome en gran parte en Ernest Dodge, *Islands and Empires*, p. 7; véase también Charles Olson, *Call Me Ishmael*, en especial el último capítulo, «Pacific Man» (pp. 113-119). Para una crónica de las actividades de los pescadores de cetáceos en el Pacífico occidental a comienzos del siglo XIX, véase Stackpole, *The Sea-Hunters*, pp. 254-256. Se hace referencia a la muerte de Hezekiah Coffin cerca de Timor en el diario que llevó Mary Hayden Russell durante un viaje de pesca de cetáceos; después de mencionar la isla de «Aboyna», escribe: «Aquí donde tu querido padre en un viaje anterior tuvo la desgracia de enterrar a su oficial, Hezekiah Coffin, y donde él mismo escapó de las fauces de la muerte» (NHA, colección 83). Para las islas que se indican en el ejemplar del *Navigator* de Bowditch que tenía Pollard, véase Heffernan, *Stove by a Whale*, pp. 243-246. Stackpole habla de los primeros pescadores de cetáceos en Hawái y las islas de la Sociedad en *The Sea-Hunters*, pp. 275-289.

El caso que cuenta William Comstock en que un oficial toma el arpón de su arponero está en *Voyage to the Pacific*, pp. 24-25. La narración de Nickerson afirma que

Chase estaba junto a la espadilla —y no, como afirma Chase, en la proa con el arpón en la mano— durante sus dos últimos intentos de acercarse a los cachalotes. En este caso, he decidido fiarme de la crónica de Chase, aunque existe la posibilidad de que estuviera, de hecho, junto a la espadilla, y el «negro» que escribió su narración cometiese un error. Contribuye a aumentar la incertidumbre una afirmación anterior que hace Chase en su narración: «Hay marineros comunes, timoneros y arponeros principales: estos últimos son los más honorables e importantes. Es en este puesto donde el joven marinero tiene que hacer uso de toda su capacidad; del diestro manejo del arpón, la estacha y la lanza, y de las posiciones arriesgadas que adopta al lado de su enemigo depende casi por completo el buen resultado de su ataque» (p. 17). Contrariamente a lo que Chase afirma en este pasaje, era el que manejaba la espadilla quien arrojaba el arpón y era al oficial o jefe del bote (al que nunca llamaban «arponero», término que se usaba para referirse al «espadillero») a quien se consideraba «el más honorable e importante». Puede que, una vez más, el «negro» confundiera los papeles que se asignaban en una ballenera, pero a efectos de la presente narración he considerado que era la descripción que hacía Chase del papel que se asignó a sí mismo en su ballenera: un oficial que arrojaba tanto el arpón como la lanza y dirigía al «espadillero» desde la proa.

D. W. Rice, en «Sperm Whale», pp. 203-204, describe los hábitos del cachalote en cuanto a zambullidas y menciona la regla general del pescador de cetáceos para juzgar cuánto tiempo pasaría un cachalote debajo del agua. Obed Macy habla del hundimiento del *Union* en su *History*, pp. 230-235. Chase y Nickerson cuentan versiones muy diferentes de lo que sucedió después del primer ataque de la ballena. Chase afirma que el barco empezó a hundirse casi de inmediato. Nickerson no menciona que el *Essex* hiciera agua después de la primera colisión y pone cuidado en señalar que Chase tuvo la oportunidad de arrojar la lanza contra el cachalote después del primer ataque, cosa que Chase optó por no mencionar. He decidido tomar partido por Nickerson, que obviamente se sintió obligado a corregir la crónica del primer oficial en su propia narración. Tanto Chase (p. 31) como Herman Melville en el capítulo de *Moby Dick* titulado «El ariete» dicen que la cabeza de un cachalote es muy adecuada para atacar un barco de frente. Un artículo en la *Sydney Gazette* basado, al parecer, en información que proporcionaron los tres supervivientes del *Essex* que decidieron quedarse en la isla de Henderson y más tarde fueron llevados a Australia, afirma: «El barco navegaba a cinco nudos, pero tal fue la fuerza con que [la ballena] golpeó el barco, por debajo de la serviola, que el barco dio marcha atrás, a tres o cuatro nudos; como consecuencia el mar penetró por las ventanas del camarote, derribó a todos los hombres que estaban en cubierta y, lo peor de todo, rompió las amuras por completo» (Heffernan, p. 240). Un folleto que después del desastre escribió el arponero Thomas Chappel también hace referencia a que el barco fue empujado hacia atrás; Chappel afirma que el cachalote «arrancó gran parte de la falsa quilla» al golpear el barco con el lomo (Heffernan, p. 218). Aunque ninguna de las dos crónicas menciona que la cola del animal siguiera moviéndose después del segundo golpe —empujando, de hecho, el barco hacia atrás después de que la colisión lo detuviese—, ésta parece ser la única manera de conciliar la estimación relativamente baja que hace Chase de la velocidad del cachalote al chocar (seis nudos) con las otras afirmaciones según las cuales el barco se vio empujado hacia atrás.

En «The Behavior of Mature Sperm Whales on the Galapagos Islands Breeding Grounds», p. 696, Hal Whitehead comenta que los pescadores de cetáceos solían buscar animales machos. En relación con el tamaño que llegaban a tener los grandes cachalotes machos, Alexander Starbuck escribe en su *History of the American Whale Fishery*: «Los cachalotes que producen cien barriles se consideran muy grandes, pero esta cantidad se supera de vez en cuando» (p. 155). Luego cita *Nimrod of the Sea*, de Davis, donde se menciona un cachalote de más de 27 metros que produjo 137 barriles; Davis también afirmó que un barco ballenero de New Bedford atrapó un cachalote en la pesquería de Alta Mar que produjo 145 barriles de aceite. Starbuck afirma que en 1876 el bricbarca *Wave*, de New Bedford, pescó un cachalote que produjo 162 barriles y cerca de 19 litros de aceite (p. 155). Es evidente que un cachalote de casi 26 metros entra en el terreno de lo posible.

Para un comentario detallado del tamaño del cerebro y la inteligencia de los cachalotes, véase Carl Zimmer, *At the Water's Edge*, pp. 219-226. Richard Ellis, en *Men and Whales*, también habla con elocuencia del cerebro de un cachalote (p. 29). Hal Whitehead y Linda Weilgart, en «Moby's Click», hablan de cómo los cachalotes se valen de chasquidos tanto para la ecolocalización como para comunicarse; mencionan cachalotes que se conocen por el nombre de «pez carpintero» (p. 64). Linda Weilgart, Hal Whitehead y Katherine Payne escriben sobre las notables similitudes entre los cachalotes y los elefantes en «A Colossal Convergence». La descripción de la lucha entre los dos cachalotes machos está en Caldwell y otros (pp. 692-693). En la novela de Henry Carlisle *The Jonah Man*, Pollard expresa la teoría de que el cachalote oyó los martillazos de Chase a través del aire: «Transportados por el viento del este, los martillazos podían oírse desde cerca de dos kilómetros al oeste» (p. 106). Pero, como confirma Whitehead en una comunicación personal por correo electrónico, lo más probable es que el cachalote oyera los martillazos a través del agua, el medio al que mejor adaptados estaban sus oídos y que transmite los sonidos mucho mejor que el aire. De hecho, el cachalote que atacó al *Essex* oiría también el caos que Pollard y Joy estaban sembrando en el grupo de cachalotes varias millas a sotavento. Si bien podría parecer que esto corrobora la creencia de Chase de que el cachalote era «impulsado por el deseo de vengar sus sufrimientos», Whitehead señala que «es importante comprender que ahora sabemos que las relaciones entre grandes cachalotes machos y grupos de hembras son breves y esporádicas. Así [...] es muy improbable que el macho tuviera algún apego a las hembras a las que estaban matando» (comunicación personal, 5 de agosto de 1998).

Whitehead expone la teoría de que es posible que al principio el cachalote atacase al *Essex* por error y que «este contacto trastornara mucho al animal y diera como resultado el segundo incidente, que sí da la impresión de ser un "ataque"» (comunicación personal, 5 de agosto de 1998). Al parecer, muchos pescadores de cetáceos del siglo XIX pensaban igual que Whitehead. Según un comentario referente al *Essex* (de la *North American Review*) que Francis Olmsted cita en *Incidents of a Whaling Voyage*: «Pero no se sabe de ningún otro caso en el cual se suponga que el daño fuese causado con mala intención por el atacante [el cachalote], y la mayoría de los balleneros experimentados cree que incluso en este caso el ataque no fue intencionado» (p. 145). Otros pescadores de cetáceos, sin embargo, no pensaban lo mismo. Un viejo capitán de Nantucket, en William H. Macy, *There She Blows!*, afirma: «Todos hemos oído hablar del asunto del *Essex* [...]. Lo recuerdo bien, porque en aquel entonces me encontraba navegando en Chile a bordo del *Plutarch*, y a juzgar por las declaraciones de los supervivientes, resulta evidente que el cachalote actuó con alevosía y premeditación, como dirían los abogados, para destruir el barco» (p. 133).

Mi descripción de cómo se construyó el *Essex* se basa en varias fuentes. John Currier, en «Historical Sketch of Ship Building on the Merrimac River», afirma que los barcos construidos en Amesbury en tiempos del *Essex* «se construían casi enteramente de roble y sólo las cubiertas eran de pino blanco del país. Las costillas, la tablazón, el revestimiento, los baos y las curvas se cortaban en madera de roble, se mandaban flotando río abajo y eran arrastradas por yuntas de bueyes desde un radio de entre dieciséis o veinticuatro kilómetros» (p. 34). Mi agradecimiento a Roger Hambidge y Ted Kaye de Mystic Seaport por indicarme una lista de especificaciones del barco ballenero *Hector* en Albert Cook Church, *Whale Ships and Whaling*, pp. 174-179. También doy las gracias a Mark Starr de la Shipyard Documentation Office de Mystic Seaport por proporcionarme las especificaciones del *Charles W. Morgan*. También me basé en Reginald Hegarty, *Birth of a Whaleship*.

Mi agradecimiento al profesor Ted Ducas del Departamento de Física del Wellesley College por hablarme de las características físicas de las ballenas en general y del naufragio del *Essex* en particular. También doy las gracias

358

a Peter Smith, arquitecto naval de Hinckley Yachts, que calculó las fuerzas potenciales en una colisión entre una ballena de 80 toneladas y un barco de 238 toneladas, y la fuerza de la estructura de un barco ballenero (comunicaciones personales, 18 y 23 de diciembre de 1998).

6. El plan (pp. 140-155)

En *Survival Psychology,* John Leach escribe sobre la apatía que suele afectar a los supervivientes inmediatamente después de un desastre y que se conoce por el nombre de «período de retroceso» (pp. 24-37, 129-134). En «Disaster: Effects of Mental and Physical State», Warren Kinston y Rachel Rosser comentan la poca disposición de los supervivientes a abandonar la escena de un desastre (p. 444). Refiriéndose a las balleneras a principios del siglo XIX, Erik Ronnberg Jr. afirma: «Las representaciones de botes de este período —en cuadros, litografías o dibujos en cuadernos de bitácora— indican claramente que remar era la forma de propulsión común aunque no exclusiva. Las fuentes que muestran balleneras navegando a vela indican que el aparejo de abanico era el preferido y que las embarcaciones se guiaban por medio de una espadilla sin que se viera timón alguno. Esto, agravado por la falta de orza, mermaría mucho la capacidad de las embarcaciones para navegar a barlovento; de hecho, esta configuración de aparejo y derrota sólo sería eficiente para perseguir ballenas en la dirección del viento» (*To Build a Whaleboat,* p. 1). Como también señala Ronnberg, estos primeros botes eran de construcción en tingladillo y no de listones como los botes de años posteriores. En lugar de ser blancos (como casi todas las balleneras), es probable que los botes del *Essex* fueran de colores distintos, quizá azul oscuro y rojo, como la bandera del barco; véase Ansel (p. 95).

Caleb Crain, «Lovers of Human Flesh: Homosexuality and Cannibalism in Melville's Novels» contiene una excelente sinopsis de las crónicas de principios del siglo XIX sobre canibalismo y homosexualidad en las islas Marquesas (p. 30). Para un análisis de las historias de canibalismo entre los nativos que contaban los marineros de la época, véase Gananath Obeyesekere, «Cannibal Feasts in Ninetheenth-Century Figi: Seamen's Yarns and the Ethnographic Imagination», en Francis Barker, Peter Hulme y Margaret Iversen, eds., *Cannibalism and the Colonial World*. Había también un inquietante aspecto racial en los rumores de canibalismo que circulaban en el castillo de proa de los barcos balleneros. Un jefe maorí de Nueva Zelanda al que habían llevado a Londres en 1818 insistía en que «los hombres negros tenían un sabor mucho más agradable que los blancos» (en Tannahill, *Flesh and Blood*, p. 151). La experiencia del capitán Benjamin Worth ante la costa de Nueva Zelanda en 1805 sugiere que los balleneros de Nantucket daban por sentado que esto era cierto. Worth contó que cuando su barco corría peligro de embarrancar a causa de una tormenta, los tripulantes negros le suplicaron que hiciese todo lo posible para llevar el barco a alta mar porque «los nativos preferían la carne de negro a la del hombre blanco» (en Stackpole, *The Sea-Hunters*, pp. 399-400). Los oficiales del *Essex* estaban de permiso cuando el *New Bedford Mercury* (28 de abril de 1819) publicó varios artículos sobre el carácter pacífico de los nativos de Nuku Hiva. El aserto de Melville sobre la decisión de los tripulantes del *Essex* de «alcanzar un puerto civilizado» forma parte de los comentarios que escribió en las últimas páginas de su ejemplar del relato de Chase, de los cuales se incluye una transcripción en la edición Northwestem-Newberry de *Moby Dick*, pp. 978-995. Ernest Dodge, en *Islands and Empires*, habla de la gigantesca capilla de la misión real en Tahití, construida en 1819, el mismo año en que el *Essex* zarpó de Nantucket (p. 91).

Los comentarios de Obed Macy sobre el conocimiento íntimo del mar que tenían los hombres de Nantucket están en su *History*, p. 213. No conocían tan bien, al parecer, las masas continentales del mundo. William Comstock cuenta un incidente que revela hasta qué punto un nativo de Nantucket podía ser ignorante en materia de geografía. Un oficial de un barco ballenero de Nantucket «deseaba muy sinceramente que le informasen de si Inglaterra estaba en el continente o «estaba sola», y al contestarle otro oficial que se hallaba en el país de Gran Bretaña, quisó saber a qué distancia se encontraba de Londres» (*The Life of Samuel Comstock*, p. 57). Si un pescador de cetáceos podía tener una idea tan vaga sobre una isla con la cual Nantucket siempre había tenido una estrecha relación comercial, no es extraño que los hombres del *Essex* no tuvieran ninguna información sobre las islas del Pacífico central. Para un dibujo detallado de la lancha en la que el capitán Bligh y sus hombres llegaron a la isla de Timor, véase Bligh, *The Journal of Bounty's Launch*, en edición de A. Richard Mansir.

Leach, en *Survival Psychology*, analiza las diferencias entre los líderes autoritarios y los sociales (p. 140), a la vez que Glin Bennet, en *Beyond Endurance: Survival at the Extremes*, habla de los diferentes tipos de personalidad que se requieren en lo que llama «los períodos de escape y supervivencia» que siguen a un desastre (pp. 210-

211). El análisis de un primer oficial de carrera y un hombre «avezado» se basa en las palabras de William H. Macy sobre el primer oficial Grafton, a quien Macy califica de «hombre de temperamento más bien reflexivo, de mucha inteligencia y poseedor de un extenso caudal de información sobre muchos temas, con la costumbre de generalizar y una claridad de expresión que hacía de él un compañero agradable para todos los que tenían trato con él. Aunque buen pescador de cetáceos, Grafton [el primer oficial] no era lo que el entendido llama un "hombre avezado"» (pp. 44-45). John Leach en *Survival Psychology* escribe acerca de la importancia que adquiere el parentesco durante un desastre (p. 156), así como acerca de la relación entre un liderazgo fuerte y la supervivencia (p. 139).

7. En el mar (pp. 156-180)

Véase Ronnberg, *To Build a Whaleboat*, para un análisis excelente de las dificultades de navegar en una ballenera de comienzos del siglo xix (pp. 1-4). Refiriéndose al ruido que hace una ballenera de construcción en tingladillo, Clifford Ashley escribe en *The Yankee Whaler*: «El nombre [de *clinker*]* se formó imitando el sonido que hacía la embarcación al surcar el agua. Lo he notado a menudo en un patache de construcción en tingladillo. Como la presa se volvía recelosa [a finales del siglo xix], se juzgó que el ruido era inaceptable y, por tanto, se adoptó un bote de costados lisos, que se acercaba más silenciosamente al animal confiado» (p. 61).

Ashley deja constancia de la ubicación de la pesque-

---

* Derivado del verbo *to clink*, «tintinear». (*N. del t.*)

ría de Alta Mar: entre 5° y 10° de latitud sur y 105° y 125° de longitud oeste (p. 41). Thomas Heffernan ha identificado por lo menos siete barcos balleneros que estaban en las proximidades del *Essex* cuando se hundió: tres de Nantucket (el *Governor Strong*, el *Thomas* y el *Globe*); tres de New Bedford (el *Balaena*, el *Persia*, el *Golconda*); y uno de Inglaterra (el *Coquette*) (p. 77).

Para información sobre la galleta, véase Sandra Oliver, *Saltwater Foodways*, p. 107. Para calcular el contenido nutritivo de las raciones de galleta y tortugas de las Galápagos, así como el peso que perderían los hombres durante sesenta días, se contó con la ayuda de Beth Tornovish y el doctor Timothy Lepore en Nantucket. Las estadísticas referentes a las necesidades de agua del cuerpo proceden de Eleanor Whitney *et ál.*, *Understanding Normal and Clinical Nutrition*, pp. 272-275. A efectos de comparación, el capitán Bligh decidió que al principio la ración diaria de sus hombres fuese de unos 28 gramos de pan (comparados con los 170 gramos de los hombres del *Essex*) y 0,11 litros (comparados con 0,23 litros) de agua (*Bounty's Launch*, p. 36). Francis Olmsted observó que muchos de los tripulantes del barco ballenero en el que navegaba «tenían entre 23 y 32 kilos de tabaco para solazarse durante el viaje, y probablemente tendrían que obtener más del capitán antes de que regresasen a casa» (pp. 83-84).

Warren Kinston y Rachel Rosser hablan de los efectos de un «recuerdo atormentador» y citan la referencia de William James al terremoto de San Francisco en «Disaster: Effects on Mental and Physical State» (pp. 443-444). Hilde Bluhm, en «How Did They Survive? Mechanisms of Defense in Nazi Concentration Camps», menciona la importancia que tiene expresar los sentimientos propios para fomentar la supervivencia psíquica (p. 10). John Leach, en *Survival Psychology*, llama «hacer tareas» a actividades tales como la fabricación de un trozo de cordel por parte de Lawrence y dice que consiste en «dividir el objetivo o propósito de la persona en tareas sencillas con el fin de poder hacer frente a la vida paso a paso» (p. 152); habla de alguien que para afrontar una situación especialmente larga se fabricó «un juego rudimentario de palos de golf y pelotas de madera» (p. 153).

Gran parte de mis comentarios sobre la navegación se basan en J. B. Hewson, *A History of the Practice of Navigation*, especialmente su capítulo sobre la navegación de latitud y la navegación de estima (pp. 178-225). Francis Olmsted, en *Incidents of a Whaling Voyage*, también hace una crónica interesante de la navegación en un barco ballenero (pp. 43-44). Mi agradecimiento a Donald Treworgy de Mystic Seaport por compartir su sabiduría conmigo; según Treworgy, en una comunicación personal: «Si Pollard no aprendió a resolver una lunar hasta el viaje siguiente, parece muy improbable que en 1819 tuviera un cronómetro de bitácora para hacer una observación horaria. En 1819 los cronómetros de bitácora todavía se construían a mano, eran costosos y no siempre dignos de confianza». Según Obed Macy, que dice en su *History* que los capitanes balleneros de Nantucket eran «lunarios», en el decenio de 1830 los barcos balleneros de la isla «generalmente ya disponían de cronómetros» (p. 218). Sobre la notable hazaña de navegación del capitán Bligh en una lancha abierta, véase *Bounty's Launch*, pp. 24, 60-61.

En su *History*, Obed Macy dice que los tripulantes del *Union* ataron sus dos balleneras juntas (p. 233). En *Survive the Savage Sea*, Dougal Robertson cuenta que varias orcas embistieron repetidas veces su yate de vela, que era de madera, hasta que acabaron hundiéndolo. Robert Pitman y Susan Chivers describen cómo un grupo de orcas atacó y mató a un cachalote en «Terror in Black and White», aparecido en *Natural History,* diciembre de 1998 (pp. 26-28). Los detalles sobre la disección de una tortuga por Chase se basan, en parte, en la operación de cortar en pedazos una tortuga verde tal como la describe Dougal Robertson (p. 109).

Chase dice que el 8 de diciembre tuvieron una «verdadera galerna». Dean King, *A Sea of Words*, define *galerna* como un «viento cuya intensidad está entre la de una brisa fuerte y la de una tormenta. En el siglo xix se definió con mayor precisión como un viento que soplaba a una velocidad de entre 28 y 55 millas náuticas por hora. En una galerna, las olas son altas y tienen crestas que producen roción, a la vez que en una galerna fuerte las crestas se inclinan y se balancean y el viento levanta densas ráfagas de espuma» (p. 202). Richard Hubbard, *Boater's Bowditch: The Small Craft American Practical Navigator*, contiene una tabla que sitúa el máximo teórico de las olas con un alcance ilimitado en fuerza 9 (41-47 nudos) en 123 metros (p. 312). William Van Dorn, *Oceanography and Seamanship*, también contiene una tabla útil que indica la tasa de crecimiento del estado del mar en función de la velocidad y la duración del viento (p. 189).

John Leach habla de la «disminución de la capacidad perceptiva» que se produce después de un desastre (p. 124), factor que sin duda contribuyó al compromiso inamovible de los supervivientes del *Essex* con su plan original, aunque poner proa a las islas de la Sociedad siguiera siendo una alternativa durante todo el primer mes después del hundimiento.

8. Concentración (pp. 181-195)

Las mejores descripciones de los sufrimientos de los náufragos de la *Medusa* las hicieron dos de los supervivientes, J. B. Henry Savigny y Alexandre Correard, en *Narrative of a Voyage to Senegal*; véase también Alexander McKee, *Death Raft*. El análisis que hace W. J. McGee de los sufrimientos de Pablo Valencia en el desierto del suroeste de Arizona aparece en su ya famoso artículo «Desert Thirst as Disease».

Mi descripción de los percebes se basa en los datos que proporcionó James Carlton, director del Williams-Mystic Program en Mystic Seaport (comunicación personal, octubre de 1998). Para una descripción de cómo suelen comerse los crustáceos, véase *Epicurious Dictionary* (http://www2.condenet.com). Doy las gracias a James McKenna de la facultad del Williams-Mystic Program por proporcionarme información detallada sobre por qué en algunas partes del Pacífico hay menos vida que en otras (comunicación personal, 23 de marzo de 1999). La carta de M. F. Maury que señala la «Región Desolada» aparece en la lámina número cinco de su *Wind and Current Charts*.

Willits Ansel, en *The Whaleboat*, describe cómo se remacha un clavo (pp. 88-89). W. Jeffrey Bolster comenta el «liderazgo espiritual de los negros» a bordo de un barco en *Black Jacks*, p. 125; también cuenta la historia del cocinero negro que rezó para pedir a Dios que salvara el barco ballenero en que iba. Mi descripción de cómo los cuáqueros «se concentran» se basa en Arthur Worrall, *Quakers in the Colonial Northeast*, pp. 91-95. Para un resumen excelente de los efectos de la inanición en las víctimas de los desastres, véase John Leach, *Survival Psycho-*

logy, pp. 87-99. En sus respectivas narraciones, Chase y Nickerson a veces se contradicen sobre la cantidad de agua y, especialmente, las raciones de pan. En este capítulo y en otros he dado por sentado que la disminución de sus raciones diarias de pan fue de 170 a 85 gramos y, finalmente (después de abandonar la isla de Henderson), a 42 gramos, mientras que la ración diaria de agua siguió siendo de 0,23 litros.

9. La isla (pp. 196-215)

Para una crónica del «descubrimiento» de la isla de Pitcairn por parte de Mayhew Folger, de Nantucket, véanse Greg Dening, *Mr. Bligh's Bad Language*, pp. 307-338, y Walter Hayes, *The Captain from Nantucket and the Mutiny on the Bounty*, pp. 41-47. En la actualidad los habitantes de Pitcairn siguen utilizando madera de *miro* y de *tau* que recogen en la isla de Henderson para producir las tallas de madera que venden a los turistas; véase Dea Birkett, *Serpent in Paradise*, donde se describe un viaje de Pitcairn a la isla de Henderson, para recoger madera, en nuestros días (pp. 81-96). De 1991 a 1992, un grupo de científicos, bajo los auspicios de la Sir Peter Scott Commemorative Expedition to the Pitcairn Islands, instaló su campamento base en la playa del norte de la isla de Henderson, casi exactamente en el lugar donde desembarcaron los supervivientes del *Essex* más de ciento setenta años antes. Los científicos fueron en avión a Tahití, luego navegaron más de dos mil millas hasta la isla de Henderson en un yate fletado. Cada tres meses se les enviaban provisiones y agua desde Auckland, en Nueva Zelanda. He utilizado mucho el libro resultante de esa expedición,

Tim Benton y Tom Spencer, eds., *The Pitcairn Islands: Biogeography, Ecology and Prehistory*, para obtener información sobre la isla de Henderson.

La presencia de «agua dulce» debajo de una isla de coral se comenta en William Thomas, «The Variety of Physical Environments Among Pacific Islands», en F. R. Fosberg, ed., *Mans Place in the Island Ecosystem: A Symposium*, pp. 26-27. Thomas Heffernan cita a Robert McLoughlin, que describe el reconocimiento médico que se hizo a los esqueletos de la isla de Henderson en *Stove by a Whale*, pp. 84-85. La relación entre los rabihorcados y los pájaros tropicales todavía puede observarse en la isla de Henderson. Véase J. A. Vickery y M. De L. Brooke, «The Kleptoparasitic Interactions between Great Frigatebirds and Masked Boobies on Henderson Island, South Pacific» en *The Condor*. Aunque «fragata» es otro nombre del rabihorcado, el *masked booby** no pertenece a la misma especie que el pájaro tropical, el tipo de pájaro que Nickerson afirmaba haber visto en la isla de Henderson.

T. G. Benton y T. Spencer describen la propagación de la flora y la fauna por todas las islas del Pacífico en «Biogeographic Processes at the Limits of the Indo-West Pacific Province», en *The Pitcairn Islands*, pp. 243-244. Mi crónica de la isla de Henderson está en deuda con T. Spencer y T. G. Benton, «Mans Impact on the Pitcairn Islands», pp. 375-376, y Marshall Weisler, «Henderson Island Prehistory: Colonization and Extinction on a Remote Polynesian Island», también en *The Pitcairn Islands*, pp. 377-404. En «Obesity in Samoans and a Perspective

* *Sula dactylatra*, ave palmípeda de las regiones tropicales. *(N. del t.)*

on Its Etiology in Polynesians», en *The American Journal of Clinical Nutrition*, Stephen McGarvey escribe:

> La colonización de la Polinesia requirió hacer largos viajes por el océano navegando contra los vientos alisios predominantes en aguas desconocidas. Puede que los marineros que participaban en estos primeros viajes de duración indeterminada y destino incierto experimentasen un riesgo significativo de inanición y muerte cuando las provisiones que había a bordo disminuían y se agotaban. Puede que los individuos obesos y los que tenían metabolismos eficientes, presumiblemente afectados por la hiperinsulinismo, aguantasen mejor estos viajes debido a sus grandes reservas de energía bajo la forma de tejido adiposo [...]. Puede que los marineros supervivientes de estos viajes de expedición y, por ende, los primeros colonizadores, fueran los que podían usar y almacenar energía alimentaria eficientemente, quizá por medio de mecanismos ahorrativos genotípicos (p. 1592S).

McGarvey expone la teoría de que por eso los samoanos de hoy se caracterizan por su «masiva adiposidad y la gran preponderancia de la obesidad». Véase también su artículo «The Thrifty Gene Concept and Adiposity Studies in Biological Anthropology». En lo que se refiere a los hombres que iban en las balleneras del *Essex*, McGarvey postula, en una comunicación personal (11 de mayo de 1999), que los factores principales que influyeron en su capacidad para sobrevivir fueron su salud y su nutrición antes del ataque del cachalote y no alguna predisposición racial o genética. Las estadísticas referentes a la esperanza de vida de los lactantes negros y blancos proceden de Barbara M. Dixon, *Good Health for African Americans*, p. 27.

La carta pública que Pollard dejó en la isla de Henderson se citó en la *Sydney Gazette* (9 de junio de 1821). Otras crónicas afirman que Owen Chase también dejó una carta; una fuente dice que iba dirigida a su esposa; otra, a su hermano. A modo de protección adicional, Pollard metió las cartas en una cajita de plomo antes de dejarlas en una caja de madera clavada en el árbol.

10. El gemido de la necesidad (pp. 216-232)

La información estadística sobre las direcciones del viento en las zonas de alisios procede de William Thomas, «The Variety of Physical Environments Among Pacific Islands», en F. R. Fosberg, ed., *Man's Place in the Island Ecosystem*, p. 31. Mi agradecimiento al experto en los cuáqueros de Nantucket Robert Leach por proporcionarme información sobre los antecedentes de Matthew Joy (comunicación personal, 28 de mayo de 1998). Según la carta de Aaron Paddack (que se basa en la crónica de Pollard y se guarda en la NHA): «Matthew P. Joy (segundo oficial) murió de debilidad y estreñimiento».

Los resultados del experimento efectuado en Minnesota están en la obra en dos volúmenes *Biology of Human Starvation*, de Ancel Keys y otros. Hay un resumen ameno y un análisis de los resultados en Harold Guetzkow y Paul Bowman, *Men and Hunger: A Psychological Manual for Relief Workers*, guía que sigue utilizándose hoy. Hilde Bluhm hace referencia a la expresión «masturbación estomacal» en «How Did They Survive?», p. 20. Guetzkow y Bowman hablan de inanición y de las «supuestas características norteamericanas» en *Men and Hunger*, p. 9.

Un ejemplo de las afirmaciones de que la deshidratación y la inanición constituyen una manera «natural y muy tolerable» de morir se encuentra en la web http://www.asap-care.com/fluids.htm: «La deshidratación y la inanición han demostrado ser muy tolerables durante la agonía. Esto es fácil de entender porque durante miles de años las personas han muerto plácidamente sin alimentación artificial por medio de tubos y líquidos [...]. Son fenómenos naturales que debería permitirse que ocurrieran cuando la muerte sea inminente, en vez de combatirlos implacablemente y evitarlos a toda costa».

11. Juegos de azar (pp. 233-250)

Hay ligeras discrepancias entre la narración de Chase y la carta de Aaron Paddack sobre el momento en que se produjeron los acontecimientos en las embarcaciones de Pollard y Hendricks después de que se separaran de Chase. Dado que Paddack escribió su carta la noche del salvamento de Pollard después de escuchar la crónica del propio capitán, considero que es una fuente más digna de confianza en lo que se refiere al orden de los acontecimientos en dichas embarcaciones.

La afirmación de que el canibalismo de supervivencia en el mar estaba tan extendido en el siglo XIX procede de Brian Simpson, *Cannibalism and the Common Law*, p. 121. El segundo canto del *Don Juan* de Byron, que se publicó en el verano de 1819, ilustra las actitudes y los supuestos de la época:

LXVI

Es así con la gente en una embarcación abierta,
viven del amor a la vida, y soportan
más de lo que pueda creerse, o incluso pensarse,
y aguantan como rocas el desgaste de las tormentas;
y las penalidades han sido la suerte del marinero,
desde que el arca de Noé navegó de aquí allá...

LXVII

Pero el hombre es una creación carnívora,
y debe hacer comidas, por lo menos una comida diaria;
no puede vivir, como las chochas, de la succión,
sino que, como el tiburón y el tigre, debe tener presas;
aunque su constitución anatómica
soporta las verduras, a regañadientes,
vuestra gente trabajadora piensa sin duda alguna,
que la carne de buey, ternera y cordero es mejor para la
*   [digestión.*

LXVIII

Y así fue con nuestra desventurada tripulación...

El tratamiento más completo del caso del *Nottingham Galley* se encuentra en una edición de la novela de Kenneth Roberts *Boon Island*, hecha con gran erudición. He utilizado la primera edición que hizo el capitán Dean de su relato publicado en 1711 y reimpreso en Donald Wharton, *In the Trough of the Sea: Selected American Sea-Deliverance Narratives, 1610-1766*, pp. 153-155. Edward Leslie, *Desperate Journeys, Abandoned Souls: True Stories of Castaways and Other Survivors*, contiene un estudio excelente del naufragio del *Nottingham Galley*, junto con otros episodios famosos de canibalismo marítimo, entre ellas el desastre del *Essex*. Véase también el capítulo 5, «The Custom of the Sea», en Simpson, *Cannibalism and the Common Law*, pp. 95-145.

Christy Turner y Jacqueline Turner, *Man Corn: Cannibalism and Violence in the Prehistoric American Southwest*, contiene un análisis detallado de cuánta carne se obtendría de un ser humano de tipo medio (pp. 34-35), y lo mismo puede decirse de Stanley Garn y Walter Block, «The Limited Nutritional Value of Cannibalism», en *American Anthropologist* (p. 106). En *The Biology of Human Starvation*, Ancel Keys y otros citan autopsias de víctimas de inanición en las cuales «los tejidos adiposos no contenían ninguna célula con glóbulos de grasa» (p. 170); también citan información sobre los porcentajes de pérdida de peso de los órganos de las víctimas de inanición (p. 190). Doy las gracias a Beth Tornovish y Tim Lepore por sus estimaciones de la cantidad de carne y calorías que hubieran proporcionado las víctimas de inanición del *Essex*. Para una moderna guía del canibalismo de supervivencia (que contiene un diagrama de un cuerpo humano en el que se indican las porciones de carne preferidas e incluso una lista de recetas), véase Shiguro Takada, *Contingency Cannibalism: Superhardcore Survivalism's Dirty Little Secret*.

Según P. Deurenberg *et ál.*, en «Body Mass Index and Percent Body Fat: A Meta Analysis Among Different Ethnic Groups», en *International Journal of Obesity*, «los negros tienen menos grasa corporal para el mismo índice de masa corporal (IMC) comparados con los blancos» (pp. 1168-1169). Para crónicas de la partida de Donner y los mayores índices de supervivencia de las mujeres en relación con los hombres, véanse George Stewart, *Ordeal by Hunger*, y Joseph King, *Winter of Entrapment*. Otro ejemplo de mujeres que vivieron más que los hombres en una situación de inanición se encuentra en la crónica que hizo Ann Saunders de su calvario después de que el barco en el que viajaba como pasajera (junto con sólo otra mujer) naufragara durante la travesía de New Brunswick a Liverpool en 1826. Después de veintidós días en el aparejo del barco inundado, entre los seis supervivientes (todos los cuales recurrieron al canibalismo) se hallaban las dos pasajeras. Además de una ventaja psicológica, puede que la edad diera a Pollard una ventaja de actitud en lo que se refería a la supervivencia a largo plazo. Según John Leach, «las personas de menos de veinticinco años sufren porque todavía no han aprendido a conservar energías. Les cuesta prepararse para el largo camino [...]. La pasividad no es cosa natural en los jóvenes» (*Survival Psychology*, p. 172).

Tanto Glin Bennet en *Beyond Endurance* (pp. 205-209) como John Leach en *Survival Psychology* hablan de la singular capacidad de Shackleton para encarnar diferentes estilos de liderazgo. Según Leach, Shackleton era «un hombre raro y capaz de ambos tipos de liderazgo. Es evidente que tenía un carácter dominante capaz de un liderazgo inicial decisivo al tiempo que poseía un grado increíble de perseverancia» (p. 141). Frank Worsley hace los comentarios referentes a la sensibilidad de Shackleton para con sus hombres en *Shackleton's Boat Journey*, pp. 169-170.

En *Biology of Starvation*, Keys proporciona un resumen de los efectos fisiológicos de la inanición que incluye la poca tolerancia a las temperaturas frías y un oscurecimiento de la piel, en particular en el rostro (pp. 827-828).

Brian Simpson, en *Cannibalism and the Common Law*, habla de la «creencia de que el canibalismo, una vez se ha practicado, se convierte fácilmente en un hábito» (p. 149). Guetzkow y Bowman señalan cómo la inanición había «vuelto rudos» a los hombres del experimento de Minnesota (p. 32). La crónica de David Harrison de los sufrimientos a bordo del *Peggy* aparece en Donald Wharton, *In the Trough of the Sea*, pp. 259-277; aunque los marineros afirmaron que el esclavo negro al que había que matar se eligió por sorteo, el capitán Harrison albergaba «fuertes sospechas de que el pobre etíope no fue tratado de forma totalmente justa; pero recuerdo que me extrañó que le hubieran hecho creer que tenía las mismas probabilidades que ellos» (p. 269). Herhert Bloch describe las «modernas comunidades animales» en «The Personality of Inmates of Concentration Camps», p. 335. Hilde Bluhm, en «How Did They Survive?», hace referencia al preso que habló de «matar» sus sentimientos (p. 8); Bluhm también cita las palabras de la presa que adoptó una «astucia salvaje» con el fin de sobrevivir en los campos de exterminio (p. 22). Mientras vivía con los ihalmiut en el Territorio del Noroeste, Farley Mowatt aprendió la extrema importancia de la grasa para una gente que vivía de una dieta compuesta exclusivamente de carne. En *People of the Deer* escribe: «Un ansia eterna de grasa es parte del precio de vivir de una dieta que se compone totalmente de carne» (p. 85).

El primer caso documentado de echar suertes en una situación de supervivencia en el mar se publicó en 1641; véase Simpson, *Cannibalism and the Common Law*, pp. 122-123. La reacción de David Flatt a su sentencia de muerte a bordo del *Peggy* la describe Harrison (Wharton, pp. 271-276). Véase también H. Bluestone y

C. L. McGahee, «Reaction to Extreme Stress: Impending Death by Execution». Mi agradecimiento a los cuáqueros Robert Leach y Michael Royston por la información sobre la postura del cuaquerismo ante el juego y el acto de matar (comunicación personal, 3 de junio de 1998). R. B. Forbes, en el folleto *Loss of the Essex, Destroyed by a Whale*, hace referencia a que los marineros del *Polly* utilizaron trozos de cuerpos humanos para pescar tiburones (pp. 13-14). Los detalles sobre lo que ocurrió con Owen Coffin se basan no sólo en los testimonios de Pollard (tal como dejó constancia de ellos George Bennet, en Heffernan [p. 215]), Chase y Nickerson, sino también en una carta que Nickerson escribió a Leon Lewis con fecha del 27 de octubre de 1876 (conservada en la NHA). En la carta, Nickerson afirma que Pollard fue el verdugo de Coffin, lo cual contradice su propia narración, donde sostiene que fue Ramsdell quien pegó un tiro a Coffin. Dado que otras crónicas afirman que fue Ramsdell, he supuesto que Nickerson se equivocó en la carta.

12. A la sombra del águila (pp. 251-266)

John Leach habla de la actitud activa-pasiva ante una situación de supervivencia a largo plazo en *Survival Psychology*, p. 167. Eleanor Whitney *et ál.*, en *Understanding Normal and Clinical Nutrition*, describen los efectos de una extrema falta de magnesio: «convulsiones, extraños movimientos de los músculos (especialmente de los músculos de los ojos y faciales), alucinaciones y dificultad para tragar» (p. 302). El capitán Harrison habla del marinero que murió loco después de comerse el hígado crudo de un esclavo negro en Donald Wharton, *In the*

Trough of the Sea, p. 269. Al parecer, una versión de esta historia pasó a formar parte de las tradiciones relativas al calvario del *Essex*. En su folleto *Loss of the Essex*, R. B. Forbes, que dependió en gran medida de la información proporcionada por Frederick Sanford, que a menudo no era digna de confianza, afirmó que «al morir un negro en una de las embarcaciones, otro comió de su hígado, enloqueció y saltó por la borda» (p. 11).

El significado de *Barzillai* procede de Alfred Jones, «A List of Proper Names in the Old and New Testaments» en *Cruden's Complete Concordance*, p. 791. Warren Kinston y Rachel Rosser escriben sobre los efectos psicológicos de sufrir grandes pérdidas en el campo de batalla en «Disaster: Effects on Mental and Physical State», pp. 445-446. Ancel Keys y otros comentan lo que denominan «el problema del edema» en *The Biology of Human Starvation*, pp. 935-1014.

Robert Leach me proporcionó los datos relativos a la educación cuáquera de Benjamin Lawrence (comunicación personal, 22 de mayo de 1998). Josiah Quincy escribió sobre su conversación con el empobrecido capitán Lawrence (abuelo de Benjamin) en 1801, y afirmó: «Lawrence había visto tiempos mejores, y había estado en un nivel equiparable, en cuanto a propiedades, con el de los principales habitantes de la isla. Pero las desgracias habían perseguido su vejez, y justamente se disponía a mudarse con su familia a Alexandria» (Crosby, p. 119). Como revela Leach, el padre de Benjamin murió durante un viaje a Alexandria en 1809.

Refiriéndose a la velocidad de navegación de una ballenera, Willits Ansel escribe en *The Whaleboat*: «De cuatro a seis nudos era un buen promedio para una embarcación que diera bordadas o que durante un tiempo navegase con rumbos diversos» (p. 17). En 1765, la tripulación del *Peggy* contempló sin poder hacer nada cómo el capitán de un buque que hubiera podido salvarles ordenaba a sus hombres que se alejaran del barco incapacitado (Wharton, p. 265). Como escribe Edward Leslie en *Desperate Journeys, Abandoned Souls*: «Salvar náufragos entrañaba riesgos y no ofrecía ninguna recompensa tangible; de hecho, acoger supervivientes a bordo agotaba las existencias ya limitadas de provisiones y agua» (p. 218). Según Beth Tornovish, el budín de tapioca es «un alimento blando que a estos hombres hambrientos les resultaría fácil digerir. Tiene muchas calorías y proteínas [...] y los alimentos de muchas proteínas y calorías se recomiendan para los pacientes después de una operación quirúrgica para fomentar la curación y recuperar los nutrientes perdidos antes de la operación y durante ella» (comunicación personal, 28 de marzo de 1999).

Christy Turner y Jacqueline Turner analizan técnicas para extraer médula de huesos humanos en *Man Corn*, pp. 33-38. MacDonald Critchley, en *Shipwreck Survivors: A Medical Study*, escribe sobre delirios entre los náufragos que se «comparten [...] en su contenido real [...] y conducen a una especie de confabulación colectiva» (p. 81). Charles Murphey, tercer oficial del *Dauphin*, cuenta cómo se descubrió el bote de Pollard en su poema de 220 estrofas publicado en 1877; Murphey también proporciona un rol de tripulantes que indica los nativos americanos que iban a bordo del *Dauphin*. Para una crónica de la leyenda india que cuenta cómo el gigante Maushop siguió a un águila gigantesca hasta Nantucket, véase mi *Abram's Eyes: The Native American Legacy of Nantucket Island*, p. 35. Melville cuenta de nuevo una versión de esta leyenda en el capítulo 14 de *Moby Dick*. El comodoro Charles Ridgely del *Constellation* dejó constancia de cómo encontraron a Pollard y Ramsdell chupando los huesos de sus compañeros (Heffernan, p. 99). Como señala Heffernan, Ridgely oiría esta crónica de labios de Obed Starbuck de Nantucket, primer oficial del *Hero* (p. 101). Un artículo en la *Sydney Gazette* (9 de junio de 1821) afirmó que «los dedos, y otros fragmentos de sus compañeros difuntos, estaban en los bolsillos del capitán y del chico cuando los llevaron a bordo del barco ballenero». Una fotocopia incompleta de la carta de Aaron Paddack que describe la crónica de Pollard del desastre del *Essex* está en la NHA, colección 15, carpeta 57. En la carta, Paddack escribe: «El capitán Pollard, aunque estaba muy decaído al subirlo a bordo, se ha reanimado inmediatamente. Lamento decir que parece que el joven Ramsdell ha flaqueado desde que lo subieron». Claude Rawson, el profesor de lengua y literatura inglesa en la Universidad de Yale, me habló de la tendencia de los que se han visto obligados a recurrir al canibalismo a hablar francamente de la experiencia... lo que a menudo horroriza a quienes les escuchan (comunicación personal, 13 de noviembre de 1998). La locuacidad de los dieciséis supervivientes de un accidente de aviación en los Andes en 1972 hizo posible la ahora famosa crónica de canibalismo que escribió Piers Paul Read, *¡Viven!*

13. El regreso (pp. 267-288)

En *Stove by a Whale*, Thomas Heffernan hace una crónica detallada de la situación política en Chile en la época en que los supervivientes del *Essex* llegaron a Valparaíso (pp. 89-91). El expediente azul del *Essex* conservado en la NHA contiene una transcripción procedente de los Archivos Nacionales de Chile de la anotación del 25 de febrero sobre la experiencia de Chase, Lawrence y Nickerson. Este último habla de los esfuerzos que se tomó por ellos el cónsul norteamericano en funciones, Henry Hill. Heffernan (pp. 100-101) cita la descripción que hizo el comodoro Ridgely del aspecto de los supervivientes y de su tratamiento por parte del doctor Osborn. Ridgely afirma que al principio los marineros del *Constellation* se ofrecieron a dar la totalidad de la paga de un mes para el tratamiento de los supervivientes del *Essex* (lo que hubiera representado un total de entre dos mil y tres mil dólares), pero, al saber que los norteamericanos y los ingleses que residían en Valparaíso también habían creado un fondo, Ridgley limitó la donación de sus hombres a un dólar por cabeza (Heffernan, p. 100).

Ancel Keys *et ál.* hablan del doloroso proceso por medio del cual los participantes en el experimento de Minnesota recuperaron el peso que habían perdido en *The Biology of Human Starvation* (p. 828). En su narración del desastre del *Peggy* (Wharton, p. 275) el capitán Harrison habla de las dificultades que tuvo para recuperar el uso del tracto digestivo. Nickerson proporciona una crónica detallada de los problemas con que tropezó el *Hero* a la altura de la isla de Santa María; véase también mi *Away Off Shore*, pp. 161-162. Mi descripción de cómo Pollard y Ramsdell consiguieron llegar a Valparaíso procede de Heffernan, *Stove by a Whale*, pp. 95-109, al igual que mi crónica del salvamento de los tres hombres que se quedaron en la isla de Henderson (pp. 109-115). Brian Simpson escribe sobre «incesto gastronómico» en *Cannibalism and the Common Law*, p. 141.

Chappel cuenta sus penalidades en la isla de Henderson en un folleto titulado «Loss of the *Essex*», reimpreso en Heffernan (pp. 218-224). Nickerson habló con Seth Weeks sobre el tiempo que pasó en la isla y Weeks confirmó que el manantial de agua dulce nunca volvió a aparecer por encima de la línea de la marea. Según el oceanógrafo James McKenna, es más que probable que una marea primaveral excepcionalmente alta (y baja), combinada con otros factores tales como la fase de la Luna y las variaciones orbitales del Sol y de la Luna, fuera lo que permitió que la tripulación del *Essex* pudiese acceder temporal al manantial a finales de diciembre de 1820 (comunicación personal, 10 de mayo de 1999). El capitán Beechey escribe sobre el bote del *Essex* que desapareció: «Del tercer [bote] nunca más se supo; pero no es improbable que los restos de una embarcación y los cuatro esqueletos que un barco mercante vio en la isla de Ducie correspondieran a dicho bote y sus tripulantes» (en *Narrative*, vol. 1, pp. 59-61). Heffernan, que cita la referencia de Beechey, duda que la ballenera de la que se habla pudiera pertenecer al *Essex* (*Stove by a Whale*, p. 88).

El relato que hace Obed Macy de lo que pasó en Nantucket durante el invierno y la primavera de 1821 está en el tercer volumen de sus diarios en la NHA, colección 96. La referencia de Frederick Sanford a que la carta relativa a los supervivientes del *Essex* se leyó «públicamente delante de la estafeta de correos» se encuentra en un artículo breve titulado «Whale Stories» que, al parecer, publicó un periódico ajeno a la isla alrededor de 1872. Una copia sin fecha del artículo está archivada en la NHA; mi agradecimiento a Elizabeth Oldham por llamarme la atención sobre la historia. Sanford también incluye una crónica un tanto acalorada del ataque de la ballena: «Un cachalote grande cayó sobre el barco, y con tanta violencia que hizo que se escorase y agitara como una hoja de álamo temblón. El cachalote rebotó hacia barlovento y se alejó, y al llegar a unas dos millas de distancia, ¡se volvió y se lanzó sobre el barco y le asestó un golpe tremendo en las amuras que lo hizo escorar e inundarse y hundirse!».

El *New Bedford Mercury* (15 de junio de 1821) incluye dos artículos sobre el *Essex*. El primero es del capitán Wood, del *Triton*, que se había enterado del desastre por el capitán Paddack del *Diana* y dejó constancia de que el *Dauphin* había recogido a Pollard y Ramsdell; el segundo artículo habla de una carta que se acababa de recibir de Nantucket y daba cuenta de la llegada del *Eagle* con Chase, Lawrence, Nickerson y Ramsdell como pasajeros. El periódico de Nantucket, el *Inquirer*, no empezó a publicarse hasta el 23 de junio de 1821, casi dos semanas después de la llegada del primer grupo de supervivientes del *Essex*. La carta que describe la incapacidad de Chase para hablar del desastre lleva fecha del 17 de junio de 1821 y está en poder de Rosemary Heaman, descendiente de Barnabas Sears, a quien iba dirigida. Doy las gracias a la señora Heaman por llamarme la atención sobre la carta. La mención de la acogida que se dispensó a Pollard se limita a una sola frase: «El capitán Pollard, expatrón del barco *Essex*, llegó aquí en el *Two Brothers* el pasado domingo» (9 de agosto de 1821). La crónica de Frederick Sanford de la llegada de Pollard está en Gustav Kobbé, «The Perils and Romance of Whaling», *The Century Magazine*, agosto de 1890 (p. 521); también escribe sobre el regreso de Pollard a Nantucket en el *Inquirer* (28 de marzo de 1879). Muchos autores han atribuido erróneamente la acogida silenciosa de la que habla Sanford a la llegada de Chase y compañía, pero en realidad fue a Pollard a quien se recibió en silencio. La reacción de un habitante de Nantucket a la llegada de un barco ballenero procede del *Nantucket Inquirer* (14 de mayo de 1842).

Lance Davis y otros hablan de las mayores responsabilidades y la paga superior de un capitán ballenero en comparación con un capitán mercante (*In Pursuit of Leviathan*, pp. 175-185). Los recuerdos de Amasa Delano de su regreso después de un viaje infructuoso están en su *Narrative of Voyages and Travels*, pp. 252-253. Edouard Stackpole escribe sobre Hezekiah Coffin, el abuelo de Owen Coffin, y su participación en la Boston Tea Party en *Whales and Destiny*, p. 38. Robert Leach me proporcionó información referente a la familia Coffin y la reunión de cuáqueros (comunicación personal, 20 de mayo de 1998). Thomas Nickerson habla de la reacción de Nancy Coffin al recibir la visita de George Pollard en sus cartas a Leon Lewis.

Piers Paul Read deja constancia del juicio de los supervivientes de los Andes por parte del arzobispo de Montevideo en *¡Viven!*, p. 308. Otro dignatario católico insistió, sin embargo, en que, contrariamente a las afirmaciones de uno de los supervivientes de los Andes, comer carne humana en estas circunstancias no equivalía a la sagrada comunión (p. 309). Documentos relativos al auge del cuaquerismo en Nantucket mencionan un debate religioso que hace una referencia intrigante al canibalismo y la comunión. En la primavera de 1698, varios años antes de que el cuaquerismo arraigara en la isla, un cuáquero itinerante llamado Thomas Chalkley visitó Nantucket y tomó nota de su conversación con uno de los primeros colonizadores de la comunidad, Stephen Hussey. El tal Hussey había vivido en Barbados, donde había oído afirmar a un cuáquero que «debemos comer la carne espiritual y beber la sangre espiritual de Cristo». Hussey preguntó: «¿No es una contradicción hablar de carne y sangre espirituales?». Cuando Chalkley señaló que Cristo había hablado en sentido figurado al decir a los apóstoles: «A menos que comáis mi carne y bebáis mi sangre, no hay vida en vosotros», Hussey, indignado, replicó: «No creo que debieran roerla de sus brazos y hombros» (Starbuck, *History of Nantucket*, p. 518). Uno no puede por menos de preguntarse cómo hubieran respondido Chalkley y Hussey a la historia del *Essex*, que era demasiado literal. Claude Rawson hace referencia al canibalismo como «vergüenza cultural» en una reseña de Brian Simpson, *Cannibalism and the Common Law* en la *London Review of Books* (24 de enero de 1985, p. 21). Refiriéndose a los supervivientes que han recurrido al canibalismo, John Leach escribe: «Si se puede admitir, justificar o, en algunos casos, racionalizar, entonces el canibalismo forzoso se puede aceptar con poca o ninguna disfunción psicológica» (*Survival Psychology*, p. 98).

Thomas Heffernan ha señalado las semejanzas entre la crónica de Chase de lo que sucedió en el bote de Pollard y en el de Joy y lo que se describe en la carta de Aaron Paddack (*Stove by a Whale*, p. 231). Herman Melville escribió sobre la autoría de Owen Chase de su narración en las últimas páginas de su propio ejemplar del libro (véase la edición Northwestern-Newberry de *Moby Dick*, p. 984). Un aspecto más del desastre que no menciona Chase es si alguna vez cumplió los últimos deseos de Richard Peterson y contactó con la viuda del marinero en Nueva York. En la familia de William Coffin Jr. existía cierta tradición de escribir cosas polémicas. Hacía cinco años que su padre, a quien veinte años antes la jerarquía cuáquera de la isla había acusado injustamente de atracar el Nantucket Bank, había escrito una defensa elocuente que probó que el delito lo habían cometido hombres que no eran de la isla; véase mi *Away Off Shore*, pp. 156-159. También hablo de William Coffin Jr. como «negro» que escribió la narración de Chase en *Away Off Shore*, pp. 158 y 249. La afirmación relativa al «entusiasmo por la literatura» que sentía William Coffin apareció en una nota necrológica en el *Nantucket Inquirer* (2 de mayo de 1838). Un anuncio referente a la publicación del relato de Chase apareció en el *Inquirer* (22 de noviembre de 1821).

Melville dejó constancia de haber oído hablar de una narración del capitán Pollard en las últimas páginas de su ejemplar del libro de Chase (edición Northwestern-Newberry de *Moby Dick*, p. 985). Los comentarios de Ralph Waldo Emerson sobre la sensibilidad de la gente de Nantucket a «todo lo que deshonra la isla» aparecen en las anotaciones relativas a la isla que hizo en su diario en 1847 (p. 63). En 1822, aparecería en un periódico de Boston una carta anónima que ponía en entredicho el carácter religioso de los habitantes de Nantucket. Uno de ellos, airado, respondió con palabras que hubieran podido aplicarse a Owen Chase: «Tenemos un espía entre nosotros que, al igual que otros espías, envía sus cobardes informes adonde él piensa que nunca podrán refutarse» (*Nantucket Inquirer* [18 de abril de 1822]). Según la lista de viajes de barcos balleneros que proporciona Alexander Starbuck en la *History of Nantucket*, el *Two Brothers* zarpó de Nantucket el 26 de noviembre de 1821. Nickerson afirma haber formado parte de la tripulación del *Two Brothers* (junto con Charles Ramsdell) en un poema titulado «The Ship *Two Brothers*» (NHA, colección 106, carpeta 3 1/2).

14. Las consecuencias (pp. 289-318)

Mi crónica del último viaje del *Two Brothers* se basa principalmente en el poema de Nickerson «The Ship *Two Brothers*» y su narración en prosa «Loss of the Ship *Two Brothers* of Nantucket», ambos previamente inéditos y guardados en la NHA, colección 106, carpeta 3 1/2. El primer oficial del *Two Brothers*, Eben Gardner, también dejó una crónica del naufragio que se conserva en la NHA. Charles Wilkes, el guardia marina que iba en el *Waterwitch* y que dejó constancia de su conversación con George Pollard, sería el líder de la United States Exploring Expedition. Como señala Heffernan, existe la posibilidad de que Wilkes también se encontrara con Owen Chase en 1839 cuando cuatro de los barcos de la expedición, junto con el *Charles Carroll*, pasaron varias semanas anclados en Tahití (pp. 130-131). La crónica que hace Wilkes de su encuentro con el capitán Pollard se incluye en la *Autobiography of Rear Admiral Charles Wilkes, U. S. Navy, 1798-1877* y se cita por extenso en Heffernan (pp. 146-148). Edouard Stackpole habla del descubrimiento de la pesquería de Japón por parte de Frederick Coffin en *The Sea-Hunters*, p. 268; no todos los estudiosos de la pesca de la ballena están convencidos de que Coffin fuera el primero en encontrar la pesquería. Puede que George Pollard aprendiese a efectuar una observación lunar del excapitán del *Two Brothers*, George Worth, durante el viaje de dos meses y medio de regreso a Nantucket desde Valparaíso en la primavera y el verano de 1821. Aunque tanto Pollard como el capitán Pease del *Martha* estaban convencidos de haber encontrado un bajío desconocido, Nickerson revela en su carta a Leon Lewis que tanto él como el primer oficial del *Martha*,

Thomas Derrick, creían que eran los bajíos de la Fragata Francesa, accidente geográfico que ya era muy conocido, situado al oeste de las islas Hawái.

La crónica de George Bennet de su encuentro con George Pollard apareció por primera vez en *Journal of Voyages and Travels by the Rev. Daniel Tyerman and George Bennet, Esq. Deputed from the London Missionary Society*. Refiriéndose a un personaje basado en Pollard, Melville escribe en el poema *Clarel*:

> *¿Un Jonás es él?... Y los hombres pregonan*
> *la historia. Ninguno le dará lugar*
> *en una tercera aventura.*

Nickerson habla del único viaje de Pollard en la Marina mercante en su «Loss of the Ship *Two Brothers* of Nantucket». Del rumor según el cual George Pollard cambió su puesto con Owen Coffin deja constancia Cyrus Townsend Brady en «The Yarn of the *Essex*, Whaler» en *Cosmopolitan* (Noviembre de 1904, p. 72). Brady escribió que, aunque la leyenda estaba «todavía viva en Nantucket», él dudaba de su veracidad.

Mi agradecimiento a Diana Brown, nieta de Joseph Warren Phinney, por proporcionarme una copia de las partes pertinentes de la transcripción original de las memorias de Phinney, de las cuales había tomado nota su hija, Ruth Pierce. La señora Brown ha publicado una selección de las memorias de su abuelo con el título de «Nantucket, Far Away and Long Ago», en *Historic Nantucket* (pp. 23-30). En una comunicación personal (9 de agosto de 1998), explica la relación de Phinney con el capitán Pollard: «El capitán Warren Phinney, su padre, se casó con Valina Worth, la hija de Joseph T. Worth y Sophronia Riddell (6 de junio de 1834). Sophronia Riddell era, según creo, la hermana de Mary Riddell, que se casó con el capitán Pollard. Después de dar a luz tres hijas, murió en 1843. Al cabo de poco tiempo, él se casó con Henrietta Smith, que murió a finales de 1845, el año en que nació Joseph Warren. Su padre murió unos cinco años después en un desastre ocurrido en uno de los Grandes Lagos, así que entonces fue criado por su abuela y su abuelo Smith. Él no era, por supuesto, pariente consanguíneo de los Pollard, pero éstos formaban parte de su extensa familia». Del rumor según el cual George Pollard quitaba importancia al hecho de haberse comido a Owen Coffin deja constancia Horace Beck, *Folklore and the Sea*, p. 379. En la década de 1960, la leyenda aún se repetía en Nantucket; mi agradecimiento a Thomas McGlinn, que fue a la escuela en la isla, por compartir conmigo su recuerdo de la anécdota relativa a Pollard.

Lo que se sabe de la vida de Owen Chase después del desastre del *Essex* lo cuenta Heffernan en *Stove by a Whale*, pp. 119-145. Emerson tomó nota de su conversación con el marinero sobre la ballena blanca y el *Winslow/Essex* el 19 de febrero de 1834 (*Journals*, vol. 4, p. 265). Melville dice que recordaba haber conocido al hijo de Chase y haber visto al propio Chase en las últimas páginas de su ejemplar de la narración del *Essex* (edición Northwestern-Newberry de *Moby Dick*, pp. 981-983). Aunque, al parecer, Melville sí conoció al hijo de Owen Chase, empezó a navegar después de que Owen se retirara como capitán ballenero y confundió a otro con el ex primer oficial del *Essex*. Aunque Melville no viera realmente a Chase, le pareció verle, y sería la sensibilidad de Melville la que determinaría en gran parte la forma en que futuras generaciones verían el desastre del *Essex*: bajo el prisma de *Moby*

Dick. Los comentarios de Melville sobre la reacción de Chase al enterarse de la infidelidad de su esposa también constan en su ejemplar del relato (edición Northwestern-Newberry de *Moby Dick*, p. 995).

En «Loss of the Ship *Two Brothers* of Nantucket», Nickerson habla de lo que pasó después de que el *Martha* llevara la tripulación a Oahu: «Toda la tripulación del *Two Brothers* desembarcó sana y salva, y como la flota ballenera se encontraba entonces en aquel puerto, cada uno se fue por su lado y se enroló en el barco que el destino le deparó». Heffernan afirma que Ramsdell fue capitán del *General Jackson* en *Stove by a Whale*, p. 152; los anales genealógicos informatizados que hay en la NHA indican que la primera esposa de Ramsdell, Mercy Fisher, dio a luz cuatro hijos y murió en 1846, y que su segunda esposa, Elisa Lamb, tuvo dos hijos. En el Brooklyn City Directory consta un Thomas G. Nickerson, patrón de barco, que en 1872 aún vivía en el número 293 de Hewes Street. La nota necrológica de Benjamin Lawrence apareció en el *Nantucket Inquirer and Mirror* (5 de abril de 1879). Nickerson escribe en su narración sobre el destino de William Wright y Thomas Chappel. La nota necrológica de Seth Weeks apareció en el *Nantucket Inquirer and Mirror* (24 de septiembre de 1887); concluye diciendo: «Quedó ciego en sus últimos años y murió en dulce paz y tranquilidad entre su propia gente, siempre muy respetado y honrado».

Edouard Stackpole señala la poca disposición de la gente de Nantucket a hablar del *Essex* en «Aftermath», en la edición del relato de Nickerson que publicó la NHA (p. 78). Para la reputación de la isla como baluarte abolicionista cuáquero, véase mi «"Every Wave is a Fortune": Nantucket Island and the Making of an American Icon»;

Whittier escribe acerca de Nantucket en su balada «The Exiles», sobre el viaje de Thomas Macy a la isla en 1659. Comento el éxito de la tripulación compuesta casi totalmente por negros del *Loper* en *Away Off Shore,* pp. 162-163. Frederick Douglass termina la primera edición de la historia de su vida con el discurso que pronunció en el Nantucket Atheneum.

Thomas Heffernan estudia la utilización de la historia del *Essex* en la literatura en el capítulo «Telling the Story», pp. 155-182. El autor de un artículo en el *Garrettsville* (Ohio) *Journal* (3 de septiembre de 1893) sobre la vuelta del baúl del *Essex* a Nantucket proporciona pruebas convincentes del efecto que la historia del *Essex* tuvo en la juventud de Norteamérica: «En el antiguo "Eclectic Fourth Reader" de McGuffey solíamos leer esa crónica. Hablaba de pescadores de cetáceos que se encontraban a bordo de embarcaciones abiertas a más de dos mil millas de tierra [...]. Las crónicas de esta clase causan impresiones duraderas en la mente de los niños». Testimonio de hasta qué punto se difundió la historia del *Essex* es una balada titulada «The Shipwreck of the *Essex*», de la que se tomó nota en Cornualles, Gran Bretaña. La balada se toma muchas libertades respecto a los hechos del desastre y afirma, por ejemplo, que se echaron suertes no menos de ocho veces mientras los hombres todavía estaban en la isla de Ducie (en Simpson, *Cannibalism and the Common Law,* pp. 316-317). La carta de Emerson a su hija sobre el *Essex* está en sus cartas completas, en edición de Ralph Rusk, vol. 3, pp. 398-399. Sobre la única visita de Melville a Nantucket, véase Susan Beegel, «Herman Melville: Nantucket's First Tourist». Melville dejó constancia de sus impresiones sobre George Pollard en las páginas de la *Narrative* de Chase (edición Northwestern-Newberry de *Moby Dick*, pp. 987-988).

Sobre la decadencia de Nantucket como puerto ballenero y el gran incendio de 1846, véase mi *Away Off Shore*, pp. 195-198, 203-204, 209-210. Christopher Hussey, en *Talks About Old Nantucket*, escribe sobre cómo la mancha de aceite en llamas rodeó a los bomberos en los bajíos del puerto (p. 61); véase también la excelente crónica del incendio que hizo William C. Macy en la tercera parte de Obed Macy, *History of Nantucket*, pp. 287-289. Refiriéndose al *Oak*, el último barco ballenero de Nantucket, Alexander Starbuck escribe: «Vendido en Panamá, 1872; envió a casa 60 barriles de esperma, 450 barriles de ballena [franca]. El último ballenero de Nantucket» (p. 483).

Las estadísticas relativas al número de cachalotes que se mataron en los siglos XIX y XX proceden de Dale Rice, «Sperm Whale», p. 191; véase también Davis *et ál.*, *In Pursuit of Leviathan*, p. 135, y Hal Whitehead, «The Behavior of Mature Male Sperm Whales on the Galapagos Islands Breeding Grounds», p. 696. Charles Wilkes (el mismo hombre que cuando era guardia marina habló con George Pollard) tomó nota de la observación de que los cachalotes se habían «vuelto más inquietos» en el vol. 5 de *Narrative of the United States Exploring Expedition*, p. 493. Alexander Starbuck recopiló crónicas de ataques de cetáceos a barcos en *History of the American Whale Fishery*, pp. 114-125. El relato del encuentro del capitán DeBlois con la ballena que hundió el *Ann Alexander* está en Clement Sawtell, *The Ship Ann Alexander of New Bedford, 1805-1851*, pp. 61-84. Melville habla de la «ballena del *Ann Alexander*» en una carta fechada el 7 de noviembre de 1851 que escribió a Evert Duyckinck y se encuentra en su *Correspondence*, pp. 139-140.

En una carta a Winnifred Battie fechada el 15 de noviembre de 1868, Phebe Chase confiesa haber visto a Owen Chase: «Me llamó prima Susie (tomándome por la hermana Worth); me cogió la mano y sollozó como un niño, diciendo: "Oh, mi cabeza, mi cabeza". Fue lastimoso ver al fuerte hombre abatido, descubrir su aspecto personal tan cambiado; no se permitía a sí mismo ropa decente, pues teme llegar a padecer necesidad» (NHA, colección 105, carpeta 15). Para información referente a Nickerson, véase el prólogo de Edouard Stackpole a la edición NHA del relato de Nickerson (pp. 8-11). Doy las gracias a Aimee Newell, conservadora de colecciones en la NHA, por proporcionarme información sobre el círculo de cordel de Benjamin Lawrence y el cofre del *Essex*. Véase «A Relic of the Whaleship *Essex*» en el *Nantucket Inquirer and Mirror* (22 de agosto de 1896) y «A Valuable Relie Preserved» en el *Garrettsville Journal* (3 de septiembre de 1896).

Epílogo: Huesos (pp. 319-330)

La información sobre el cachalote que el mar arrojó a la playa de Nantucket a finales de 1997 procede de las siguientes fuentes: artículos de Dionis Gauvin y Chris Warner en el *Nantucket Inquirer and Mirror* (8 de enero de 1998); artículos de J. C. Gamble en el *Nantucket Beacon* (6 de enero de 1998); «The Story of Nantucket's Sperm Whale», de Cecil Barron Jensen en *Historic Nantucket* (verano de 1998, pp. 5-8); y entrevistas efectuadas en mayo y junio de 1999 con Edie Ray, Tracy Plaut, Tracy Sundell, Jeremy Slavitz, Rick Morcom y Karlene Ketten. El doctor Wesley Tiffney, director del observatorio de campo de la Universidad de Massachusetts-Boston, habló conmigo sobre la erosión del Codfish Park (comunicación personal, junio de 1999).

La necropsia del cachalote fue supervisada por Connie Marigo y Howard Krum del acuario New England. La operación de despedazar el cachalote fue dirigida por Tom French de la División de Pesca y Fauna Salvaje de Massachusetts. Con French trabajaron David Taylor, profesor de ciencias en la Escuela Universitaria Regional de Triton, en Newburyport, Massachusetts, y tres de los estudiantes de Taylor. Fue apropiado que Taylor y sus estudiantes procedieran de Newburyport, lugar de origen de muchos de los primeros colonizadores de Nantucket en el siglo XVII. El Servicio Nacional de Pesca Marítima concedió oficialmente el esqueleto del cachalote a la Nantucket Historical Association en el invierno de 1998.

Según Clay Lancaster, *Holiday Island*, Thomas Nickerson regentó una casa de huéspedes en North Water Street a mediados de la década de 1870 (cuando conoció al escritor Leon Lewis), pero se había trasladado a North Street (la actual Cliff Road) antes de 1882 (p. 55). Un anuncio en el *Inquirer and Mirror* (26 de junio de 1875) hace saber que Nickerson había abierto «una pensión familiar [con] varias habitaciones aireadas, grandes y confortables, con todas las comodidades de un hogar». Doy las gracias a Elizabeth Oldham por llamarme la atención sobre este punto.

BIBLIOGRAFÍA SELECTA

Altman, I., y W. Haythorn, «The Ecology of Isolated Groups», *Behavioural Science*, 12 (1967), pp. 169-182.

Andrews, Deborah C., «Attacks of Whales on Ships: A Checklist», *Melville Society Extracts* (mayo de 1974), pp. 3-17.

Ansel, Willits D., *The Whaleboat: A Study of Design, Construction and Use from 1850-1970* Mystic, Conn., Mystic Seaport Museum, 1978.

Ashley, Clifford W., *The Yankee Whaler*, Boston, Houghton Mifflin, 1926.

Askenasy, Hans, *Cannibalism: From Sacrifice to Survival*, Amherst, Nueva York, Prometheus Books, 1994.

Bacon, Margaret Hope, *Valiant Friend: The Life of Lucretia Mott*, Nueva York, Walker, 1980.

Barker, Francis, Peter Hulme y Margaret Iversen, eds., *Cannibalism and the Colonial World*, Cambridge, Nueva York, Melbourne, Cambridge University Press, 1998.

Barrow, Sir John, *The Mutiny of the Bounty*, Boston, David R. Godine, 1980.

Barton, Alien H., *Communities in Disaster: A Sociological Analysis of Collective Stress Situations*, Nueva York, Doubleday, 1969.

Beck, Horace, *Folklore and the Sea*, Middletown, Conn., Wesleyan University Press, 1973.

Beechey, Frederick William, *Narrative of a Voyage to the Pacific [...] in the Years 1825, 26, 27, 28*, 2 vols., Londres, Henry Colburn y Richard Bentley, 1831.

Beegel, Susan, «Herman Melville: Nantucket's First Tourist», *Historic Nantucket* (otoño de 1991), pp. 41-44.

Bennet, Glin, *Beyond Endurance: Survival at the Extremes*, Nueva York, St. Martins, 1983.

Benton, Tim, y Tom Spencer, eds., *The Pitcairn Islands: Biogeography, Ecology and Prehistory*, San Diego y Londres, Academic Press, 1995.

Birket, Dea, *Serpent in Paradise*, Nueva York, Doubleday, 1997.

Bligh, William, *The Journal of Bounty's Launch*, A. Richard Mansir, ed., Los Ángeles, Kittiwake, 1989.

Bloch, H. A., «The Personality of Inmates of Concentration Camps», *American Journal of Sociology* (1947), pp. 335-341.

Bluhm, Hilde O., «How Did They Survive?», *American Journal of Psychotherapy*, 2, n.º 1 (1948), pp. 3-32.

Bluestone H., y C. L. McGahee, «Reaction to Extreme Stress, Impending Death by Execution», *American Journal of Psychiatry*, 119 (1962), pp. 393-396.

Bolster, W. Jeffrey, *Black Jacks: African American Seamen in the Age of Sail*, Cambridge, Mass., Londres, Harvard University Press, 1997.

Brady, Cyrus Townsend, «The Year of the *Essex*, Whaler», *Cosmopolitan* (noviembre de 1904), pp. 71-72.

Brady, William, *The Kedge-Anchor; or, Young Sailor's Assistant*, 5.ª ed., Nueva York, Taylor and Clement, 1850.

Browne, J. Ross, *Etchings of a Whaling Cruise*, editado por John Seelye, 1846, reimpreso, Cambridge, Mass., Harvard University Press, 1968.

Bullen, Frank T., *The Cruise of the Cachalot: Round the World after Sperm Whales*, Nueva York, Appleton, 1899.

Burger, G. C. E., J. C. Drummond y H. R. Sandstead, eds., *Malnutrition and Starvation in Western Netherlands*, septiembre de 1944-julio de 1945 partes I y II, La Haya, General State Printing Office, 1948.

Busch, Briton Cooper, *Whaling Will Never Do For Me: The American Whaleman in the Nineteenth Century*, Lexington, University Press of Kentucky, 1994.

Byers, Edward, *The Nation of Nantucket: Society and Politics in an Early American Commercial Center, 1660-1820*, Boston, Northeastern University Press, 1987.

Caldwell, D. K., M. C. Caldwell y D. W. Rice, «Behavior of the Sperm Whale», en *Whales, Dolphins, and Porpoises*, editado por K. S. Norris, Berkeley y Los Ángeles, University of California Press, 1966.

Callahan, Steven, *Adrift: Seventy-Six Days Lost at Sea*, Nueva York, Ballantine Books, 1986.

Carlisle, Henry, *The Jonah Man*, Nueva York, Knopf, 1984.

Cary, William S., *Wrecked on the Feejees*, Fairfield, Washington, Galleon Press, 1928.

Chadwick, Bruce, «The Sinking of the *Essex*», *Sail* (enero de 1982), pp. 165-167.

Chappel, Thomas, *An Account of the Loss of the «Essex»*, Londres, Religious Tract Society, s.f., *c.* 1824.

Chase, Cari A., *Introduction to Nautical Science*, Nueva York, Norton, 1991.

Chase, Owen, *Narrative of the Most Extraordinary and Distressing Shipwreck of the Whale-Ship «Essex», of Nantucket [...]*, Nueva York, W. B. Gilley, 1821.

Church, Albert Cook, *Whale Ships and Whaling*, Nueva York, Bonanza Books, 1975.

Cloud, Enoch, *Enoch's Voyage: Life on a Whaleship, 1851-1854*, Wakefield, Rhode Island y Londres, Moyer and Bell, 1994.

Colnett, James, *A Voyage to the South Atlantic and Round Cape Horn into the Pacific Ocean*, 1798, reimpr., Nueva York, Da Capo Press, 1968.

Comstock, William, *A Voyage to the Pacific; Descriptive of the Customs, Usages, and Sufferings on Board of Nantucket Whale-Ships*, Boston, Oliver L. Perkins, 1838.

—, *The Life of Samuel Comstock*, Boston, James Fisher, 1840.

Congdon, Thomas, «Mrs. Coffin's Consolation», *Forbes FYI* (otoño de 1997), pp. 69-76.

Craighead, Frank C., Jr., y John J. Craighead, *How to Survive on Land and Sea*, 1943, reimpr., Annapolis, Maryland, Naval Institute Press, 1984.

Crain, Caleb, «Lovers of Human Flesh: Homosexuality and Cannibalism in Melville's Novels», *American Literature* 66, n.° 1 (marzo 1994), pp. 25-53.

Creighton, Margaret S., *Dogwatch and Liberty Days: Seafaring Life in the Nineteenth Century*, Salem, Mass., Peabody Museum of Salem, 1982.

—, *Rites and Passages: The Experience of American Whaling, 1830-1870*, Cambridge y Nueva York, Cambridge University Press, 1995.

Crèvecoeur, J. Hector St. John de, *Letters from an American Farmer and Sketches of Eighteenth-Century America*, editado por Albert E. Stone, 1782, reimpr., Nueva York, Penguin, 1981.

Critchley, MacDonald, *Shipwreck Survivors: A Medical Study*, Londres, T. and A. Churchill, 1943.

Crosby, Everett U., *Nantucket in Print*, Nantucket, Mass., Tetaukimmo Press, 1946.

Currier, John J., «Historical Sketch of Ship Building on the Merrimac River», Newburyport, Mass., 1877.

Dana, Richard Henry, *Two Years Before the Mast*, Nueva York, Viking Penguin, 1981.

—, *The Seaman's Friend*, Boston, Thomas Groom, 1845.

Darwin, Charles, *The Voyage of the Beagle*, Nueva York, Doubleday, 1963 (hay trad. cast.: *El viaje del Beagle*, Barcelona, Guadarrama, 1985).

Davis, Lance E., Robert E. Gallman, y Karin Gleiter, *In Pursuit* of Leviathan: Technology, Institutions, Productivity, and Profits in American Whaling 1816-1906, Chicago y Londres, University of Chicago Press, 1997.

Delano, Amasa, Narrative of Voyages and Travels, Boston, E. G. House, 1817.

Delano, Reuben, The Wanderings and Adventures of Reuben Delano, Being a Narrative of Twelve Years' Life in a Whale Ship, Worcester & Boston, Thomas Drew, 1846.

Dening, Greg, Islands and Beaches, Discourse on a Silent Land: Marquesas, 1774-1880, Chicago, Dorsey Press, 1980.

—, Mr. Bligh's Bad Language: Passion, Power and Theatre on the Bounty, Cambridge, Nueva York, Melbourne, Cambridge University Press, 1991.

Deurenberg, P., M. Yap y W. A. Van Stavern, «Body Mass Index and Percent Body Fat: A Meta-Analysis Among Different Ethnic Groups», International Journal of Obesity, 22 (1998), pp. 1164-1171.

Dixon, Barbara M., Good Health for African Americans, Nueva York, Three Rivers Press, 1994.

Dodge, Ernest S., Beyond the Capes: Pacific Exploration from Captain Cook to the Challenger (1776-1877), Boston, Little, Brown, 1971.

—, Islands and Empires: Western Impact on the Pacific and East Asia, Minneapolis, University of Minnesota Press, 1976.

Eibl-Eibesfeldt, Ivenaus, Galapagos: The Noah's Ark of the Pacific, Nueva York, Doubleday, 1961.

Ellis, Richard, Men and Whales, Nueva York, Knopf, 1991.

—, The Search for the Giant Squid, Nueva York, The Lyons Press, 1998.

Emerson, Ralph Waldo, The Letters, vol. III, editado por Ralph L. Rusk, Nueva York, Columbia University Press, 1939.

—, Journals and Miscellaneous Notebooks, vol. IV (editado por Alfred R. Ferguson) y vol. X (editado por Merton M. Sealts, Jr.), Cambridge, Harvard University Press, 1964 y 1973.

Epstein, Y., «Crowding Stress and Human Behavior», en *Environmental Stress*, editado por G. Evans, Cambridge, Nueva York, Melbourne, Cambridge University Press, 1982, pp. 133-148.

Falconer, W. A., *Falconer's Marine Dictionary*, 1815, reimpr., Londres, Macdonald and Jane's, 1974.

Forbes, Robert Bennet, *Loss of the «Essex», Destroyed by a Whale*, Cambridge, Mass., John Wilson and Son, 1884.

Fosberg, F. R., *Man's Place in the Island Ecosystem: A Symposium*, Honolulú, Bishop Museum Press, 1965.

Garn, S. M., y W. D. Block, «The Limited Nutritional Value of Cannibalism», *American Anthropoligist*, 72, n.° 106 (1970), pp. 106-107.

Greene, Lorenzo, *The Negro in Colonial New England*, 1942, Nueva York, Atheneum, 1969.

Greene, Welcome, «Recollections of Occurrences on a Visit to Nantucket, 1821», Howard Greene Papers, The State Historical Society of Wisconsin.

Greenhill, Basil, ed., *The Opening of the Pacific: Image and Reality*, Maritime Monographs and Report, n.° 2, Londres, National Maritime Museum, 1971.

Guba, Emil, *Nantucket Odyssey*, Lexington, Mass., Lexington Press, 1965.

Guetzkow, Harold Steere, y Paul Bowman, *Men and Hunger: A Psychological Manual for Relief Workers*, Elgin, Ill., Brethren Publishing, 1946.

Harland, John, *Seamanship in the Age of Sail: An Account of Shiphandling of the Sailing Man-of-War, 1600-1860*, Annapolis, Naval Institute Press, 1984.

Hart, Joseph C., *Miriam Coffin, or The Whale-Fishermen: A Tale*, 1834, reimpr., Nantucket, Mass., Mili Hill Press, 1995.

Haverstick, Iola, y Betty Shepard, eds., *The Wreck of the Whaleship «Essex»: A Narrative Account by Owen Chase*, Nueva York, Harcourt, Brace, 1965.

Hayes, Walter, *The Captain from Nantucket and the Mutiny on the Bounty*, Ann Arbor, Clements Library, 1996.

Hegarty, Reginald B., *Birth of a Whaleship*, New Bedford, Mass., New Bedford Free Public Library, 1964.

Hefferman, Thomas Farel, *Stove by a Whale: Owen Chase and the «Essex»*, Hannover y Londres, University Press of New England, 1981.

Henderson, S., y T. Bostock, «Coping Behavior after Ship-wreck», *British Journal of Psychiatry*, 5 (1977), pp. 543-562.

Hewson, J. B., *A History of the Practice of Navigation*, Glasgow, Brown, Son and Ferguson, 1951.

Hohman, Elmo P., *The American Whaleman: A Study of Life and Labor in the Whaling Industry*, Nueva York, Long-mans, Green and Co., 1928.

Horton, James Oliver, y Lois E. Horton, *Black Bostonians: Family, Life and Community Struggle in the Antebellum North*, Nueva York, Londres, Holmes y Meier, 1979.

Hubbard, Richard K., *Boater's Bowditch: The Small Craft American Pratical Navigator*, Camden, Maine, International Marine, 1998.

Hussey, Christopher Coffin, *Talks About Old Nantucket*, Nantucket, Mass., 1901.

Jackson, Michael, *Galápagos: A Natural History*, Calgary, Alberta, University of Calgary Press, 1993.

Jensen, Cecil Barron, «The Story of Nantucket's Sperm Whale», *Historic Nantucket* (verano de 1998), pp. 5-8.

Johannsen, Albert, *The House of Beadle and Adams*, vol. 2, Norman, University of Oklahoma Press, 1950.

Johnson, James Weldon, *Black Manhattan*, Nueva York, Atheneum, 1972.

Johnston, J., «Haunted by Memories», *Bereavement Care*, 9, n.° 1 (1990), pp. 10-11.

Keys, Ancel, Josef Brozel, Austin Henschel, Olaf Michelson y Henry Longstreet Taylor, *The Biology of Human Starva-*

tion (2 vols.), Minneapolis, University of Minnesota Press, 1950.

King, Joseph A., *Winter of Entrapment: A New Look at the Donner Party*, Lafayette, Calif., K&K Publications, 1992.

Kinston, Warren, y Rachel Rosser, «Disaster: Effects of Mental and Physical State», *Journal of Psychosomatic Research*, 18 (1974), pp. 437-456.

Kobbé, Gustav, «The Perils and Romance of Whaling», *The Century Magazine XL*, n.º 4 (agosto de 1890), pp. 509-525.

Lancaster, Clay, *Holiday Island: The Pageant of Nantucket's Hostelries and Summer Life from Its Beginnings to the Mid-twentieth Century*, Nantucket, Mass., Nantucket Historical Association, 1993.

Langsdorff, George Heinrich, *Remarks and Observations on a Voyage Around the World from 1803-1807*, editado por Richard A. Price, Kingston, Ontario y Fairbanks, Alaska, Limestone Press, 1993.

Leach, John, *Survival Psychology*, Nueva York, New York University Press, 1994.

Leach, Robert, y Peter Gow, *Quaker Nantucket: The Religious Community behind the Whaling Empire*, Nantucket, Mass., Mili Hill Press, 1997.

Leslie, Edward E., *Desperate Journeys, Abandoned Souls: True Stories of Castaways and Other Survivors*, Boston y Nueva York, Houghton Mifflin, 1988.

Lestringant, Frank, *Cannibals: The Discovery and Representa-ron of the Cannibal from Columbus to Jules Verne*, Berkeley y Los Ángeles, University of California Press, 1997.

Lever, Darcy, *The Young Sea Officer's Sheet Anchor, or a Key to the Leading of Rigging and to Practical Seamanship*, 1819, reimpr., Boston, Charles E. Lauriat, 1938.

Ludtke, Jen, *Atlantic Peeks: An Ethnographic Guide to the Portuguese-Speaking Islands*, Hannover, Mass., Christopher Publishing House, 1989.

Macy, Obed, *The History of Nantucket*, 1835, reimpr., Macys of Ellinwood, Ellinwood, Kansas, 1985.

—, «A Journal of the most remarkable events commenced and kept by Obed Macy», vol. 3 (13 de noviembre de 1814-27 de abril de 1822), NHA Colección 96.

Macy, William F., *The Nantucket Scrap-Basket*, 1916, reimpr., Macys of Ellinwood, Ellinwood, Kansas, 1984.

Macy, William H., *There She Blows! Or the Whales We Caught and How We Did It*, Boston, Lee and Shepard, 1877.

Maury, Matthew Fontaine, *Wind and Current Charts*, Washington, U. S. Hydrographic Office, 1858.

McGarvey, Stephen, «Obesity in Samoans and a Perspective on Its Etiology in Polynesians», *American Journal of Clinical Nutrition* 53, n.° 1 (1991), pp. 1586S-1594S.

—, «The Thrifty Gene Concept and Adiposity Studies in Biological Anthropology», *The Journal of the Polynesian Society* (marzo de 1994), pp. 29-42.

McGee, W. J., «Desert Thirst as Disease», *Interstate Medical Journal* (marzo de 1906), pp. 279-300.

McKee, Alexander, *Death Raft: The Human Drama of the Medusa Shipwreck*, Nueva York, Scribner's, 1975.

McLoughlin, Robert, *Law and Order on Pitcairn Island*, Government of Pitcairn, Henderson, Ducie y Oeneo Islands, 1971.

McNally, Robert, *So Remorseless a Havoc: Of Dolphins, Whales and Men*, Boston, Litde, Brown, 1981.

Melville, Herman, *Moby-Dick, or The Whale*, 1851, Evanston and Chicago, Northwestern University Press and the Newbury Library, 1988 (hay trad, cast.: *Moby Dick*, Barcelona, Planeta, 1995).

—, *The Piazza Tales and Other Prose Pieces, 1839-1860*, Evanston y Chicago, Northwestern University Press and the Newbury Library, 1987.

—, *Clarel, A Poem and Pilgrimage in the Holy Land*, 1876, Evanston y Chicago, Northwestern University Press and the Newbury Library, 1991.

—, *Correspondence*, editado por Lynn Horth, Evanston y Chicago, Northwestern University Press and the Newbury Library, 1993.

Morison, Samuel Eliot, *The Maritime History of Massachusetts, 1783-1860*, Boston, Hougton-Mifflin, 1921.

Mowatt, Farley, *People of the Deer*, Toronto, McClelland-Bantam, 1975.

Murphey, Charles, *A Journal of a Whaling Voyage on Board Ship* Dauphin, *of Nantucket*, Mattapoisett, Mass., Atlantic Publishing Co., 1877.

Nickerson, Thomas, *The Loss of the Ship «Essex» Sunk by a Whale and the Ordeal of the Crew in Open Boats*, Nantucket, Mass., Nantucket Historical Association, 1984.

Nordhoff, Charles, *Whaling and Fishing*, Nueva York, Dodd Mead, 1895.

Oliver, Sandra L., *Saltwater Foodways: New Englanders and Their Food, at Sea and Ashore, in the Nineteenth Century*, Mystic, Conn., Mystic Seaport Museum, 1995.

Olmsted, Francis Allyn, *Incidents of a Whaling Voyage*, 1841, reimpr., Rutland, Vermont, y Tokio, Japón, Charles E. Tuttle, 1969.

Olson, Charles, *Call Me Ishmael*, San Francisco, City Lights Books, 1947 (hay trad, cast.: *Llámeme Ismael*, México, Era, 1977).

Philbrick, Charles, *Nobody Laughs, Nobody Cries*, Nueva York, Londres, The Smith, 1976.

Philbrick, Nathaniel, «The Nantucket Sequence in Crèvecoeur's *Letters from an American Farmer*», *New England Quarterly* (septiembre de 1991), pp. 414-432.

—, «"Every Wave Is a Fortune": Nantucket Island and the Making of an American Icon», *New England Quarterly* (septiembre de 1994), pp. 434-447.

—, *Away Off Shore: Nantucket Island and Its People, 1602-1890*, Nantucket, Mass., Mili Hill Press, 1994.

—, *Abram's Eyes: The Native American Legacy of Nantucket Island*, Nantucket, Mass., Mill Hill Press, 1998.

Phinney, Joseph Warren, «Nantucket, Far Away and Long Ago», *Historic Nantucket* (octubre de 1985), pp. 17-20.

Poe, Edgar Alian, *Selected Writings of Edgar Allan Poe*, editado por Edward H. Davidson, Boston, Houghton Mifflin, 1956 (hay trad., cast.: *Obras selectas*, Barcelona, Nauta, 1990).

Pommer, Henry F., «Herman Melville and the Wake of the *Essex*», *American Literature* (noviembre de 1948), pp. 290-304.

Porter, David, *Journal of a Cruise Made to the Pacific Ocean in the U.S. Frigate «Essex»*, Nueva York, Wiley and Haldsted, 1822.

Pratt, Addison, *The Journals*, editado por S. George Ellsworth, Salt Lake City, University of Utah Press, 1990.

Putney, Martha S., *Black Sailors: Afro-American Merchant Seamen and Whalemen Prior to the Civil War*, Nueva York, Westport, Conn., Londres, Greenwood Press, 1987.

Radil-Weiss, T., «Man in Extreme Conditions: Some Medical and Psychological Aspects of the Auschwitz Concentration Camp», *Psychiatry*, 46 (1983), pp. 259-269.

Rawson, Claude, «Eating People», reseña en *London Review of Books* (24 de enero de 1985), pp. 20-22.

—, «The Horror, the Holy Horror: Revulsion, Accusation and the Eucharist in the History of Cannibalism», reseña en *Times Literary Supplement* (31 de octubre de 1997), pp. 3-5.

Read, Piers Paul, *Alive!: The Story of the Andes Survivors*, Nueva York, Avon, 1975 (hay trad, cast.: *¡Viven!*, Barcelona, Ediciones B, 1993).

Rediker, Marcus, *Between the Devil and the Deep Blue Sea: Merchant Seamen, Pirates, and the Anglo-American Maritime World, 1700-1750*, Cambridge, Nueva York, Port Chester, Melbourne, Sydney, Cambridge University Press, 1987.

Rees, Abraham, *Rees' Naval Architecture, 1819-1820*, Annapolis, Naval Institute Press, 1970.

Rice, D. W., «Sperm Whale», en S. H. Ridgway y R. Harrison,

eds., *Handbook of Marine Mammals*, vol. 4, Londres, San Diego, Academic Press, 1989.

Roberts, Kenneth, *Boon Island, Including Contemporary Accounts of the Wreck of the Nottingham Galley*, editado por Jack Bales y Richard Warner, Hannover y Londres, University Press of New England, 1996.

Robertson, Dougal, *Survive the Savage Sea*, Nueva York, Washington, Praeger, 1974.

—, *Sea Survival: A Manual*, Londres, Paul Elek, 1975.

Ronnberg, Erik A. R., Jr., *To Build a Whaleboat: Historical Note and a Modelmaker's Guide*, New Bedford, Mass., Old Dartmouth Historical Society, 1985.

Sagan, Eli, *Cannibalism: Human Aggression and Cultural Form*, Nueva York, Harper and Row, 1974.

Saunders, Ann., *Narrative of the Shipwreck and Sufferings of Miss Ann Saunders,* Providence, Z. S. Crossman, 1827.

Savigny, J.-B. Henry, y Alexandre Correard, *Narrative of a Voyage to Senegal*, Marlboro, Vermont, Marlboro Press, 1986.

Sawtell, Clement Cleveland, *The Ship «Ann Alexander» of New Bedford, 1805-1851*, Mystic, Conn., Marine Historical Association, n.° 40, 1962.

Sharp, Andrew, *The Discovery of the Pacific Islands*, Nueva York, Londres, Greenwood Press, 1960.

Simpson, A. W. Brian, *Cannibalism and the Common Law: A Victorian Yachting Tragedy*, Londres y Río Grande, Hambledon Press, 1994.

Slevin, Joseph Richard, *The Galapagos Islands: A History of their Exploration*, San Francisco, California Academy of Sciences, 1959.

Stackpole, Edouard A., *Rambling Through the Streets and Lanes of Nantucket,* Nantucket, Mass., Inquirer and Mirror Press, 1947.

—, *The Loss of the «Essex», Sunk by a Whale in Mid-Ocean*, Falmouth, Mass., Kendall Printing, 1977.

—, *The Sea-Hunters: The Great Age of Whaling*, Filadelfia, J. B. Lippincott, 1953.

Starbuck, Alexander, *The History of the American Whale Fishery*, Waltham, Mass., n.p., 1878.

—, *The History of Nantucket*, 1924, reimpr., Rutland, Vermont, Charles E. Tuttle, 1969.

Stewart, George R., *Ordeal by Hunger: The Story of the Donner Party*, Boston, Nueva York, Houghton Mifflin, 1988.

Takada, Shiguro, *Contingency Cannibalism: Superhardcore Survivalism's Dirty Little Secret*, Boulder, Co., Paladin Press, 1999.

Tannahill, Reay, *Flesh and Blood: A History of the Cannibal Complex*, Nueva York, Stern and Day, 1975.

Townsend, C. H., «The Galapagos Tortoise in Their Relation to the Whaling Industry: A Study of Old Logbooks», *Zoologica*, 4, n.° 3 (1925), pp. 55-135.

Turner, Christy G., y Jacqueline A. Turner, *Man Corn: Cannibalism and Violence in the Prehistoric American Southwest*, Salt Lake City, University of Utah Press, 1998.

Tyerman, Daniel, y George Bennet, *Journal of Voyages*, Londres, Frederick Westley, 1831.

Van Dorn, William G., *Oceanography and Seamanship*, Centreville, Md., Cornell Maritime Press, 1993.

Vickers, Daniel, «The First Whalemen of Nantucket», *William and Mary Quarterly* (octubre de 1983), p. 560-583.

Vickery, J. A., y Brooke, M. De L., «The Kleptoparastic Interactions between Great Frigatebirds and Masked Boobies on Henderson Island, South Pacific», *The Condor*, 96 (1994), pp. 331-340.

Ward, R. Gerard, ed., *American Activities in the Central Pacific, 1790-1870*, vols. 2 y 3, Upper Saddle, Nueva Jersey, Gregg Press, 1967.

Weilgart, Linda, Hal Whitehead, y Katherine Payne, «A Colossal Convergence», *American Scientist* (mayo-junio de 1996), pp. 278-287.

Wharton, Donald P., ed., *In the Trough of the Sea: Selected American Sea-Deliverance Narratives, 1610-1766*, Westport, Conn., Londres, Greenwood Press, 1979.

Whitehead, Hal., *Voyage to the Whales*, Post Mills, Vt., Chelsea Green Publishing, 1991.

—, «The Behavior of Matute Male Sperm Whales on the Galápagos Breeding Grounds», *Canadian Journal of Zoology*, 71 (1993), pp. 689-699.

—, «Status of Pacific Sperm Whale Stock Before Modern Whaling», reimpreso en *Whale Community*, 45 (1995), pp. 407-412.

—, «The Realm of the Elusive Sperm Whale», *National Geographic* (noviembre de 1995), pp. 56-73.

Whitehead, Hal, y Linda S. Weilgart, «Moby's Click: Sperm Whale Underwater Sounds, Symphony Beneath the Sea», *Natural History* (marzo de 1991), pp. 64-66.

—, «The Sperm Whale: Social Females and Roving Males», en *Cetacean Societies*, editado por J. Mann, R. C. Connor, P. Tyack, y H. Whitehead, Chicago, University of Chicago Press, en curso de publicación.

Whitney, Eleanor Noss, Corine Balog Cataldo y Sharon Rady Rolfes, *Understanding Normal and Clinical Nutrition*, St. Paul, Nueva York, Los Ángeles, San Francisco, West Publishing, 1991.

Wilkes, Charles, *Narrative of the United States Exploring Expedition*, vol. V, Filadelfia, Lea and Blanchard, 1845.

—, *Autobiography of Rear Admiral Charles Wilkes, US. Navy, 1798-1877*, Washington, Department of the Navy, 1978.

Worrall, Arthur J., *Quakers in the Colonial Northeast*, Hannover y Londres, University Press of New England, 1980.

Worsley, F. A., *Shackleton's Boat Journey*, Nueva York, Londres, Norton, 1977.

Zimmer, Cari, *At the Water s Edge: Macroevolution and the Transformation of Life*, Nueva York, Free Press, 1998.

AGRADECIMIENTOS

Mi sincero agradecimiento a Albert F. Egan, Jr., y Dorothy H. Egan; sin su apoyo durante los últimos siete años por medio de la Egan Fundation y el Egan Institute of Maritime Studies, nunca hubiera podido escribir este libro. Gracias también a Margaret Moore Booker, que hizo que el instituto floreciera durante mi excedencia de un año.

Durante más de una década el personal de la Nantucket Historical Association (NHA) me ha ayudado a explorar el pasado de la isla. Gracias a Jean Weber, Betsy Lowenstein, Elizabeth Oldham, Aimee Newell, Cecil Barron Jensen, Rick Morcam, Jeremy Slavitz, Mary Woodruff y todas las demás personas de la NHA, tanto en el pasado como en el presente. El Nantucket Atheneum es otra institución indispensable de la isla que me proporcionó un vínculo importantísimo con bibliotecas de toda la región y todo el país; mi agradecimiento especial a Charlotte Maison, Betsy Tyler, Sharon Carlee y Chris Turrentine. Patty Hanley, bibliotecaria de la Maria Mitchell Science Library, me prestó también una enorme ayuda. Estoy en deuda asimismo con la librera de la isla, Mimi

Beman, quien ha apoyado incansablemente mi trabajo. El personal de Mystic Seaport y el personal del Williams-Mystic Program constituyeron una fuente constante de conocimientos y experiencia en la redacción de este libro; gracias a James Carlton, Mary K. Bercaw Edwards, James McKenna, Katrina Bercaw, Donald Treworgy, Glenn Gordinier, Glenn Grasso y Don Sinetti. Además de hablar conmigo sobre una gran variedad de temas, desde las canciones de los pescadores de ballenas hasta el arte de tallar dientes de ballena, Stuart Frank, director del museo Kendall Whaling, me ofreció amablemente la utilización de las dependencias de estudio del museo. Gracias a Michael Dyer por guiarme en la biblioteca de Kendall y proporcionarme en el acto copias de artículos. Michael Jehle y Judith Downey del New Bedford Whaling Museum también me ayudaron muchísimo.

Chuck Gieg y David Crocker, de Nantucket, contribuyeron a resolver las cuestiones de navegación relacionadas con la historia; la verosimilitud que haya en mi crónica de la zozobra del *Essex* se la debo a Chuck, que posee experiencia de primera mano en una catástrofe parecida. Gracias a Diana Brown por compartir conmigo los recuerdos que tenía su abuelo del capitán Pollard. El doctor Tim Lepore y especialmente Beth Tornovish me proporcionaron incontables artículos y datos relativos a la fisiología de la inanición y la deshidratación. Robert Leach no habría podido ser más generoso al compartir conmigo una vida dedicada a la investigación de la comunidad cuáquera de la isla. El experto en Melville y en el *Essex* Thomas Heffernan de la Universidad de Adelphi escuchó pacientemente mis reflexiones sobre la personalidad de Pollard y Chase. Hal Whitehead de la Universidad de Dalhousie me ayudó a comprender mejor el comportamiento de los cachalotes. Ted Ducas del Wesley College me habló de las características físicas de las ballenas e hizo comentarios sobre el capítulo 5. El modelista Mark Sutherland y el artista marítimo Len Tantillo compartieron su conocimiento de los barcos balleneros de principios del siglo XIX, a la vez que el arquitecto naval Peter Smith de Hinkley Yachts hizo un análisis cuantitativo de lo que sucedería cuando un cachalote embistiese un barco. Claude Rawson de la Universidad de Yale me habló del canibalismo. Stephen McGarvey de la Universidad de Brown me introdujo en el campo de la biología de la evolución. Steven Jones me ayudó a resolver varios asuntos relacionados con la economía de la pesca del cachalote mientras que Wes Tiffney del observatorio de campo de Nantucket de la Universidad de Massachusetts-Boston me habló de la historia natural de la isla. Mis primos Steve Philbrick y Ben Philbrick me enseñaron cosas sobre la cría de ovejas y la construcción de embarcaciones, respectivamente. El historiador de la isla Robert Mooney y el experto en la prensa de Nantucket Lee Rand Burne me indicaron varios artículos importantes del *Inquirer* de Nantucket. Durante el verano que pasó en las islas Galápagos, Ned Claflin me orientó sobre valiosas fuentes, y lo mismo hizo Richard Kremer, experto en las Galápagos. Mary Sicchio, de la biblioteca del cabo Cod Community College, me ayudó con la genealogía de la familia Nickerson. Lamont Thomas de la Universidad de Bridgeport me ayudó en la investigación, al igual que Sally O'Neil, quien consultó los archivos de Inglaterra y Australia. Nathaniel Clapp localizó material para mí en Providence, Rhode Island. John Turrentine puso a mi disposición su ejemplar de la rarísima crónica de Thomas Chappel del desastre del *Essex*. Jamie Jones me ofreció información sobre la psique colectiva de una comunidad isleña a la vez que Edie Ray, Tracy Plaut y Tracy Sundell me contaron sus recuerdos del cachalote que quedó varado en Nantucket.

Mi agradecimiento especial a mi amigo y vecino de Nantucket Tom Congdon, cuyo entusiasmo y agudo criterio editorial fueron una inmensa ayuda, sobre todo en las primeras etapas del proyecto. Gregory Whitehead hizo aportaciones esenciales al primer borrador. Marc Wortman me ayudó en ciertas cuestiones relacionadas con la medicina y también leyó partes del manuscrito. Entre otras personas que también leyeron y comentaron el manuscrito están mis padres, Thomas y Marianne Philbrick, Susan Beegel, Mary K. Bercaw Edwards, Glenn Grasso, Thomas Heffernan, Stuart Frank, Michael Jehle, Chuck Gieg, Beth Tornovish, Tim Lepore, Cecil Barron Jensen, Betsy Lowenstein, Howie Sanders, Richard Green, Rick Jaffa, Richard Johnson, Peter Gow y Richard Ellis. Todos los errores, sin embargo, son exclusivamente míos.

En Viking, Wendy Wolf, mi editora, siempre dio la máxima prioridad a este libro. Durante un ajetreado verano de revisiones no paró de estimularme a estar a la altura del potencial del material. Mi sincero agradecimiento, Wendy. Los comentarios de Kris Puopolo sobre el primer tercio del manuscrito fueron de inestimable valor, al tiempo que Hal Fessenden hizo aportaciones de última hora que mejoraron el libro de un modo significativo. Gracias también a Beena Kamlani por su meticuloso y atento trabajo sobre el manuscrito.

Un especial agradecimiento a mi agente, Stuart Krichevsky, que me ha ayudado a mantener el rumbo durante un arduo y apasionante año y medio.

Finalmente, mi amor, mi admiración y mi gratitud a mi esposa, Melissa (a quien va dedicado este libro), y a nuestros hijos adolescentes, Jennie y Ethan, que alegremente se brindaron a escuchar el primer borrador de cada capítulo, aun cuando tuvieran deberes que hacer.

ÍNDICE